大方廣佛華嚴經

八十華嚴講述 1

世主妙嚴品

【上冊】

夢參老和尚主講

方廣編輯部整理

目錄

夢參老和尚略傳

夢參老和尚生於西元一九一五年，中國黑龍江省開通縣人。

一九三一年在北京房山縣上方山兜率寺出家，法名為「覺醒」。但是他認為自己沒有覺也沒有醒，再加上是作夢的因緣出家，便給自己取名為「夢參」。

出家後先到福建鼓山佛學院，依止慈舟老法師學習《華嚴經》，該佛學院是虛雲老和尚創辦的；之後又到青島湛山寺學習倓虛老法師的天台四教。

一九三七年奉倓老命赴廈門迎請弘老到湛山寺，夢參作弘老侍者，以護弘老生活起居半年，深受弘一大師身教的啓發。

一九四〇年起赴西藏色拉寺及西康等地，住色拉寺依止夏巴仁波切學習西藏黃教修法次第，長達十年之久。

一九五〇年元月二日即被令政治學習，錯判入獄長達三十三年。在獄中，他經常觀想：「假使熱鐵輪，於我頂上旋，終不以此苦，退失菩提心。」這句偈頌，自我勉勵，堅定信心，度過了漫長歲月。

一九八二年平反，回北京任教於北京中國佛學院。

一九八四年接受福建南普陀寺妙湛老和尚、圓拙長老之請，離開北京到廈門南普陀寺，協助恢復閩南佛學院，並任教務長。

一九八八年旅居美國，並數度應弟子邀請至加拿大、紐西蘭、新加坡、香港、台灣等地區弘法。

二〇〇四年住五台山靜修，農曆二月二日應五台山普壽寺之請，開講《大方廣佛華嚴經》（八十華嚴），二〇〇七年圓滿。

二〇〇九年以華梵大學榮譽講座教授身份來台弘法，法緣鼎盛。

二〇一七年十一月二十七日（農曆丁酉年十月初十申時），圓寂於五台山真容寺，享年一〇三歲。十二月三日午時，在五台山碧山寺塔林化身窯荼毗。

八十華嚴講述　總敘

二〇〇四年早春，夢參老和尚以九十嵩壽之高齡，在五台山普壽寺如瑞法師請法下，發願講述《大方廣佛華嚴經》；前後又輔以〈大乘起信論〉、《大乘大集地藏十輪經》、《法華經》、《楞嚴經》等大乘經論，完整開演華嚴甚深奧義，實為中國近代百年難得一遇的殊勝法緣。

回顧　夢參老和尚一生學法、求法、受難，乃至發願弘法度生，儼然是一部中國近代佛教史的縮影；而老和尚此次開講《華嚴經》，剛毅內斂，猶如屋漏痕渾然天成，將他畢生所學之顯密經論、華嚴、天台義理，搭配清涼國師、李通玄長者的疏論，交插貫穿於其中，層層疊疊，彷若千年古藤，最終將華嚴七處九會不思議境界全盤托出。

夢參老和尚為圓滿整部《華嚴經》，以堅忍卓絕的意志力，克服身心的重重障礙；他不畏五台深山的大風大雪，縱使在耳疾的折磨下，也能夠對治一切病苦，包容一切的順逆境界，堅持講經説法不令中斷，寫下中國近代佛教史上九十歲僧人開講《華嚴經》的紀錄。

老和尚雖老耄已至，神智依舊朗澈分明，講法次第有序，弘法音聲偉岸，陞座講經氣勢十足，宛如文殊菩薩來臨法座加持，令親臨法會者信心增長；無緣親臨法會者，相信透過閱讀整套的八十華嚴講述，也能如臨現場親聞法義。

惟華嚴玄理過於高遠，聞法者程度不一，老和尚為方便接引初入門者，往往費盡心思，委委曲曲，勤勤懇懇，當機裁剪玄義，又輔之以俚語民間典故，情無不周，辭無不達，俾使初學者聽聞華嚴境界生起學法的信心；間或有不識老和尚悲心者，輕易檢點過失，如指窮於為薪，闇然不知薪燼火傳的法界奧義。

如今海內外各地學習華嚴經論者與日俱增，持誦《大方廣佛華嚴經》的道場方興未艾，方廣文化繼出版整套八十華嚴講述DVD光碟之後，秉承　夢參老和尚殷重之交付囑託，在專修華嚴法門出家法師的協助下，將陸續出版全套八十華嚴講述書籍。

最後願此印經功德，迴向真如實際、菩提佛果、法界眾生。
祈願　夢參老和尚法身常住，廣利群生；
所有發心參與製作、聽聞華嚴法義者，福慧增長，同圓種智！

願此功德殊勝行
無邊勝福皆迴向
普願沉溺諸有情
速往無量光佛剎

凡例

本書的科判大綱是以〈華嚴經疏論纂要〉爲參考架構，力求簡要易解，如欲學習詳密的科判，請進一步參考清涼國師〈華嚴疏鈔〉與李通玄〈華嚴經合論〉。

書中的經論文句，以民初鉛字版《大方廣佛華嚴經》（方廣校正版《八十華嚴》）暨〈華嚴經疏論纂要〉爲底本；惟華嚴經論的名相用典，屬唐代古雅風格，與現代習慣用詞大相逕庭，尚祈讀者閱讀之餘，詳加簡擇。

凡書中列舉的傳說典故，係方便善巧，以得魚忘筌爲旨趣；有關文獻考證，僅在必要處以編者按語方式，註明出處。

夢參老和尚主講之〈八十華嚴講述〉正體中文版DVD光盤，業已製作完成，流通日久；惟影像的講經說法與書籍的文字書寫，呈現方式有所差異，爲求義理結構的完整敘述，書中文字略經刪改潤飾，如有誤植錯謬之處，尚祈不吝指正，是爲禱！

方廣文化編輯部　謹誌

世主妙嚴品

【上冊】

○釋經題

現在我們正式開始解釋經題，因為這部《大方廣佛華嚴經》所含的義理非常廣，要多解釋一些。每部經都有經題，經題就代表全經的大意了。

《大方廣佛華嚴經》是七個字。

「大」是體大，也就是〈懸談〉當中所講的體。《大方廣佛華嚴經》的大，不是跟小對稱的大，不是相對法，而是總相之體。

「方」是相，是體含的一個相，即自體相。

「廣」是用。大、方、廣是誰的體、相、用呢？佛！是佛的體、相、用。

「華」是因，因地所修成的，莊嚴佛的果。

「嚴」是嚴飾的意思。

「經」是貫穿義，是常義、不變義。在印度的原文叫「修多羅」。「修多羅」翻「契經」，契理、契機，上契諸佛之理，下契眾生之機。為什麼翻譯成「經」呢？這是按義翻的。中國儒教、道教的典籍也叫經，取其民間通俗的意思，所以把「修多羅」翻譯成「契經」，指這部經既契理又契眾生的根機。

不過講《大方廣佛華嚴經》經題的時候，要倒過來，先從「經」字講。

「經」者是貫穿義：一個貫、一個攝。這七個字都以這兩種道理來解釋。「經、嚴、華、佛、廣、方、大」，這樣倒過來講，容易明白一點。「經」就是佛的言教，聖人被下之言，「軌生物解，任持自性」。所以，「嚴、華、佛、廣、方、大」都把這個義貫穿起來的。「經」是教義；「嚴」是總說，莊嚴佛的果德；「華」是因，因爲有這個因才有如是果。「華」是形容因能嚴佛的果德；「佛」是成就的人，能緣緣於所緣的佛。

「經」、「嚴」、「華」這三種是約法說的。

「廣」是佛的大用，大多數是化身佛。用就是利益衆生的事業，說法也是利益衆生的事業。「方」是相，相就是「大」的相，「大」的本性所具足的相。這個相不是有形有相的，它是沒有形狀的。

「佛」，以佛爲主，把「大」、「方」、「廣」從下到上貫穿起來。「大、方、廣」就是佛的自體相用。佛在因地所修的因華，成就了佛果的依報莊嚴。依這個教義來攝化一切衆生。這七個字都有兩種義。

我們先解釋「大」的兩種義。「大」的兩種義具足了常義、徧義，「大」是廣博，無邊無際的。拿虛空來形容，這是理體。〈懸談〉、〈起信論〉講的都是這個「大」，都是這個體。體者性也，就是性體，沒法形容了，就拿虛空來形容。虛空是廣博的，無窮無盡的；虛空徧一切處，任何地方都有個空間。徧到什麼呢？徧到一切衆生。這個衆生不只是人類，而是一切衆生；包括一切畜生道、地獄道、餓鬼道，六道全在「大」中包容。六道衆生都具足有佛性，在一切諸法叫法性，在一切有情叫佛性。「大」是無窮無盡的，沒有形相可得的；不論過去、現在，經常如是。

「大」者，永遠如是的，不是相對的。相對的，有大就有小，是比較而言的；「大」是沒個標準的，大還有大，大還有大。因此這個「大」跟那個「大」不同，是指性體說的，它是常義。常者，就是不變的。爲什麼呢？性體不變義。虛空呢？虛空不被染汙所染，永遠是那樣，常時清淨的。這是形容佛的境界、體性的境界，沒有染汙的。說有，不可以；說無，也不可以，淵深莫測。說非有非無，不可以；說亦有亦無，不可以。這叫「離四句，絕百非」。不能用言語來表達，只能用意念來體會，在言語表達不出來，無言說相，無思議相，永遠寂靜如是，所以說佛的境界不可量。因爲要讓衆生領悟，讓衆生進入，所以才有法可說；但是這個有法可說，讓衆生體會到「說即無說」，不要執著。

「大」如是。

「方」是相。這個相是什麼相呢？諸佛所修證的、利益衆生的、無量的功德相。功德相是無相之相，是體性本具的。不偏不違是正大光明，即我們所說的正法。什麼叫正法呢？不偏、不違，不斷、不常，不一、不異，這叫正。法呢？能使眾生生起覺悟，「軌生物解，任持自性」。這就是法義。凡夫沒有覺悟不能解，佛才令正法住世，讓他生起覺悟。一切諸法無所住，不可執有、不可執無。悟到此，能見到自己的法身。這是「大」、「方」。

「廣」是用，是即體之用。離開體沒有用，用還歸於體，所以說「廣」周徧，能夠包容一切，能夠徧滿於一切，所以拿虛空來比喻。譬如虛空，它含著一切相，沒有分別的，也不為諸相所轉，徧於一切國土，平等進入的。這個相是成體之相，無所不包的，容受世界無邊無厭的。稱這個體故，所以能徧，隨著性徧故，廣和用也就徧了。說「剎那際」，剎那際是很短的時間，一念間包容無盡。這就是體、相、用。

這部經總的是「大、方、廣」，誰的體、相、用呢？我們每個人都具足的，不過還沒有修成。佛是已經證得的，證得的也不多一分；我們雖然沒證得也不少一分。證得是原來的，顯示「大、方、廣」，就顯示佛。佛是覺，具足說是「佛陀耶」，翻「覺」、「明」。能覺悟的是佛；所覺悟的就是大、方、廣。但是約三諦來說，就是三種道理，諦就是理。

總的說來，「大、方、廣」就是佛的體、相、用。把它分開來說，覺者就是用，覺悟了用什麼呢？利益眾生。這個覺是指世間法說的，覺悟世間就是覺上的用。覺悟世間就是度眾生，這是世諦法。世間的眞諦不是眞諦，是顯示世間隨緣的。體是眞諦，用是俗諦，眞諦、俗諦這是二邊，二邊不契於中。相呢？覺上的相是覺中道義。三諦相容，三諦無礙、三覺也無礙，達到進入妙覺。

「華」呢？因感果，華是因，果是果德。因爲在修行之中，利益衆生，修得成就了，修因契果。因與果契了，成就果了，修因的時候修成了，契合於果了。因，一般是用蓮花來形容的。舉例說，蓮花是因果同時；桃花、李花不行，是先因後果。「桃三李四」，桃樹得經過三年，李樹得經過四年才能結果。蓮花則是同時生同時結果，這是「華」。

華成就了，就莊嚴了。成就佛果之後，他有無量性功德，除了性功德外，還有修成的功德：報身千丈盧舍那、化身的三十二相八十種好、現種種的神通、現種種的妙用。

「嚴」是莊嚴的意思，像我們人身上莊嚴，用金屬莊嚴、用花蔓莊嚴、用衣服莊嚴。這都是形容萬行的，佛修成了，用萬行莊嚴。莊嚴什麼呢？莊嚴「體、相、用」，莊嚴「大、方、廣」，所以修得萬行功德，成就佛果的，莊嚴他的本體；比如我們莊嚴佛像，貼金、掛珠寶，菩薩都是掛珠寶。這是「嚴」字。佛成就了，不是世俗相的莊嚴，而是福德、智慧的莊嚴，是福、智二足來莊嚴。他度一切衆生，是萬行的功德。成就佛果的人，一切都是莊嚴的，成就了無上的智慧，光明徧照。

「經」字，「大、方、廣、佛、華、嚴、經」，「經」是貫穿義。貫穿什麼呢？貫穿因果的妙理，攝受法界一切衆生。貫穿就是這麼個道理，簡略地說，在經文裡頭都顯現這個道理。大、方、廣是配六相、十玄的。我們所講的都是「大、方、廣」，沒有離開體、相、用，這是略說。那麼，所有這些意思，用個「經」字貫穿。貫穿什麼呢？因果同時，因華嚴佛的果德，再加上利益一切衆生，攝受法界一切衆生。這叫略說。下文是廣釋。

廣釋《華嚴經》，總的來說有十門，現在把這個十門說一下。「大」等七字，每一字都含有無量義，每一字都用十義來解釋一下，過去古德用這十義來解釋。這七個字互相變換，互相交應。七個字都「大」：體大、相大、用大、佛大、因大、嚴大、經大，七字皆大。大是本體，無言說、無形相，而具足七字。七字都是「方」，七字都是「相」，七字也都是「方」，七字也都是「廣」。

「佛」呢？七字都是「佛」。

「大、方、廣、佛、華、嚴、經」，七個字都是「佛」。怎麼解釋呢？下文就說明「大」的十義。

第一是「體大」，你聽著好像是重複的，但是每一層的意思是不同的，不要混淆了，這個跟前頭所說的不一樣。這個體大，不論從相上說，還是從用上說，它跟眞性是相合爲一的，是自體相用。不論相，不論廣的用，都是同於眞性的，同一眞法界的性體。體大徧，相、用也在徧，徧於一切。這裡重新講體大跟前頭講的相比，是深一層的講。

首先，大者，就叫常。「常」，名性體的體大不變易，所以才叫大。體大就是性大，性的廣博。廣博到什麼樣呢？像虛空一樣，虛空徧一切處，所以在任何處都有空間，包括我們的身體。五臟六腑在肋腔裏，各個有各個的空間；腸子和胃兩個是緊挨著的，但是中間有空間，腸子絕不跟胃粘上，粘上了，人就活不成了。五臟、六腑，心、肝、脾、胃、腎，各有各的空間。虛空就這麼妙！所以拿虛空來形容。體徧一切處而不作任何的障礙，沒有障礙。虛空，在方的器皿裏頭就是方的，在圓的器皿裏頭就是圓的，能夠隨緣而不變虛空的本體。這個體大，隨一切衆生的緣，乃至變成螞蟻、變成蚊子、變成身上的蝨子，或是跳蚤，看著很小但是體大是一樣的，跟佛無二無別，所以說這個體就普徧。

第二是「相大」。由體而徧於相的，這個相即是體，就是利益衆生的功德相。這功德相是無相的相，是性功德。體即是相，相即是體，互相攝入，微細重重說不盡。「一塵中有塵數剎，一一剎有難思佛；一一佛處衆會中，我見恆演菩提行。」就是這個道理，微細重重。前頭講的十玄門，就是說明這個意思，從那個你才能體會到體相用大。舉每一項都具足十相，隨便舉哪一法就具足一切法。這就是前面講的主伴圓融，舉哪一法，這一法就爲主，其他就爲伴。利益衆生，這是佛的業用，用不可思議來形容「相大」。

第三是「大方」，大方廣的「方」字，形容的這個「相大」。「方」者，就是法。法者，是用來形容法身本具的「相大」。業用是普遍的，沒有遺漏的，因為體偏故，大偏、相偏，那麼用也偏，這是我們經中所說的廣。廣就是用，廣用無邊，因為體偏故，業用也普偏，涵義如是。

「體大」、「相大」、「用大」建立在什麼上？第四是「果大」。這就講因果。體相用，諸佛是成就的體相用，有智德、有斷德、有解脫德、有般若德，它是偏於依報、正報。正報就是它示現的法身本體，或者「相大」就是報身，這屬於正報。報身住於華藏世界，那就是他的依報。這都是周偏法界。這個果是指什麼說的呢？佛，「大方廣佛」的「佛」字。

第五是「因大」，果必有因，因能契果。因該果海，這個因就是該到成佛的佛果海；果徹因源，果一定是因為修因而達到的，因就成就佛果、成就覺。「因大」就是發起來成就佛果的這個因，這個因就是發菩提心，發菩提心感得菩提果。

發菩提心當然就信了，因為你信才發菩提心。發了心了一定要解，解了一定要行，行的當中有願，完了才能達到證，證就是成就。

但是，他的「因大」要經歷各種階段，就是《華嚴經》講的行布，修因契果，要一步一步地修，頓不離漸，漸即是頓。成的時候為頓，行的時候為漸。從十住、十行、十迴向、十地、等妙一直要修到十一地成就了，這是「因大」。「因大」是什麼呢？「大方廣佛華嚴經」七字中的「華」，「華」字就是因。

第六是「智大」，指的是智慧。智慧是怎麼生起的？是覺悟而生起的。有覺悟而能運行萬行。在你行萬行的時候必須有智慧，以智為主，叫「智大」，就是那七個字中的「嚴」字。「華」是因，「智大」就是「嚴」，以因嚴果，修行所有萬行的功德徧嚴佛果，無所遺漏，這是「嚴」字。

第七是「教大」，一文一句都是啓發衆生覺悟的，徧於十方三際，過去、現在、未來，十方是處所，教是重重無盡的，就是「經」字。

上面這七種，各有各的道理，就是第八「義大」，能詮詮於所詮的法，就像帝釋天的帝網，沒有遺漏的，「大方廣佛華嚴經」這七個字包括重重無盡的義理。

第九是「境大」，「大方廣佛華嚴經」這幾個字所含的義理都叫境。為什麼呢？言說都叫境。心要對著境說的，這都是為了利益衆生的法門，以這個法門普徧地度化無窮無盡的衆生，衆生就是境，是外境。

第十是「業大」。諸佛菩薩利益衆生永遠沒有休息的時間，永無休息故。過去、現在、未來，窮盡法界之處，常將大方廣體相用這個法利益一切衆生，永遠無盡的。

這是大的十義，即「體大、相大、用大、果大、因大、智大、教大、義大、境大、業大」，這十義都是「大」字裏所含的。

我們一般講三諦是俗諦、眞諦、中諦，三諦要配三觀：空觀、假觀、中觀。三諦配三觀這樣來觀想，這樣修才能進入成就。一般的教義是這樣講，講的時候我們就有進入處。現在講「大方廣」的意思，是全經的總教義，你聽起來好像不能進入，因爲這是佛境界。我們是本來具足的，但是現在不能達到的原因是缺乏信。沒有信，這個理解不到的。如果你相信自己是佛了，你是毗盧遮那，這些境界都是家常便飯。你是佛了，具足這些了；你不是佛，而且距離得很遠，連聽了進入都很難。但你必須得相信自己是毗盧遮那，毗盧遮那的性體、佛的本體是我們本來具足的，你要這樣來理解。

我們的六根門頭也是放光動地的。你要是自己觀照，你一天當中就是你的妄想心所使的，每一個人從國家的總統到一般老百姓都一樣，這是按人說的。還有螞蟻、飛禽、走獸等等都算上，十法界當中，佛法界的境界跟九道的衆生是同等同等的，只是所用的不同、所行的不同、所想的不同。

你觀察過心的微妙嗎？你是怎麼生起貪、瞋、癡？怎麼生起嫉妒障礙？怎麼生起煩惱？打很多的壞主意，總是懷疑人家對不起我，我還要報復，這不是妙用嗎？有的人具足有，有的人他就沒有。拿你自己現前的跟佛菩薩比，不過佛菩薩沒有這一套，他是那一套，把這一套斷了。你是有這一套，你這一套就把那一套障住了，像我們講佛的功德，你都沒有。現在你開始信，信佛的體相用跟我們肉體的體相用是不同的，你這樣來觀想、對照，就容易懂了。你的妄心也是徧的，隨眞徧的，因爲眞理並沒有失掉。你是本具的，只是遮住了，妄依眞起的，眞徧故妄也徧，就是這個涵義。

你遇到不可理解的義理，鑽牛角尖是鑽不進去的了。要按照日常生活來理解，就在你的日常生活當中，不過那是眞，我們這是妄。

從你出生到成長，二十幾、三十幾、四十幾、五十幾、六十幾，過去我們是以六十爲一個階段，到六十歲就死了，人生七十古來稀。活到七十歲都很不容易了，古來都沒有了，現在有。爲什麼呢？醫藥發達了！那也就是佛講的「業大」。這業有兩種：善業、惡業。惡業也大。你看看我們現實的社會，惡到什麼程度。大家都可以理解，惡業也不可思議，爲什麼懺悔這個業？懺悔惡業！地獄那麼長的時間，無量劫都出不來，業大不大啊？業也大。

當他造業的時候只有兩條道：一條道是清淨道，一條道是污染道。《地藏經》上說：「業力甚大，能敵須彌，能深巨海，能障聖道」，衆生的業力比須彌還高，比大海還深。我們講大、方、廣、體、相、用，佛這麼大的智慧，他就是度不了衆生的業，得自己發心。

佛不能消你的業障，佛只能給你說法，讓你自己去做，自己消自己的業障。懂得這個道理，你用你的日常生活來跟佛的業用對照。說得很容易，你轉一下就行了，就是轉不動；慢慢、慢慢、慢慢地從信，信完了就解，解就明白了。因此要先學。學，你得有基礎，必須得相信。你建立什麼基礎來學？所以說要學《大方廣佛華嚴經》，得相信自己是毗盧遮那佛，這一法就是你自己具足的。

你可以自己進自己的屋子。我們這裏的同學還沒有這種福報，還達不到自己一個人一個屋子，好多人睡在一個屋。你把這個環境擴大想，用你現實的生活跟諸佛的體、相、用配合起來觀想。我們這個體是局限的不能徧的，我們這個相是不能轉的，這輩子生下來是這個相，沒有神通，沒有變化。

用你的現實生活來慢慢地轉化，讓它能達到佛的果，人的體、相、用。現在我們是因人，發心修因，現在我們出家了，乃至於優婆塞優婆夷信了佛，那個信佛是不夠的，那是信他佛，得要信自佛，相信自己是毗盧遮那。你所相信的阿彌陀佛、釋迦牟尼佛、琉璃光如來，這是化身佛。相信化身佛的報身佛，化身佛的法身佛，相信自己的法身佛，相信自己是跟毗盧遮那無二無別，那就是相信自己的法身佛。

法身佛是性體本具的，現在你迷了，怎麼還本還源？自己是毗盧遮那佛，但是沒有方法。你有什麼方法來轉化、返本還源？

現在說到「方」，體也是「方」，相也是「方」，用也是「方」，果也是「方」，因也是「方」，智、教、義、境、業，全是「方」。說「方」者，都叫「方」，就是前面「體大」的十種，都叫法。體法、相法，體也是法，相也是法，這叫「方」，也就是方法。但是這個方法是什麼呢？是體的方法，體自己具足相的方法。十大都是「方」，十大都是「體」，這經題七個字都是「體」，七個字也都是「方」，七個字也都是「廣」。「廣」者，也就是多。

到你用的時候，最繁忙的就是用，包含一切用。以前所講的都歸到用攝，用徧一切處，這才叫大。一攝一切，那就是「方大」。「廣」也如是，「廣」就是多的意思，以大爲體，那「廣」也是大，都是大。

「佛」呢？佛也有十義，叫十佛。大就是法界佛，也就是一眞法界，我們所說的眞正的佛。「方」是你的本性佛。「廣」是入了不生不滅的涅槃佛；隨緣的隨喜，隨樂就是隨樂佛；佛從因修成的正覺佛。「華」是因花，因花是發願，叫願佛；還有入正定正受，叫三昧佛。「嚴」呢？就是業報，莊嚴果德，嚴就是業報佛。「經」就是住持佛、化身佛。這個佛都是心，到〈離世間品〉的八地菩薩，就辨別這個，「佛」的涵義到那裏再詳細廣說。

「大、方、廣、佛、華」，「華」也有十義。第一個是含實義。含攝眞實義，表於法界含性德故，具足法界一切性功德。但是因含果德，華就是因了。

第二種是光淨義。光淨義就形容著他本來的智光，光是沒有污染的，沒有黑暗的，沒有惑業的，本自明顯，光淨義。

提到這華的因，還有微妙義，每一行含著一切行，一一諸行。你所有修行的都跟法界相同，剎那際，一念相應就是法界行，這叫微妙義。

還有適悅義，讓一切眾生、一切機感歡喜，適應一切眾生的機，讓他得度，順一切眾生的機感，感應、感應，感就應，這是適悅義，適合眾生喜悅。

「華」是因，因就含著果，引果義。一切行為都為因，因為它生起正覺，所以叫引果義。

第六種是端正義。一一修行的法門，三昧同體，證得三昧，正受正定，相同的。端正義，說你的行為跟你的願力兩個是俱無所缺，缺行，只有空願不行。行是填願的，光有願沒得行，那個願是空願。有行無願，行不結果，效果收不到，行與願必須具足。當我們修行的時候，甚至於你受個三皈，都得發四弘誓願：「眾生無邊誓願度，煩惱無盡誓願斷，法門無量誓願學，佛道無上誓願成。」這個包括一切願了。在修行的過程當中，你的行一定要有願，願、行兩個合而為一的。行必與願俱，修行的時候，一定跟你的願具足的，無所缺，這叫端正義。

第七是無染義。無染就是三昧跟你所修行的法門共同相俱的，正定正受是三昧，無染的。

第八是巧成義，你所修的德、所修的道，得於心，產生一切的業用，這種業用是善巧方便，這叫善巧方便智，這跟願是相等的。在《華嚴經》開的十波羅蜜，慧、方、願、力、智，集成十門，善巧方便成就這種道業。善巧方便是諸位祖師給我們立的，給我們示的榜様，拜懺、禮佛或者念誦，上早殿、上晚殿，這都叫善巧方便。這種是我們漢地的特產，緬甸、泰國、日本沒有早、晚殿。這是祖師給我們立的清規戒律，你讓他修法，他不修，怎麼辦呢？在常住住，你必須得上殿、過堂，早、晚殿你一定得上，不修也得修。這有點強迫性，善巧成就你。

第九是芬馥義。一個修行者，有點道德了，住持一個寺廟了。那個住持不是指一個人住在寺廟當當家、當方丈的那個住持。住持一切法，感得有德行，行道、修道有得於心，這就叫德。德者，得也。我們經常說「捨得」，說你捨才能得；不捨不能得。「捨得！捨得！」說你布施才有福報，才感到有財富。不布施、不捨、慳吝、慳貪、嫉妒，沒有。芬馥就是我們過去說「流芳千古」。你做一個事業，芬馥義就是花，沿處芬香，香氣徧於很遠的地方，具足很多德住持你這個心，所以流馨彌遠。

第十是開敷義。一切衆生必須各有各的，吸收的他的機，你必須有種種法門。為什麼佛說八萬四千法門呢？花開種種的顏色，為什麼呢？因為衆生的愛好不同，為了應付衆生的機，令衆生的心裡歡喜，能得到覺悟，這是開敷義。

底下說花有草木花，草木的花就是比喻一切法門的因。有的花與果俱，有的花跟果不相合的，還有的花無果，無花果，光結果不開花。大家知道無花果吧？可能也有吃過的。一種是草木花的，一種嚴身花。莊嚴身體叫花，實際不是花，不是草本的，像玉石、玉器、金屬的裝飾品。這個喻，比喻你神通的妙用，果與果俱，與果相應的，這是華。

還有一個是「嚴」。

前頭有十種華，這十種華的因嚴異成的佛果，衆因嚴的佛果，但是嚴不同。嚴不同者，如果是十種寶貝裝一尊佛像，我們有珠寶、鑽石、香花，像我們看的佛像上頭，有很多珠寶嚴飾的，十種寶貝嚴一尊佛。珍珠、瑪瑙、珊瑚嚴一尊佛。這是不同的，嚴不同。一佛有十種，十佛就有百種，形容重重圓融無礙的意思。這個「嚴」是形容佛的果德。

「嚴」，另外有十義來解釋，「用因嚴果以成人」，這個人是指著佛說的。修因契果，在修因的時候，契佛果德，由因得果了。用因嚴果，成就佛果。因就是華，因華嚴佛的果德，以因嚴果。還以果嚴因，掉過來了，以果嚴因就是到成就佛果了，你所修的那個因，一一的因行，回過來。佛成了佛了，就示現各種的形相給衆生說法，應以何身得度者，佛就現什麼身給他說法，這就是以果嚴因的意思。

以因嚴果，成就佛了，又以佛的果德嚴一切衆生的因，令他成就佛果。說明了你現在所修的，如果用心地觀想，一禮徧十方；當你磕一個頭下去，徧於十方法界，就靠觀想力，這是靠心力。你磕下這一個頭要磕慢一點；快了，你觀想不到。觀想極樂世界阿彌陀佛在接受你的禮拜，寶生如來在接受你的禮拜，不動如來在接受你的禮拜等等。完了，你把你所禮的，觀想你已經到了極樂世界，已經到了琉璃世界，已經到了不動世界，這是粗想，還是妄想；等想成了三昧，叫正定。

那就是一禮徧十方，這一個頭磕下去，每個諸佛前都有佛的光明一照，就照到你了。阿彌陀佛光照你，你禮阿彌陀佛；毗盧遮那佛光照你，你禮毗盧遮那佛；琉璃光如來照到你，你禮琉璃光如來，這就靠觀力。觀就是思惟修。

我們諸位道友懂得這個道理，你一修，一一因行都是無量無邊的。你求功德，這不是一般的功德所能計算的。這樣你回入你本來所具足的性德，眞實的、不可思議的、原來具足佛性。我們是以因這樣修，果也是這樣成就衆生，他的一一因含無邊際果。佛在曠劫修因的時候，也就顯出來他這個法，顯出他體的作用。現在，我們在這裡禮佛、拜懺、聽經來嚴你這個法身，莊嚴的法身，你的法身就顯出來了。

「廣」，禮佛法身產生的廣，廣就是大用，大用無邊。佛無量劫來修因，是顯法的體，體必具足相和用，「大、方、廣」三個字是分不開，體絕對具足相、用。假使我們現在修，莊嚴我們的法身，修是莊嚴我們的法身，但是你可以顯出來你的妙用無邊。所產生的用，就像我剛才說的，在禮佛這樣地觀想，你會感到的，這個感徧了；那回來的應也徧了。你的心量非常地大，什麼都不求。

有些人經常要你給他迴向，少病少惱、家庭平安。至於求我迴向，讓他成佛，我還沒遇到這樣求的。「老法師啊！你幫我求求，讓我早得開智慧。」沒有。求我加持的時候，大多是求家庭、生活的問題。很少有求入佛道的，就是替六親眷屬求也沒求他自己怎麼樣消業障？幫他消消業障，怎麼樣使他開智慧？

讀《地藏經》的人很多很多，讀是讀，但是《地藏經》說什麼他不去用。我聽道友都說，我們業障很重、煩惱很重，沒有智慧。《地藏經》告訴你開智慧的方法，為什麼不去做呢？道理就是這樣，以人嚴法才能顯出作用。

你現在修的因，因是莊嚴法身而顯出法身的作用。你讀《華嚴經》、讀《法華經》、讀《地藏經》，讀哪一部經，這個因莊嚴你能產生的妙用，這妙用你必須得有智慧。

很多道友讀《地藏經》，你們喝沒喝地藏水？也有喝的，但是怎麼不照經上說的去做？《地藏經》第十二品，釋迦牟尼佛向觀世音菩薩說，若有人這樣做，就開智慧。今天，你早晨起床之後，打掃清潔完了，在地藏菩薩前供養一杯地藏水，明天早晨，你再把這個水換了，換另外一個杯子再供上。你把這杯水喝下去，喝的時候要發願，求地藏菩薩加被你開智慧。所以，等到地藏菩薩加持你了，一切經典一歷耳根，不但能會背誦，而且懂得它的道理了。但是你飲水的時候要發願，願這個水加持你開智慧，不過你必須遵守經上所說的、佛所說的，不能夠飲酒，也不能夠邪淫，「發殷重心慎五辛、酒肉邪淫及妄語，三七日內勿殺害，至心思念大士名。」一天當中就是思念地藏菩薩，你開智慧了；這個智慧是了生死的智慧，不是世智辯聰，不是小聰明。

《金剛經》上，須菩提向佛請求：「我怎麼樣住心？怎樣降伏其心？」我們好多的道友，老毛病隨時犯。爲什麼？這就是衆生業。你怎麼樣消？每部經都告訴你了，你不做那沒辦法，不做就得不到，你以人嚴法而顯用。你不嚴，用沒有。經上說的是一句話，你不修，你怎麼得呀？要想得，你得去做。

大家都想聽大乘了義經，像《華嚴經》，你聽了，能做得到嗎？那都是盡虛空徧法界的，一切妙用無邊。說的很玄，你聽的很妙，可是要從頭一步一步走的。你坐飛機，得到飛機場去坐，不是隨地都能上飛機把你載走了。你到飛機場，還有個過程的，還得買票，你連這個手續都不做，上得去嗎？道理是一樣。聞法，就是知道個方法而已，你知道這個方法，得去做，不做有什麼作用？效果不大，沒有感應。你不感，他就不應。以人嚴法才能顯出妙用，可惜你不能嚴法啊！所以諸佛曠劫修因的時候，他是來顯這個法的體用。

有的道友跟我說，他一天磕幾千個頭。我說，你還不如磕一個頭就夠了。爲什麼？就像我剛才說：「一禮徧十方」，你磕下去想，天天磕，天天如是想，想一年、兩年，想到十年、八年，你磕下這一個頭，那眞是驚天動地。你心不在焉，心跟事不結合，體跟用不結合。我們這裡講體、相、用，我們的體、相、用不結合的，身體在這裡，心裡還不知想到哪去了呢！你的觀想力不夠，今天或者觀想力夠了，明天再禮就忘了。不是忘了，業障障住了，你眞正能夠時時刻刻，一天就磕一個頭，每一個頭磕都如是磕，一禮徧十方。那你觀想到阿彌陀佛，那兒有你在那磕頭，藥師琉璃光如來那裡有你在那磕頭，不動如來、寶生如來、不空如來都有你在那磕頭，你那功德怎麼計算啊？沒法計算。這叫不可思議。你這樣還會下地獄？恐怕你到地獄把地獄都空了，還有地獄嗎？沒有地獄了，這叫「心空及第歸」。

哪管念一句阿彌陀佛，眞正念到我的心跟阿彌陀佛的心合在一起了，這一句阿彌陀佛，比念好多萬聲都有用處。想念數字，我經常跟我們道友提到：「南無三十六萬億一十一萬九千五百同名同號阿彌陀佛。」念吧！這是釋迦牟尼佛說的，這不是假的，但是你做過這個觀想嗎？沒有做！學，那就要去做、去用。

特別是我們學佛的人，還不如個木匠，還不如個泥水匠。泥水匠學了，當幾年徒弟，要吃飯得去打工，就得做泥水工作。木匠，他得跟人家學，扳鑿斧鋸。我們學佛的，學了是學了，爲什麼不做呢？不是不做，心裏想做，也能做一點試驗試驗，完了又斷了，今天做做，明天又斷了，做做又不做了，效果沒有了。

有的還跟我說：「佛菩薩都是騙人的。」我說：「可惜了，因爲你沒被騙。」他說：「我被騙過。」我說：「被騙過啊？你被騙過不會說這種話。」你沒上當、沒被騙，你要是上當被騙了，你不會說這話的。說這話就表示你沒被騙，因爲還做三途道的生活，被騙了之後，你不會墮三塗。這聽起來好像是奇談怪論，實際上就是這樣。

我們學什麼法門再深再好，問題解決不了，你照樣煩惱，照樣犯錯。為什麼？就是不做，你那用怎麼顯出來？顯不出來了，你的體、相、用顯不出來了。一切法都是佛所說的聖教。這個法做什麼呢？讓你去做，你做了就莊嚴了。得到這個莊嚴之後，顯你圓融無礙，這就是得法的體。如果不得法的體用，那你的因也不圓，果也不圓。因不圓、果不圓，就妙不起來了。如果因圓、果圓，就妙得起來了！你妙得起來，自己就是不可思議。你求誰啊？求誰都不如求自己。

「求人不如求己！」

這句話看著是很普通的話，你說求佛，求菩薩，求護法神，求這個加持那個加持，你自己怎麼不加持加持自己啊？求外人沒得用。那個加持有沒有？有，但是解決不到問題，你成不了佛。消災免難還可以，只是一時的，你別再造業，再造業照樣不靈。這道理怎麼解釋呢？修行是自己修行，成佛是自己修行自己成，佛只能給你說個方法，他不能代替你。圓人受法無法不圓，他受了，他能去做、能觀想，他能得到法的體、能得到法的用，如果你的因不如是，果不能圓。果不能圓，你想圓、想妙，可妙不起來。

想得到應，沒感就沒應。沒有修因，契不了果，應當注意因。菩薩畏因，衆生畏果；衆生受苦果了，他才知道難受。他造因的時候不在乎，儘量地造業，等業果來了，他怕了。菩薩恰恰跟眾生相反，菩薩畏因，不畏果。果都是我欠人家的，受了就好了，就沒有了。不受，永遠地掛在那裡；受了，就沒有了。畏因，他怕造罪，造了你就得受，自作自受。

我們現在繼續講經題「大方廣佛華嚴經」，「華」字十義我們講過了，「嚴」字十義，再重複一下。

「嚴」呢？第六種是「嚴」的十義，跟上頭十華一樣的，以十華之因，莊嚴佛的果德。

因爲法界本身就含著性德，法身本具的本智明顯了、光淨了，那你所有一一的行、一一的動作，悟得法性理體了，你任何一個動作都跟法界相同的，能適合眾生之機，讓眾生經常能適悅，適悅就是適應、喜悅。因爲你有行必定感果，行是因，起的是正覺的智慧，能引發你的佛果。願就是你的希望，所要達到的目的，行願都圓滿了，你所希望的都能達到圓滿無缺了。

第七種，無染、純淨，一一行門都圓滿成就三昧，回到法性的本體。所以，你以前所行的因，六度萬行，你所行的無量萬行、無量億行都能成就正定、正受。

第八種，巧成的因，你所修的德業、行道有得於心，那麼善巧成就。

第九種，芬馥義，就是使你所成就的眾德流芳萬世，流徧十方。像我們這個毗盧遮那佛法界身，或者我們所見的南閻浮提、極樂世界、琉璃光世界，乃至這個世界上的，我們所知道的名義很少，你拜萬佛懺，那就有萬佛個國土，每一個佛都有一個三千大千世界，那一萬個三千大千世界，十萬佛就有十萬個三千大千世界，在任何地方時間，這樣的流芳、芬馥。

第十種，開敷義。華是因，華都有開敷義，大家看種種的花開得繁榮，無量的因成就果德；開始你的覺悟，成就究竟覺的時候，拿草木花來形容的。還有我們金玉的裝飾、珠寶的裝飾，那就是諸佛的神通妙用，這是「嚴」。這都是因，用這個因，嚴佛的果德，用十華之因，同嚴一佛。

「嚴」也含有十義。第一、「用因嚴果以成人」，用你過去的無量劫所修的因，成就現在的佛果，因華嚴佛的果德。因為因因才得果，沒有因，果得不成。現在我們聞法就是華因，等你成就自身佛的時候，那就叫得果。

第二、「以果嚴因以顯勝」，成了果，你的果德又莊嚴因。這個怎麼理解呢？像佛成了佛之後又來利益眾生，那就妙用無方了，觀自在菩薩，過去是正法明如來。所以，以果嚴因的時候，顯果更殊勝、因更圓滿。使一切的因都能恢復你原來本具的德性，都是無際的。我們經常說：「看看你的德性！」這本來是一般的語言，說你這個人做的很不好，看看你這個德性。這裡不同了，看看你的德性，德性是無量億劫行的因，當然就很圓滿了。

第三、「以人嚴法而顯用」，本來是法嚴人的，現在是以人嚴法。佛成了佛果之後，所說的軌則能持衆生的性體，這叫以果嚴因而起的妙用。

第四、佛是曠劫修身，現在他所說的法都是顯體的，顯一切衆生的性體，使一切衆生都達到究竟圓滿，「以法嚴人以顯圓」。

第五、「以體嚴用以令周」，以體嚴用呢？令其周滿。不得體的用，不周徧。或者用之不當、用之不恰，那對衆生得不到實際的利益，也就是不周徧。

第六、「以用嚴體而知本」，知道我們原來所具足的，與毗盧遮那佛無二無別的性體是同的。現在我們沒有成就，用我們現在所說的因華，將來嚴我們的果德，直到我們本來本具的果德與毗盧遮那佛無二無別。

第七、「以體嚴相而知妙」，「相」呢？我們的相是業報，你過去什麼業，現在你受的報身就是什麼，這是自體相用。以體來嚴相的時候，那就是微妙之相，不可思議了。體無盡周徧故，相也周徧重重，相跟體一樣的。相嚴體，體嚴相，體嚴相的時候，相即是體。爾後以相又顯體。我們顯體顯不出來，我們的法性本體顯不出來，我們現在都隨我們的業報，所顯現的是業報身，你顯現的生、老、病、死苦，不能產生妙用也不能深入體的深玄。

第八、「以相嚴體以明玄」，如果以相來嚴體，無量莊嚴相，嚴體顯體的周徧妙用，體若是無有相，顯不出來體的不可思議，體的深妙圓融。

第九、「以義嚴教超言念」，超於思想，超於語言。由於能詮之理、所詮之體難思，離言說相，能詮的離於語言、離於思惟。所詮的難思，不可思議的法身本體。

第十、「諸因互嚴以融攝」，以上種種的因嚴果，果又攝因，因攝果海，果徹因源，互相嚴攝。如禪非智，禪連智慧都泯絕了，直指人心，見性成佛，不言智唯言大定，智慧非禪。以上十種的解釋，互相圓融、互相無礙。

「華、嚴」合起來，因和果，無量的因成就了，嚴這個果德。現在我們都是因，就用我們現在的因嚴我們的果德，產生十種波羅蜜，以十種波羅蜜再莊嚴果德。我們是用因，現在修因嚴果，這是華嚴的佛，不是素法身佛，有功德相的佛，不是無功德相的佛。你本身就是佛，信自己是佛的信。現在你修因，用因來契果，雖然不是三十二相八十種好，也不是無量莊嚴相，但是善人的善相，惡人的惡相。現在現的是人相的衆生，不是畜生相的衆生，不是三塗惡道的衆生。相由心轉，相也由心生，但是也不能以相取人。以上十種解釋名義，互相圓融的，不可分割的。

《大方廣佛華嚴經》的「經」字是通稱的，凡是聖人言教、佛所被下之言都叫「經」。「經」也含著十義，這是圓融無礙，跟其他經的解釋略有不同，涵義不同。每部經最後的「經」字，是根據那部經而產生的經的涵義。在《華嚴經》，「經」的涵義用十種來表現這部經所含的意。

一者，湧泉。湧泉是形容不斷、常時奔流，源遠流長。提到湧泉，我想起最初學法的鼓山湧泉寺。湧泉寺的大殿底下是空的，我們要打地基蓋大殿！大殿底下是空的，沒有地基的，周邊有些石頭。爲什麼叫湧泉寺呢？那是一個大泉的泉水，裏邊住著龍，當初修廟的時候，它是龍潭。創修的祖師跟龍商量：「你這個龍潭，借我修個寺廟，修個大殿好不好？」龍說：「什麼時候還？」他說：「我們打五板的時候還給你。」龍是護法，牠知道「打五板」。「好啊！你到早晨上早殿打五板的時候就給我了，沒關係，借給你吧！我忍受一下。」就借給他了。鼓山是不打五板的，湧泉寺永遠是四板，這跟其他的寺廟不同，不打五板，永遠不還牠了，建廟到現在恐怕一、二千年了。大殿的佛座底下是空的，佛座底下墊的石座，後頭都有木門。

在明朝的時候，有個打板的師父，他說：「我就不相信，眞有這回事嗎？打了五板就來取了？」他就棒、棒、棒敲了五下，大殿地下的水就湧上來了。他跑進來找老方丈，老方丈端著一部《華嚴經》，把《華嚴經》往水裏一放，那個水就收了。以前鼓山是不打五板，現在不曉得還打不打了。不過龍王早有地方安排了，拿著《華嚴經》牠就走了，誦《華嚴》去了。牠不會守著那龍宮了。這是說湧泉義，說那個「經」字像湧泉似的，義味無盡的。

二者，出生。經能出生一切諸法，經就出生無量義，出生諸法，像《華嚴經》這個經字，就出生「大方廣佛華嚴」，這都是經裏出生的。大家讀誦《華嚴》，就曉得《華嚴經》的涵義了。

三者，顯示。經的諸義，那就多了，《華嚴經》是圓滿教，並未捨棄生、老、病、死，也沒捨棄苦、集、滅、道。凡是佛所說的教義，《華嚴經》裏都具足，看你怎麼樣理解，一到華嚴就是圓滿的、無缺的。圓滿才能無缺、無始終，你說這個圓圈，劃個圈，你找個頭，哪個是頭啊？哪是尾啊？沒有頭尾的。無內外、無始終，他所顯示的義理，相當圓滿豐富。但是一入了圓教，圓人受法，無法不圓。你以前所受的《阿含》、《方等》諸部，小、始、漸、頓，圓了都具足了，一切都具足了。

四者，繩墨。它能辨別，不能越軌，「軌生物解，任持自性」，有繩墨義。看見木工劃那線沒有？他得照他那線做，現在為什麼修法堂得有設計圖，照著圖紙施工，這都含著繩墨義，也就是辨別邪正。

圓人受法，無法不圓，把邪的、正的、偏的、錯的，都把它圓融起來，都把它攝受了。以前說眾生乃至我自己，心裏不正的、不合乎佛法要求的邪知邪見，一入到圓法，圓法把它都攝受了，菩薩度眾生，圓教的菩薩度眾生，沒有簡擇的。哪個眾生我度，哪個眾生我不度，這還叫菩薩嗎？光度好的，不度壞的，那好的還要你去度嗎？他的職責就是度壞的，若壞變好，沒有邪正也沒有好壞。華嚴義裏頭，不是不明白，明白他是壞，要把壞轉成好，一切眾生都有佛性，要每個眾生把他自己的性體發揮出來。

五者，結鬘。「經」一般講的是貫穿義，把這部經的全部意思貫穿起來。經裏所說的，從頭到尾所說的，長短大小都穿到一起，貫穿義。

六者，攝持。能攝持一切衆生，我們經常講，「軌生物解，任持自性」，就攝受他，能回歸他自己的本性，攝持所化的衆生，是經的涵義。

七者，常。常恆不變，無論何處、何時，對任何人，都如是。

八者，法。「軌生物解，任持自性」，都如是。

九者是徑，衆生必經之路，衆生所走的路線，衆生要是發心成佛，必須得走這條路。

十者是典，典故。他的見聞覺知，都入的圓融、正確。

清涼國師用十門來解釋《大方廣佛華嚴經》經題，每一個字都用「大方廣佛華嚴」來形容。前面各以十義來解釋，收盡無餘了。喜歡略的，你可以撿著看，收攝到一起；喜歡廣的，你可廣看。廣略隨機，祖師也隨順佛意，所以他作〈華嚴疏鈔〉也是隨順佛義，顯示他重重無盡的智辯，這些話都是道霈禪師說的。

道霈禪師評論〈華嚴疏鈔〉，是把無盡的智慧辯證，把法界最究竟的要旨攝歸一心，把一切諸法用平等心攝，心攝於諸法。諸法平等平等，學跟行跟證都不一樣了，爲什麼不一樣了？你不證，相應不了、契合不了，唯證相應。當你證得才明白，沒證得之前你不明白，所以才叫佛華嚴。我們現在的一舉一動都在莊嚴佛國，你起心動念都跟因果相應的，用因華嚴佛的果德。

如果你智慧有餘，你可以博覽佛所說的三藏十二部，這裏頭具足五明菩薩，善財童子五十三參，所參的善知識，哪一類都有。無厭足王，殺人無厭，犯殺戒；婆須蜜女是妓女，犯淫戒。佛制的戒都犯了，但這些都是善知識。讓你認識性體，不在現相上分別，那是圓融的。無厭足王是殺即無殺，所殺的都被他度了。婆須蜜女，你跟她牽牽手、拉拉手、接接吻，都入了華嚴法界。不要從現相上看，所以《華嚴經》無所不包，但是得有大智慧了。

這是《大方廣佛華嚴經》的題，《大方廣佛華嚴經》一共三十九品，第一品，叫〈世主妙嚴品第一〉。

○釋品目

〈世主妙嚴品〉

「世」呢？三世，過去、現在、未來，就是世間，世間有三世間，有器世間、眾生世間、智正覺世間。

器世間就是我們化眾生的處所。祇樹給孤獨園、普光明殿、菩提場，這都是化眾生的處所。

眾生世間呢？就是所對的機，說法化度哪些人、當機眾是哪些？我們俗話說，「有緣千里來相會，無緣對面不相識」。相逢了也沒有緣，你坐火車、坐輪船、坐飛機，算是有緣，只是面緣而已，面對面，沒有交談，張三、李四、王五，你都不知道誰是誰，你能問人家名字嗎？面看面，只是面而已。所度的眾生，簡單的說，說法度眾生，就是所化的機，這叫眾生世間，或叫有情世間。

器世間、有情世間、智正覺世間，誰來化呢？毗盧遮那是化主，毗盧遮那是主，這是講「主」。〈華嚴疏鈔〉解釋得非常清楚，有時候一個字一個字解釋，對我們的加被很大。我們都是末法眾生，具足無明煩惱，所以在眾生世間所化的機，非常的普遍。

有的善知識專度畜生，地藏菩薩專度地獄，並不是別的衆生不度，而是以地獄為主，到最苦處施設教化。有的人說，「畜生好度人難度，寧度畜生不度人」，度人非常難。我認為這不可取。牠能轉成人，人的業障自然比畜生要輕的多。他也舉例子了，他說你看那狗對主人非常地忠心，義馬捨身救主。畜生當中雖然有很多這樣的事情，那只是特殊的。馬救主人有幾個？人救人的比馬多得多吧？單是度人不度畜生，這也不對，應該是無選擇的，無分別的，有緣就度，無緣難度，人也好、狗也好、畜生也好，無緣難度，也度不了。

究竟誰度誰啊？是衆生度菩薩。我怎麼這樣說呢？大家都讀〈普賢行願品〉，〈普賢行願品〉教導我們怎樣看待衆生？一切衆生是菩提根，用水灌溉才能生出菩提樹的果，沒有衆生就沒有佛，沒有不度衆生而成佛的。

緣，有緣深、緣淺、緣近、緣遠，當中是有區別的。

我舉現前的例子，我們這裡三四百人，有很多連話都沒談過的，有聽課的居士，聽完經他走了，我也不知張三李四，也不問他的名字，他也沒來跟我談話，像你們這幾百人都跟我談過話嗎？沒有吧？這叫差別緣。

現在大家在法堂裏，平等平等，大家在一塊學習，我比你們早活幾年，早學習多幾天，在這裡跟你們作介紹，你們不是向我學的，你們學的是《大方廣佛華嚴經》！我只是代表說，這個緣是個緣。你到戲劇院，或者看戲、看電影。電影院那裏人很多吧？同一時間看電影。看電影時把燈關上，誰看見誰了？一開門就出去了，誰也不知道誰，但是有緣啊！古人說：「同舟共濟，五百年緣」，說我們同坐一條船渡河，就這麼渡一下子，同坐一條船，這得五百年的因緣。

「世」者，就是如是。器世間、衆生世間、智正覺世間三世間，這叫「世」。

「主」，主宰義。我們只能看到人的主宰，這個主就是君主、皇帝。現在有的國家還有，有的國家沒有了。現在國家是人民制、議會制度，以人民選舉爲主。佛跟那些國王，這是有相，我們見得到的。地神、水神、林神、山神，器世間主。天王、龍王、夜叉王，夜叉王是鬼王。再同時講到「主」字，就是世間主。《地藏經》經上所說的鬼、神都是王，不然怎麼能到忉利天上去呢？他還不是一般的鬼王，一般的鬼王到不了忉利天，有權力的大鬼王，是跟天作戰的。人間也有互相作戰，天也如是。帝釋天是正神，那些不正的邪神呢？邪神的力量非常之大，人間要亂天上先亂，那些魔王、大力鬼王要爭奪帝釋天的地位，天也如是的。

這僅僅是四王天、忉利天，夜摩天以上就沒有了。

有些人說八部鬼神衆，歸四王天統領。還有些野神，四王天統領不了的，山精鬼怪木魈這些鬼王，有的是另一個組織，器世間複雜的很，就是住處，跟人、跟天住的不一樣。他們有的是住的空間，也有依著山，依著樹木，依著水。樹有樹神，山有山神，水有水神，在《華嚴經》一切都有神主宰，沒有無主的。任何時候你都不要輕易亂動，看山上石頭好，你撿一塊，偷盜。山有山神，那是他的世界，「世主」很複雜的。所以，你看我們這文中就說，器世間都有主，沒有無主之物。

我們這是智正覺世間，智正覺世間主是佛，但是不論這些神、夜叉王、龍王、天王，龍這一類很複雜，我們只知道降雨的龍王，還有守藏龍，守庫、守財產的龍，守塔、守寺廟的龍。龍很多，不是龍都住在水裏的。那是海裏的龍王，龍有很多種，其他鬼神也有很多種。

我們不知道的事物太多了，其他的星球先不說，就說南贍部洲，中國這個國界，我們不知道的也很多很多。現在這個地球還有空白地區嗎？很多很多。離成都四百多華里路的地方，有座山好像和人間隔絕似的，他們也不到都市來，都市的人也到不了他們那裏去。突然間一個山洞打通了，才曉得那個地方還有這麼一群人，穿的還是明朝服裝，這還是跟我們人的生活相等的。從西藏到成都，邊境是康定，從康定翻過到赭都山，要翻多少座山，到那山頂上噴嚏都不能打，馬的嘴巴都給堵上。任何聲音都不能有，馬掛的鈴鐺給它摘下來。什麼聲音都沒有，一有聲音馬上就下冰雹，這是大自然的變化，你一下山就沒有了。因爲那山頭有鬼神世界，他有他的世界，你侵犯他，他就降雨，就要對不起你了。

過了成都往西藏，有個地區叫「類烏齊」（大山），三十九個民族各個不同。

我只是到其中的一兩個民族，就不敢走，走了就把人整死了。他看你是野人，你看他是野人，究竟誰是野人？你搞不清楚。那個地方野生的辣椒叫辣椒林樹，那整個的山林全是辣椒，樹上結的辣椒特別的辣。沒有人管的，秋天的時候都落了。那個地區你進不得，所能採摘的只有在邊上採摘幾顆，再往裏頭你不敢走，那就毒了，落到地上爛，爛完了又生、生完了又爛，自生自滅。西藏有些人沒到過的地區，森林著火，不是誰放的，它落的葉，天上下雨，雪蒙得發酵，產生熱能自然起火；燒完了，等它生長起來比以前更茂密。野火燒山，自然生火。這個地區我們沒法到，現在有飛機，可以從空中視察。生活習慣、風土人情，那沒有人情，沒有人怎有人情？好多事物你不知道，語言不通，看見是個人，我們說他沒有一點人味，那就不是人。不是人，他生長得可是個人，他有他的團體，有組織有頭頭，這算好的了，這叫開化了。沒有開化的，誰也管不了誰，誰也不敢管誰。有沒有主呢？也有世間主，他那個主跟你這個主不一樣的，他的體格好，可以統帥一些人，他統帥的這些人又統帥另些個人。「山高皇帝遠，山中無老虎，猴子稱霸王」，這是真實的事。山上沒王，猴子確實稱王，猴子種類多的很。生物的種類，我們所研究的、所學的還不知道，那裏頭都有主，這叫世間主。

這個非常微妙，這叫「世主妙嚴」，以佛教來說，體和用，妙就是不可思議，你想不到。這事妙了，到「妙」字爲止了。

怎麼「妙」啊？有的能說出原因，有的連原因也說不出來，說不出來就叫妙了。現在我們講《華嚴經》，這是「世主妙」，什麼因緣？什麼果報？我們在華嚴學苑時，同學互相開玩笑，你將來去當世主。

一說到體和用，那微妙了，我們現在這個體，所用的離不開這個肉體，另外你可以經常這樣觀照自體相用，在你學法相應的時候，入定的時候，你也產生一種用，那叫妙，你也不可思議，這是妙用，很難思議。

誰做主誰就有權，現在地球上好多國家都在選總統，爲什麼想當總統？想做主。做了主有什麼好處？我說了算！每個人都爭這個。這是衆生的劣根性，就是不好的那一面，是煩惱的那一面，不是清淨的一面。

現在《大方廣佛華嚴經》所顯的世主不同了，到經文裏，世主有多少個！壽命極長，統帥極久，有天人之福無天人之德的一種世主，有福報也只是短暫一時的福報。舉個例子，宣統皇帝他沒福報，就短暫那麼一時，他受的罪不少，這也是世間主。像經上講的鐵輪、銅輪、銀輪、金輪，那輪王就不同了，那也是世主，都是人間的世主。

「世主妙嚴」這個「妙」是回歸到法上來理解。這種要你深切地思惟，很不容易完整理解。像我們現在都是人，不論哪個世間主，美國的總統也好，福報才是四年，再大點頂多八年，八年之外就回歸爲平民，還是一樣的，這是選舉制度。

世間主的意思包含著很多，世間主應當都是好的，有善有惡，也是兩條道。天上夜叉是鬼王，魔王波旬專跟帝釋天做對的，但是他又是怎能當成魔王呢？他有天人之福沒有天人之德。佛教三寶弟子，很惡的人死了，他有福德，也念經也種很多福德，也幫助別人，就像黑幫或者惡道，他們都是惡道鬼神來的，他有福報，但他不做好事。他有沒有好事？有啊！沒好事，他怎麼能有福報啊？那些人見義勇爲，那叫提著腦殼耍，拿生命不當一回事。他不畏法律，但不是看破生死，我們是看破生死，他是爲了鞏固惡業集團，捨生命去鞏固。

爲什麼？世間就兩條道。這裏頭就含著不可思議。我們在好處想妙，也要在壞處想妙，你說妙不妙啊！每一個國家的知識份子，或主政或是議會，都知道戰爭是不好的，但是都去製造戰爭，戰爭是人製造的，拼命的製造殺人武器，誰都知道殺人武器，全世界軍費占的最高，如果把軍費變成人民生活費，這個世界還有窮人嗎？把軍費一算，美國都上千億美金。小國家發展武器有什麼用呢？你打不贏人家，他也要發展武器。莫名其妙！那個也叫妙，那個妙可不妙。我們現在講這個妙叫眞妙，那個是假妙，假妙（廟）裏沒有佛，或者有鬼神吧？那不是眞的，拜他有福報嗎？那是惡道的福報。

我們這個妙，妙到什麼處呢？妙到你自己本來具足，你不能運用。我們每個人都知道自己跟佛無二無別具足佛性，現在我們不妙了。衆生造業，有做壞事的人，有不做壞事的人，做好事的人看做壞事的人：「他爲什麼那樣想啊？」這也是很微妙。你看電視或看小說，壞人他走的路一直向那發展，沒完沒了，爲什麼？業啊！我們經常說業不由己，自己好像被那業所迷惑醒悟不了，自己還認爲很對，哪個造業衆生不認爲他很對？他要認爲不對就改了，還去造嗎？這就是妙。這個妙是說不完的，怎麼說也說不清楚，這就是個妙。

我們把它說成法門的體、相、用，深廣難思，怎麼說也說不出來，想也想不到，思也思不到，大家在一起討論也討論不出來這個問題，解決不了，這就叫妙。妙完了不可思議，不可思議不要去想！不是這樣子嗎？

「嚴」字也不可思議，我們現在說的地神、水神、鬼神、天王、龍王、夜叉王，他也很有勢力，生活條件也很好。四王天、忉利天，每個天的天主有他的嚴飾，嚴飾的涵義也特別多。我們比丘、比丘尼、優婆塞、優婆夷四衆弟子，認爲佛法是很莊嚴的。我們的服裝，佛在世的時候除了頭髮剃了之外，穿的服裝顏色略有不同，比丘、比丘尼跟印度老百姓穿的是一樣的，老百姓也是那樣穿。現在中國的比丘、比丘尼穿的都是明朝的服裝，用圓領表示與世間不同，這也是「嚴」。

在佛教講莊嚴，廟堂是莊嚴的，寺廟裏的佛像、大殿都是很莊嚴的。每個國家的會議地點，或者政府、總統的官舍都是「嚴」，「嚴」就是嚴飾。但是有的是器世間的莊嚴，有的是衆生世間的莊嚴。器世間的莊嚴是無情的，衆生世間的莊嚴，各個不同。每個國家莊嚴的，看它的福德智慧。同是帝釋天，我們就認識一個玉皇大帝，無量的世界，帝釋天多的很，無窮無盡的。

器世間的莊嚴，現在我們器世間的莊嚴不大莊嚴，挖的亂七八糟，器世間不莊嚴了，供應的水無常、地震次數頻多、天災人禍、四時失序，整個地球失序，不按次序發展。春夏秋冬也靠不住，二十四個節氣現在不靈。因爲地球變化了，地暖失序、地下水失序，都失序了。

但是，佛經上說這些變化都是自然的，隨衆生業。你的業轉，你所有的依報也轉。正報失序，依報自然失序。現在以什麼爲美麗呢？反常。在女衆的表現上特別反常，過去講戴好多珠寶，變了，一切在變化。但是，我們就不隨緣、不變。不論哪個宗教徒，天主教、基督教、伊斯蘭教也好，他的服飾，他的莊嚴都有不同，因爲衆生有種種類，得拿海來形容了。現在衆生世間的莊嚴完全不同，我們講的世間莊嚴、衆生莊嚴，是以威德來說。衆生莊嚴是什麼莊嚴呢？各具無量法門的莊嚴。現在這些隱了，特別在隱顯俱成門，隱的顯現的，好的隱了壞的顯了。如果世界成就好的時候，衆生福報大的時候，好的顯現壞的就隱，現在是壞的顯現好的隱，好事被壞事給遮住了，壞事多好事少，世界上變化就很大的。

按世間觀點說，現在我們這個世間進步了，能造原子彈，毀滅性強。一刀一槍能殺死幾個人呢？現在打仗用的常規武器，現在的炮是什麼炮？現在的槍是什麼槍？完全變了。現在的槍很多，自來水筆拿出來「啪」的一捺就置你於死地，隨便一個用品，在國際上有很多種槍，每個槍連發的時候就死好多人。特別不可理解的是人肉炸彈，怎麼叫人肉炸彈呢？把炸彈綁到身上，到人多的時候，一按就爆炸。先炸死自己，完了才炸到別人，爲什麼他不要命了呢？現在很多國家怕宗教，宗教的信徒把生命看得很淡，特別是巴勒斯坦和以色列，他們發明的肉炸彈，而且是十八歲小姑娘，現在又發展到十來歲的小孩，誰會防備小孩啊！根本不注意到他也會殺人放火，到人多的地方一按，爆炸了。誰教他的？背後有人教他的，這是衆生的業。他認爲死了以後會升天，灌輸他死了後得好處，這叫信仰。現在人家很防備宗教徒，但是沒有哪個佛教徒會做這些事，這個能算莊嚴嗎？

我們的器世間講「其地堅固」，現在地不堅固了，每天都有地震，發生在什麼地方？有的是報導出來，有的根本沒報導。水不夠吃，這個都可以感覺到了。地震、風和下雨，溫暖和冷凍都失序了，該冷的時候不冷，不該冷的時候冷。現在下的冰雹，我在美國聽說有個州，下的冰雹有好大啊？假使從天空掉下一個像引磬這麼大的冰雹下來，力量有好大啊？落到你的樓房，三十層、四十層，一砸砸到底，傷害性很大的，爲什麼這樣呢？器世間不堅固。

我們是學《華嚴經》，《華嚴經》所講的器世間「其地堅固」，這不是從物質上建立，是從心裏上建立。現在說衆生嚴，他以衆海各具法門無量的威德。現在衆生的業比這威德莊嚴大的多，這個就隱了、不現了，所顯的是惡業。天是指自然界，空氣、四時的風雨，中國老規矩，按二十四節氣，到什麼節氣就知道該種什麼了，這是古人幾千年的經驗；現在變了、失序了。但是，我們佛教講的就深遠了，這個地球時劫該壞了，現在衆生的業太重了，減少到兩三劫就壞了。這叫什麼呢？一切諸法都在運動、變易當中，不是一成不變的，佛說法就如是。

我們身體也在變，小變老，還不止這樣，現在的病非常多。因爲你吃的東西就含有病菌，飯不能不吃，那飯裏頭種子生長出來就含著病毒。爲了利益，一切蔬菜得打農藥。我們自己種菜不打農藥又乾又瘦，菜也沒精神，賣不了錢，打上農藥就很賣錢。豬打上幾針又肥又胖，你吃去吧！沒辦法，這叫業。佛教講到刀兵劫時草木都變成兵器，我說現在就已經成了，化學武器都是各種毒素製成的。它那煙氣吹到哪，哪兒就中毒，你能不吸新鮮空氣嗎？能閉得了嗎？

我們只知道正面的《華嚴》，不知反面的業嚴，這不只是業嚴，而是業毀，把你這殊勝的莊嚴給毀壞了，這種業非常微妙。我們不能脫離現實，無論多深的法，你把它回歸到現實生活當中去，那就是微妙了。正面的微妙，反面的更微妙。道高一尺，魔高一丈，你有一尺的微妙，他那兒有一丈的微妙，妙不可思議。這個道理你悟得了，明白了，你想恢復本體的法性，先得把你日常生活處理好才能恢復你的本性，這個處理不好，你怎麼恢復、怎麼能覺啊？

聽到我們說生死、災害、煩惱、邪知邪見，不是只聽一聽，你要回來對照自己，你產生病苦、產生煩惱，怎麼對待？問題是你用什麼方法對待？你不能隨它發展。我們說甚深的法，甚深的法就在你現前的生活之間，在你起心動念之間。儘管我們出家很多年，聽了很多法，不能轉變你的煩惱，你怎麼解脫啊？接受甚深的法，無論承受什麼東西得有個法器，叫器皿；聽的很高、很深、很玄、很妙，你用什麼承受這個？你的心又髒又亂，你這個瓶子沒有洗乾淨，裝好藥有什麼用處，它也變成毒品了。爲什麼要先淨三業？把身口意三業洗得乾乾淨淨的，你才能承受。佛的聖教量，我們是越次了，講《華嚴經》只是種個種子。「越次」，就像慈舟老法師說我小學都沒有畢業，要學《華嚴》，想入這甚深大乘法，怎麼可能？事實就是這樣。這是種遠因了，不是近因。

依照華嚴能修行嗎？一天苦苦惱惱的，身病沒有、心病無窮無量，每個人都具足的。障礙住障礙不住，衝得破衝不破。業障每個人隨時都會發現，看你自己認識到認識不到，認識不到就受害。受什麼害呢？自己身體就把自己勒住了，勒住你成不了道，解脫不了，把這個身看得太重了，把自己看得太高大了，自己隨時慚愧，有慚愧心你深法才能得入。這個屋子盡是寶貝，你進去了多少得拿一件出來，貧窮厄難什麼都解決了；你到那裏逛一圈出來什麼也沒拿，那有什麼用呢？

信佛了，學法了，每一年你要估量自己，有進步沒進步？斷了好多煩惱？現在增長了好多智慧？你自己要估量。自己不認識別人，還不認識自己嗎？就是不認識自己，這是講「妙」，這就是非常微妙。自己控制不了自己，每個人都想成佛，成佛那個道在前面，你這個道卻是往後面，往左邊去、往右邊去了，變成旁門左道。悟正道走正道，這才叫「妙」。

〈世主妙嚴品〉第一

經文的第一品，叫〈世主妙嚴品〉。根據清涼國師〈疏鈔〉、李通玄〈合論〉，每個字都包含著很多義理。「世主妙」這三個字，我們已經略作解釋了。「嚴」是嚴飾的意思，用修的因華，嚴佛的果德。「嚴」就是嚴飾裝飾，「嚴飾」有多種涵義，一個器世間，一個眾生世間，一個智正覺世間。器世間的嚴，就是地的莊嚴，大地的堅固，大地出生的一切，現在我們所有的供品，大多都是地裏生長的。

眾生世間呢？每一個眾生都具足有信、解、行、證。他所行的、所修的、所證得的，莊嚴世間。在修行當中要迴向，迴向就是嚴，莊嚴佛國度土。我們經常講法供養，「法供養爲最」，這是眾生嚴。眾生世間以法供養，成就法門的殊勝，成就法門的威德。

智正覺世間呢？是以智正覺，能於一切法成就究竟覺悟。從漸證、分證、到究竟證，以此為莊嚴。所有這些嚴，嚴什麼呢？莊嚴佛國土。從我們的身、口、意三業，以心力故，身口意三業都偏周，又叫普周。因為眾生的身口意有無窮無盡的業用，種種的業，佛所說的法門也就無盡了，以此莊嚴佛國土，就顯示嚴佛的佛德。假使眾生沒有因，莊嚴佛的佛國土，莊嚴就是感義，沒有這個感，佛就不能應，佛就不出世。我們感應不夠，因為感不夠故，我們感的是末法，佛就不興。但是還有法在，法即佛故。雖然沒有感佛興，法還是存在。

智正覺世間如果不嚴的話，不能作為法主。如果器界不嚴，那就不是佛所住的住處，非真佛處。因為佛言：「遇者有德」，遇者就能得到解脫。眾生嚴呢？輔助佛度眾生，顯法超勝，所以叫「妙嚴」。其他的眾經沒有這種廣嚴，不能顯《華嚴經》的殊勝。所以《華嚴經》就稱為妙嚴，嚴是互為因果、互相莊嚴的意思。

現在我們講的是序分，讚歎各種的莊嚴，讚歎眾嚴，以諸因嚴佛的佛果，以因華嚴佛的果德，以這個為序分。開講此經，要講三分，序分、正宗分、流通分，但此經特別，開成四分。「世主妙嚴品第一」，清涼國師〈疏鈔〉是這樣解釋的。

再看看方山長者李通玄的〈華嚴合論〉，李通玄他的解釋沒有這麼廣泛，但是意義相同，解釋的文字語言沒有〈疏鈔〉多，他的解釋很簡單。

什麼叫「大」？大者無方。什麼叫無方呢？我們經常說東、西、南、北，東南、東北，西南、西北，上、下，十方。大者包容一切，沒有方可言。「方」是指法說的，從大的本體，理性所起的相，相就是有形有相，每個相都有一定的道理。這個方是無方之方，別按方向去解釋，方就是以法為義。

「廣」呢？是心裏的理智、根本智慧。我們所說的，相信自己是毗盧遮那佛，那就是理智、理體而說的，以這個為義，所以叫「廣」。周徧無遺，理智無所不包，無所不徧，這叫「廣」。

佛是說法主，宣揚《大方廣佛華嚴經》，說法的法主，他的智慧之體沒有依住，不依於任何，不依意，就是心無依住，他的智慧自在無礙。這顯兩種義理，一個是體無依住，一個是智慧自在。

「華」者是徧法界無盡的行義，徧法界隨修哪一法門，法界是眞心，就是一眞法界。一眞法界是無盡的行，無盡的行是無行，無行之行就是一眞法界，沒有遺漏的。行，就是修行了。因為行就是因，也就是華。因華開敷成就果故，徧法界無盡的修行，任何法門都可以，法界是一眞法界，依著一眞法界而行，所修的還歸一眞法界。因果同時，行因時即住果時，這個意義非常廣。我們現在學習《華嚴經》就是因，因該果海，我們現在就是華，華就是因，因該果海成就佛果。當你成就佛果時，知道是因為聞《華嚴》之因而成就的。再者，「華」有感應義，由你修因的感果，感果之後又利益衆生，有利益衆生的開敷之意，我們度衆生開敷一切法，開敷一切法門。

「嚴」是莊嚴義，初發心時成正覺，這個初發心是指成就初住位了，「初發心時成正覺，如是二心初心難」，發心最難了。你發心登初住，發菩提心，你在十信位所修行的因，所修行的因華，開敷了十住位的妙果智慧、智慧果位。初發心是登初住，這個正果不是究竟的，是心裏上的菩提心，跟究竟心相應。常以修行無量因華，這裡講十種行華，常以法行互嚴，法是指著心上說的，凡是《華嚴經》說的法或者說法界，就是我們所說的妙明眞心、一眞法界。在修行、發心的時候互相嚴飾，來清淨自己和他人，自利利他。自利的行，利他的行，行就是法門，行就是運動，就是你所修行，拿這個來嚴飾。

方山長者李通玄解釋「大方廣佛華嚴」，義理很深，文字語言很簡略，沒有〈疏鈔〉解釋的詳細，但是義理是一樣的。李長者解釋「世主妙嚴」，他說從初品，也就是三十九品第一品，所有的一切神、天龍八部都叫世間主。每一個世間主，閻羅王、龍王、天王、鬼神諸王，隨便哪一位的世間主，他統領的眷屬有好多呢？十佛剎微塵數。我們帶三個侍者、五個侍者，好像很多了。他是十佛剎世界，一個佛剎是三千大千世界，十佛世界呢？那就是三萬。每個世間主都有十佛世界微塵數隨身的眷屬。

有的經上沒有標出數字，那就是無量數了。十佛世界微塵數，這個數字怎麼算？沒法算。一個佛剎三千大千世界，把它磨爲微塵，十佛剎微塵數，有這麼多的部從、眷屬。所以有的經不這麼說，但說無量，每一個世間主有無量隨身的部從、眷屬。現在就我們這個南贍部洲，人口只有六十五億，一佛剎微塵數世界也比不上。

大家知道，這個世間主是什麼世間主？《華嚴經》也說鬼神也說天龍，乃至閻羅王，他們不是我們形容世間相的鬼。這些鬼王都是大菩薩的化身，他度了無量無量的眾生，那些眾生他度的都隨從他，所以才叫「世主妙嚴」。

另外，一切來法會的諸佛，或者是菩薩，都叫世間主。來這個世間，住持這個世間，在這個世間說法，他能主導教化一切眾生，都叫世間主。這是《華嚴經》的第一品，〈世主妙嚴品〉。

你學習《華嚴經》的時候，先有這麼個思想，數字再多也是「剎那際」。剎那際就是你一念間，也就是你念頭一念起處，百佛世界的微塵數可以這麼說，千佛世界微塵數也可以這麼說，也在你剎那際裏頭，在你一念間。有時候總說，有時候別說，別說就是無量數。因爲《華嚴經》的涵義，舉一就是無量，舉無量還是一。不要在數字上打轉，這不是人間，也不是我們的思想狀況。

李長者他的解釋非常簡略，他也計算到華嚴法會有好多眾？二百二十八眾。他是從經上所標的名，一共二百二十八眾，各個身體形狀的不同，各個的部類不同，有的說一佛世界微塵數那麼多，有的說十佛剎微塵數那麼多，有的說是無量，這些眷屬總的說都是有情之類來莊嚴這個法會，這叫「世主妙嚴」，這品就叫〈世主妙嚴品〉。

因為這是佛的果海，果海的福德。他的福報境界，他的妙莊嚴，依、正二報，所以叫「世主妙嚴」。因為如來亦為世間主，到這個世間來弘法，所以稱他為世間主。主什麼呢？主導教化這一切眾生，依主而得名，所以叫「世主妙嚴」，以佛為主故。

「世主妙嚴品」，解釋「品」字，品字就不同了，種種類類，明五位及信心。住、行、迴、地，十住、十行、十迴向，十地、十一地，五位，再加你最初發的菩提心。十信的信心，有同有異，發心相同，理趣相同，但是品位不同。十住不是十行，十行不是十迴向。信心位菩薩沒入位，必須進修成熟之後，到一位說一位的話，各有各的條理，各有各的貫攝情況，次第分明。令一切未來學華嚴大法的自識本行，進修不惑。你自己在進修的時候，不要迷惑了，你到什麼地位說什麼話，不要盡說大話。

為什麼前頭要講十玄門呢？說它妙不思議就在此。這些種種的品類，就是一念一時，無二念無二時，約時間說。雖然說了這麼多品、這麼多類，次第不同，但是緣起同時，同時緣起，同時具說，七處九會，一時頓演。沒有七處也沒有九會，一時頓演，這叫同時具足相應門。我們前頭講的十玄門，到後頭，哪個屬於哪一門，

哪個屬於哪一門，顯現的不同，這個屬於十玄門的同時具足相應門。

同一緣起，乃至一多緣起。一多緣起就是：一不是多、多不是一，也多即是一、一即是多，這叫一多相融不同門。十玄門講到經上的義理，有時候總說，有時候別說，有時候是同說，有時候是異說，同即是異、異即是同，就是六相。懂得這個道理了，「故名第一」，這個「第一」即一切，所以稱「世主妙嚴品第一」。方山長者李通玄的解釋，非常簡單。

◯釋經文

《大方廣佛華嚴經》卷第一〈世主妙嚴品〉第一

經題解釋了，品名也解釋了。〈世主妙嚴品〉這一品共五卷，現在我們開始講第一卷。

〈世主妙嚴品〉是品名，《大方廣佛華嚴經》是完整的經名。「世主妙嚴品」要解釋時有好幾卷，現在我們解釋第一卷的經文。

一部經，一般分成序分、正宗分、流通分。第一品是序分，〈如來現相品〉以下是正宗分。〈入法界品〉內「文殊師利菩薩從善住樓閣出」以下，就叫流通分。不過，《華嚴經》徧十方法界，上品《華嚴經》，有三千大千世界微塵數品，非我們所能攝受的，此方沒有流通，那個序分就不同了。

現在我們講初品的序分，證明《大方廣佛華嚴經》這部經是可信的，叫證信序。從如來道場之下，叫發起序。證信序跟發起序，每部經解釋都如是，現在略述一下，不再廣解說。

證明這部《大方廣佛華嚴經》是可信的，所以叫證信。一般的經文要有六種成就：信、聞、時、主、處、衆。誰是法主，誰是請問者，當機衆是誰，誰請問佛，佛又是怎麼樣答覆，阿難尊者就把他記下來，結集藏經就是這樣把他結集出來的，都是這樣證明，讓後來學佛者相信。

在〈大智度論〉第二卷說，佛在入涅槃的時候，阿難及所有諸親眷屬，因爲愛染心沒除，欲心沒斷，心很慌亂的，佛要入滅了，無依無靠，心沒憂海，不能自拔。這時候長老阿耨樓馱(阿泥樓豆)就跟阿難說：「你將來是守護佛法、繼承佛法、弘揚佛法的人，你怎麼像凡夫一樣呢？自己沒於憂愁的苦海當中，一切有爲法都是無常的相，不要憂愁，你有大事要做的，你是守護法藏的人，佛將付託給你的法，你應當向佛請問：『佛涅槃後，我們這些弟子還怎麼樣去行道？佛在世時以佛爲師，佛入滅之後以誰爲師呢？惡性車匿云何共住？佛經之首應當怎麼樣說？』像這樣的重要事情，你應當向佛請問，哭哭涕涕有什麼用？憂愁有什麼用？」

阿難尊者聽阿耨樓馱尊者這樣說，心開意解，心悶少醒。念佛力故，念道力故，在佛的臥床邊，以是事問佛。

佛告訴阿難說：「若今以後，依止四念處，莫依止餘。」依四念處就夠了。四念處是怎麼說的？學法人都知道，念這個五蘊無常，苦空無我，念受是苦、念心無常、念法無我。這是四念處觀，把世間的貪愛除掉。從今以後，以戒爲師，戒是解脫法，解脫戒經是汝等大師，佛不在世，以戒爲師，佛在世，以佛爲師。

現在我們持戒，感覺好像是束縛，事實上不是束縛，是去除你心裏的障礙，所以稱爲解脫戒經。你的身口意業，應當怎麼樣做，應當怎麼樣說，應當如何想，身口意三業依戒而行。

惡性比丘，應當用梵天的方法來治他，什麼時候懺悔，惡性轉化改正了，那給他解除，惡性比丘用默擯。佛有一部經叫《迦旃延經》，依此修行即可得道。

復次，三阿僧祇所集法寶藏，諸法寶藏是法的最初開始，應作如是說。經首如何說呢？應當說「如是我聞」，佛在某方某國土某處樹林中，是我法門的初首，應作如是說。何以故？爲什麼在前面要加一個「如是我聞」呢？三世諸佛的法，經首都如是語，所以佛的經法，也應如是語。

它有六種涵義。第一，異外道故，外道的經首皆有「阿優」，「阿優」就是吉利，此約如是。跟外道不同，「如是我聞」不是阿優，就這樣不同於外道。

第二，息諍論，爲什麼說「如是我聞」呢？〈大智度論〉裏說，若不說出從佛所聞，人家懷疑是你自己做的。諍論一起，就有了諍論。廢我從聞，聞從佛來。我聞是從佛聽來的，沒有我的意見。這是一種微妙的軌則，順著這個軌則局限我聞。

第三，爲離增減過故。我如是聽如是說，沒增沒減。〈佛地論〉裏這樣說，應知說此如是我聞，避免增減異分過失，無增無減，不差不異。謂如是法，指著這一部經，我親從佛聞，是我親自從佛那聽來的，文也決定了，道理也決定了，沒有增滅的過失。

第四種，爲斷衆疑。這是作者引證律宗所說的，結集經典時，阿難尊者陞座，他變身如佛，跟佛的三十二相八十種好相應了。於是會中的大衆，都起了三個疑惑。第一個疑惑，是佛在涅槃之後又重起了，不生不滅。第二個疑惑，是否他方佛來，其他世界的佛來了，主持說法。第三個疑惑，是否阿難尊者轉身成佛了，認爲阿難成佛了。若加一個「如是我聞」，三疑頓斷。是佛說的法，阿難他聽到了，這三個疑惑都沒有了。是我聞不是我說的，是我聽佛說的，一切疑惑都消掉了。

第五種，爲生信故。爲令此聞法者生起信心，〈大智度論〉說：說時方人，令生信故。什麼時候說，什麼地方說，哪些大衆聞法，要讓他生信心。

第六種，隨順三世佛故。有這六種的涵義。這個信和聞，法通九會，九會都是通的。時間、說法的法主，不論若文若義，全是通的，無障礙。一共有六種涵義，聞信兩種，時間、主兩種，處所、聞法的大衆也是兩種，共六種。隨著文義，隨著聽衆，隨著世俗相。約實，就是約如來所說的實義，六種互相互融的，同時具足的。信和聞這兩種，有通、有局，局是局限，通是通達無障礙的。這只在經初第一品的時候有，但是這個意思貫通到九會，會會之首，都是說世尊在什麼地方，聞法大衆就有變化了，九會有九會之機。在這個地方，是這方大衆，那個地方又那方大衆。會主隨時變化，九會九個會主。經文裏頭是這樣說，每個會初都說佛在什麼地方，在什麼處所，什麼時候，佛在座沒有說法，會主是誰，普賢菩薩、文殊師利菩薩、金剛藏菩薩，七處九會九個會首。

例如說，在摩羯陀國菩提場，不是兜率天，這叫局，處所是有限制。有十佛剎菩薩，十佛剎菩薩的名字各個不同，都是從他方世界來的，聞衆不同。處所、聽衆都有局限的，各個是不同的。但是《華嚴經》講一即一切，一處即一切處，處處同時說，那就是通義。

這個是三分二序，這部經的體勢不同，《華嚴經》分成四分。第一，「舉果勸樂生信分」。讓你生起信樂心，生起個信心，舉佛的果德顯因。你只要一信，信了之後，決定能得到佛果。信了之後發菩提心，發一個成道的心，爲什麼需要發起成道的心呢？因爲你自己本來具足的，所以我們講〈起信論〉、講〈懸談〉，一再地說：大衆要生起一個信心，相信自己是毗盧遮那。儘管我們講了很多，還是沒有這個信心。因爲相信自己是佛，本具的佛性，那我們所作所爲，應當跟佛也有點相似；連相似也沒有，也要有個信樂，要學佛。信佛就要學佛，學佛的身口意怎麼做，我們的身、口、意應當怎麼做。最初，〈世主妙嚴品〉、〈如來現相品〉，好幾品經文，都是舉果德勸我們生起信心。

第二，有信心了，就「修因契果生解分」，修因就要行。行的時候才能契合，契合什麼呢？契合佛的果德。修因契果。這個是生解，信完了之後，要想成就佛果，就要修因。因怎麼樣修？果怎麼樣契？那你得學！解是解悟，解就是悟。信了之後有悟，悟到了而後要行，悟後起修。中國的禪宗，明心見性。明心見性只是解，悟只是解，還得行；所以那個榜樣就是善財童子五十三參，看他怎麼行的。

第三，解了之後，「託法進修成行分」。託法就是依著法，託法就是依著你自己的心，你明白了嗎？悟心了嗎？解悟了嗎？明白自己心跟佛無二無別，那佛是怎麼修的？照著佛所走的路子走，成就你的行，行就是運動、作用義。從你現前的觀念，聞法之後，就向佛道上走，不要盡跟佛相違背。

第四，行完了，「依人證入成德分」，這個人是普遍的說，誰行誰能證入，誰不行誰不能證入。爲什麼要單說依人呢？依行者說。這裏頭舉一個果分，科起爲十。這十是哪十種呢？就是「教起因緣分，大衆同請分，面光集衆分，毫光示法分，眉間出衆分，普賢三昧分，諸佛同加分，法主起定分，大衆重請分，正陳法海分。」這十種，從一至四，「教起因緣，大衆同請，面光集衆，毫光示法」，一個一個都是題，經文就是一分，在三十九品第一品就包括這四分。

《華嚴經》這種大教是什麼因緣生起的？是什麼因、什麼緣促成的？「面光集衆」是佛放光，面部放光，召十方法界一切諸大菩薩、八部鬼神衆，這都是菩薩，只是說這個大衆都是十方諸大菩薩的，大衆向佛請求，就是面光放光的時候，來的大衆還不齊，有緣還沒到會，佛就放光把他們召集來。

《華嚴經》眞是玄妙，桌子、凳子、椅子都出來很多菩薩。佛的眉間，佛的身體，佛的寶座下，都出來很多菩薩，那些菩薩都是等覺菩薩，不是初地、二地、三地。〈普賢三昧品〉說：一切諸佛都加被普賢菩薩，放光加持，普賢入普賢三昧，這是一部《華嚴經》。諸佛同時放光，十方諸佛、無量諸佛，放光入普賢三昧，普賢才起定。

法主普賢菩薩出定了，大衆就向他問法，這個佔了好多品呢？一共是九品經文，正陳法海就說法了。從義，義是法界義。這個義用文字顯示出來華嚴這個教義、義理。從文就是教，什麼因緣起的？世界是怎麼樣成就的？現相說法有什麼意思的，儀軌的意思，讓我們認識這個世界。世，就是過去、現在、未來三世。三世的形成，是依界而起，界是生起。界是因，世是果；世是因，界是果。世界就是因果同時。

舉果分科的時候，有這麼十分，佔了九品經文。從義理來說，有教起因緣，現相說法，世界成就。義從文，先解釋教起因緣，這就是十大科的教起因緣分。義從文的三種，每十種裏頭都具足這三種，都具足教起因緣、現相說法、世界成就，含著這種義理。《華嚴經》重重無盡大概就顯示出來，大家就知道，這就含著重重無盡的意思。教起因緣又含著十個，本來分了十個，十個之中一個又分十個，這就是重重無盡、十十無盡。

《華嚴經》爲什麼單講十？普賢行願的十大願也是十？一者數之始，一是數的開始，十者數之終，到十就圓滿了。再數，十一，又從一到十；二起，又一到十；三起，又一到十；十十無盡。你說一千一萬，還是一至十，永遠是一至十，這就含著解釋重重無盡的意思。《華嚴經》盡是這種文字與義理，讓你理解重重無盡。

我們把這個意思用到現前生活當中，煩惱重重無盡，煩惱是總說，因什麼而煩惱的？在這個煩惱裏頭，又一至十，你去分析吧！這個一至十裏頭又是一至十。說煩惱無盡也是這麼來的。因什麼而起煩惱？每一種都是十個標籤，你去分析吧！越分越多，從無始以至今生，煩惱無窮無盡的。但是翻過來，轉染成淨，也是一至十、一至十。但是把它回歸原地，剎那際！就是你一念間。教起因緣分爲十。

總的顯這部《華嚴經》是阿難自己聽到的。

「一時」，標說法主在因緣契合時，教機相應時，教者、聞者互相相應了，在這麼個「一時」。這「一時」有好多種，也可以標十個，隨你想，只要契合就行。

第三種，始成正覺，分別它的時分。

第四種，在什麼地方說的？這個地方不可思議！殊勝莊嚴得不可思議，這都不是凡情所見的，不是肉眼所看得到的，也不是天眼所看得到的，這都是法眼、佛眼的境界。

「爾時世尊」下這一段，是指佛而說，教主難思，說法的主不可思議。

「有十佛世界」下，是衆海雲集。來的聽衆像海、像雲，這是形容來的人數量非常多。我們舉不出來雲彩的層次，下雪，誰能把下雪分出好多顆粒嗎？現在正在下雪。還有下雨，你能分出下了好多點嗎？好多粒嗎？你分不出來。這是形容衆海雲集，來的那些大菩薩、那些聖衆，非常之多，無法計算。

我說《地藏經》是《華嚴經》的一部分，就是根據這個涵義說的。地藏會上都到齊了，大概沒有再來了，佛就問文殊師利菩薩：「你觀察一下今天的法會，諸佛菩薩、天龍鬼神八部衆，究竟有好多？」文殊菩薩說：「以我智慧，千劫計算，猶不知數。」說來這個法會的好多人？以文殊師利菩薩智慧都計算不出來。最後說：「吾以佛眼觀故，猶不盡數。」不但千劫算不出來，用佛眼看今天來到這個地藏法會的諸佛、菩薩，也不可知數。這些都是地藏菩薩教化的，他度的都成了佛了，成了大菩薩，跟他相等，他都不知數，《華嚴經》也如是。

現在我們這裡有三、四百人，你知道你自身有好多眷屬嗎？許多聰明的人，再聰明你也不知道自己身上有好多寄生蟲？不知道。爲什麼說自殺犯的罪很大呢？你殺死自己了，也等於殺死好多在你身上寄託的衆生的生命，這叫重重無盡。一個人有好多眷屬？你不知道。那些大菩薩來的時候，諸佛來的時候，十佛剎微塵數。我們不要往遠處想，就往近處想，我們每一根頭髮都是有生命的，你知道你有好多根頭髮？長在你腦殼上你都不知道。眼眉好多你算過嗎？你數過嗎？眼眉可能數得到，現在我就好數了，因爲都禿了，沒有了就好數了。我們從來沒用過這個腦筋，也沒人這樣問過我，也沒有人要求答這個問題。

從「爾時如來道場」下，稱揚讚歎佛的功德。所有來的法會大衆，都有一個帶頭的。功德林菩薩帶了他的眷屬，眷屬當中有十個跟他同等的，叫十林菩薩，都是同名同號的。十智菩薩，都叫智，頭一個字都叫智。十普菩薩，普賢、普慧都叫普，都是妙覺菩薩了，都是果後行因的大菩薩。

第八種，「爾時如來師子座下，座內衆流」，從佛坐的獅子座，出來那些大菩薩，不可知數的，無窮無盡。還有眉間出來的菩薩，從佛的正報、依報，座內衆流。

「爾時華藏」下，天地徵祥，「如此世界」下，結通無盡。這是教起因緣。

○總顯己聞

如是我聞。

「如是」者是指法之詞，指這部經、這個法，這一部經的義理、文字是我親自從佛那聽到的。〈佛地論〉上說：「傳佛教者，言如是之事。」說這些事是我親自聽聞的，但我們不是親聞，而是從《華嚴經》學到的，這是總說信和聞。

「如是」者，信成就，佛法如大海，〈大智度論〉這樣解釋，佛法就如大海一樣的，信為能入。信了你要解，解了有智慧。智為能度，唯有智慧才能度過大海，度過生死流，才能夠離苦得樂到彼岸，這就是般若。《心經》最後有個咒：「揭諦揭諦，波羅揭諦，波羅僧揭諦，菩提薩婆訶。」「成佛，成佛，大家都成佛！到彼岸，到彼岸，大家都到彼岸！」這是度的意思，從此生死的苦海，到達涅槃彼岸。

僧肇大師說，「如是」者，信順之辭。信了，順從；信的是所言的道理，讓你順著這個道理去理解、進入。我們眾生師資道成，佛的智慧資助我們開智慧，經不是多就好，也不是少的就好。不論多少、學的如何，不信不能夠進入，必須得信。我們講《華嚴經》，講〈大乘起信論〉就是講個信，信這個大乘，相信自己是佛，這不是指一般的化身佛、報身佛。報身佛、化身佛我們沒有修，信自己是佛，信的是自己本具的那個理性法身佛，信理。這個理你信了，老師跟學生就是師資道成，生佛無二，道就成就了，必須得有信。所有佛的說法，聖人教導我們的一切法，都是顯如的、顯心的。

「如」者，如如不動，無來無去。如是不動，不動是理性一眞法界。「來」呢？隨緣，隨緣而不變，來即無來。信佛所說的這個理，我們隨順這個理而達到「如」。只有「如」才是眞實的，才是「是」，所以稱「如是」。

「如」是眞諦，「是」是俗諦。眞諦三藏法師說：「眞不違俗，名之爲如。」俗是世間法，俗順於眞，稱之爲是，是這樣解釋「如是」的。

各個大德解釋「如是」解釋太多了，反正一個理一個事，一個眞一個俗，理事不二，理跟事不是兩個。眞俗是一，還是不二，故稱如是。這是能詮詮於所詮的理事，能詮是你學者的心，眞心，這就是《華嚴經》的宗旨。《華嚴經》講無障礙法界就叫「如」，「唯此一事實，餘二則非眞」。唯此無非爲是，這叫「如是」。

各部經講的「如是」是隨順那部經而講。如《阿含經》，如是苦集滅道之法，是我親自聽到的。世間的盡是招感些苦事，苦是逼迫性，招感苦了，就逼迫你受，那就如是了，這叫世間因果。但是你若想離開世間因果，道是可修性，滅是可證性，道是因，滅是果，修道契滅，這是眞因果、出世間因果。這個「如是」，只是指著苦集滅道的。

《華嚴經》的「如是」就不同了，就像我們前面講的，在哪部經講「如是」，是哪部經的涵義。能不能把《華嚴經》講到《阿含經》裏頭去？《阿含經》容不下。講《華嚴經》能不能把《阿含經》攝進來？攝得到。《華嚴經》是攝一切法的。爲什麼說「無不從此法界流」？佛最初說《華嚴》的時候，只說三七天，爾後才說《阿含》的，《阿含》說了十二年，僅是《華嚴經》引用的一部分，華嚴法會上沒有苦集滅道，這些菩薩大士超過這個境界了，所以沒有這個法。但是有時候說，這些大菩薩教化衆生，在用上現教化衆生的情況，這叫「如是」。

我們衆生也「如是」。我們的「如是」是什麼呢？是妄想、是煩惱、是生死，恰恰相反，我們也重重無盡。正，反，正是法，反是妄。法是心，眞心，妄是妄心，隨順而變。如果能領會到華嚴義，你永遠是歡歡喜喜，無憂無愁，無慮無礙，一切都是法界相。如果會不到這個意思，你沒辦法進入法界，怎麼能達得到一眞法界呢？

我們從「如是我聞」開始講。每一部經開始，都有「如是我聞」。意思是說，這部《大方廣佛華嚴經》是我親自聽聞，誰親自聽聞呢？是阿難尊者。我們昨天講過了，佛在涅槃的時候，阿難請問佛，佛給他的教授，經首加上「如是我聞」。說這一部經的義理，是我親自聽佛說的，這樣可以減少三種疑惑。佛所教授的這部經的意思，是我親自聽聞的。同時，「如是」我親自聽佛說的，我是傳達佛所說的，這是可信的。

「如是我聞」是讓我們生起信心，信什麼呢？信這部經的道理，依之發心，發願去修行，能夠得成就的。在理上是順的，沒有背逆的，這是聖人被下之言，佛所說的法，顯的是道理，什麼道理呢？成佛之理。這個理是什麼呢？就是「如」，也就是我們解釋《華嚴經》的理法界。

我們按《華嚴經》來解釋，「如」者是理法界，「如是」是事法界，理事無礙，佛所說的這部經，不論約理約事，都是使你依著如是法來做。做就是行，能夠成就道業。「如是」的解釋太多了，我們就簡略的這樣說。這部經所詮的理事，是眞實的，是一眞法界性的，我們每位道友所相信的，相信自己成佛的那個如，事我們沒有成就，還得漸修。《華嚴經》的宗旨，所詮的理事，是法界一切無障礙，這叫如。「唯此一事實，餘二則非眞」，這叫事。

如是者我們說這部《華嚴經》，這部《華嚴經》的如是之理是可信的，如是之事是可修的。以理顯事，事就變成理了。以理成事，理就變成事了。所以這叫理事無礙，這就是「如是」的意思。

「聞」是聽到，誰聽到的？如是《華嚴經》不可思議大經是我親自聽到的，我要把我所聽到的，再以語言傳授給別人，所以說如是我親自聽到這部經。

「我」呢？這部經結集的時候，是阿難與文殊師利菩薩結集的。義理上是以文殊師利菩薩爲主，傳佛的言語是阿難。「我」就是阿難尊者自稱。「聞」就是我親自聽聞的。從義理上顯我，我是非我，我即無我，就是沒有我執的我，無我之我，大我，這是一眞法界的我。我是色心二法成就的，這是五蘊。「聞」呢？肉身當中，我耳根親自聞到的，但是法上說無我，爲了傳達義理，言語方便假設爲我，這個我不是假我；阿難尊者在說《華嚴經》的時候，或者回憶《華嚴經》的時候他是眞我之我。假設言語的方便，隨順世間法，故稱我聞。

「如是我聞」者，總說就是這部經是我親自聽佛說的。這裏頭解釋很多，若按法性、唯識、三論，那太廣了。因爲一切無不從此法界流，一切經都以《華嚴經》爲本的，一切經一切教義都在《華嚴經》裏顯示；或者依〈疏鈔〉講解太廣了，他又拿五教來分，就是「如是我聞」，在始教怎麼說的？頓教怎麼說？般若宗又怎麼說的？那樣太廣了。如果是約此經的本意，約法性來說，一切傳法的菩薩，這部經的目的，讓你聞法，讓你去傳，這就是菩薩。「我聞」呢？自己聞到了，還要把所聞到的供養給一切衆生。

這個「我」是無我之我，根和境，根是肉體的耳根，境是外邊所說的法義，根境合而爲一。我們根境不能合，這個經義是根跟境合，也就是心跟法合。聞跟所聞的經、所聞的法，是一個？是兩個？非一就是異，也非異。說異不可以，說一也不可以，這叫妙。

此經處處都說不可思議，就在「如是我聞」上，如果以深義來講，就是一眞法界的眞我，眞我是無能無所、無根無境，也就是無礙法界的法門，這是圓教義。

這裡還有個問題，阿難根本沒有聽過這部《華嚴經》，佛說《華嚴經》的時候，他還不曉得在哪個道呢？因爲佛剛成道的時候，阿難才降生。他從哪裡聽到的？就世間相說，他到三十歲時，佛叫他到身邊當侍者，或者說輾轉傳來的，阿難聽到的，那就不對了，不是親自從佛聽說的；或者說佛把以前阿難沒聞到的經，重新給他說一徧，在經裏頭有這樣說。或者說阿難得了甚深三昧了，自然能通達了。但是此經是不思議經，阿難乃至舍利弗這些大弟子全是大菩薩，到五濁惡世示現聲聞來助釋迦牟尼佛弘法的。這是一說了。他本來未聞，爲什麼說「我聞」？這是問難的意思。就是佛成道這天夜間，說華嚴的時候，阿難尊者才降生，年滿二十歲出家，三十歲佛叫他在身邊當侍者，三十年前佛所說的經，阿難沒有聽到。

實在而言，阿難尊者是大權示現，這些不思議境界經是隨機教別的，見聞的不同。在《不思議經》裏頭這樣說的，有千億菩薩現聲聞形，現二乘阿羅漢也來這個法會中坐，其名曰舍利弗、目犍連、阿難、提婆達多、跋難陀，以他們爲上首。那就說明他們久已修行六波羅蜜了，已經近佛菩提，化度衆生，以這個雜染的五濁惡世現的聲聞形。在《不思議經》是這樣說的。這個道理大小都如是解釋，但是此經是以文殊師利菩薩爲主的，阿難尊者只是結集。

○標主時處

一時佛在摩竭提國。阿蘭若法菩提場中。

所謂「一時」者，時成就。什麼時候？不像我們是甲子年、乙卯年，印度沒有這個說法的，哪年哪月？沒辦法說清楚，只說「一時」。「一時」是什麼時候呢？因緣和合，緣成熟的時候叫「一時」。

主，說法的主，聞法的機，說機相合的時候，既契理也契事，這個時是假立的，世間的一切時都是假立的。「一時」，時成就了。

大乘教義裏頭說，時無定體，時間沒有一個規定的，沒有什麼實體的，依法上立，依你的心來定這個時。我們這個國土的春夏秋冬是人制定的，二十四個節氣是人制定的，一年十二個月也是人制定的。其他的國家可不是這麼定的，就算是我們國家的其他民族也不是這麼制定的，彝族不是這麼定的，藏族也不是這麼定的。

我在拉薩時候，庫爾卡有他的年、月。尼泊爾、契丹、錫金、印度這些在西藏拉薩經商的，要過他自己的年。因爲西藏的外來人口很少，過年的時候，把各個民族的，各個地區的都要請，成了請客的風俗；誰過年了請一道，我在拉薩六年，一年當中都在過年。他過他的年，你過你的年，時間沒有一定。現在我們這是白天四點多鐘，現在在美國是早晨四點多鐘，這個時候沒法定。

說佛是智者，法在這個娑婆世界，總的就是南贍部洲，南閻浮提。我們現在所說，在這個地球上五大洲是南閻浮提，南閻浮提只是一個南贍部洲。在佛經解釋，教授我們是這樣子，所以這個時間沒法定了；因此佛是智者，他說法不論你在哪個國家、在哪個國土，在什麼時間，說法時、聞法時、學法時都是一時，這是時成就。

什麼時候說法的？一時，有說法主、有處所、有聽眾。這個時分，一時是隨著世間假立的。因爲時有無量，說一時就夠了。這個一時是佛在摩揭提國，《涅槃經》那個一時是在恒河沙岸邊。都不一樣，這是虛設的。有眾生機感，就有佛應，感應道交難思議的意思，就含在一時裏頭。

佛是說法的法主，「如是我聞」是聞成就，「一時」是時成就，「佛」是主成就。具云叫「佛陀耶」。在《華嚴經》注解上是「勃陀」，也就是「佛陀」，在印度具足說，就是「佛陀耶」，翻我們的華言就是覺，自覺覺他，覺行圓滿了，十號當中的一號。覺悟了就徧照一切，含光明義。因爲佛跟菩提這種翻譯，好像都是一樣的，菩提也叫覺，佛也叫覺。

這個覺有三種，自覺、覺他、覺滿。自覺就是自己覺悟了。就像我們睡覺，睡覺迷迷糊糊的，睡醒了，覺悟了。我們在睡覺時候作夢，明白了，只是小明白。這個覺是我們在這六道輪迴旋轉中不覺，突然明白了、覺悟了。沒有突然明白的，佛在菩提樹下覺悟還要經過六年。在菩提樹下，好多這種異境；事實上，你如果拿世間相來看，不是這樣子的。菩提樹稱爲覺樹，因爲佛陀是在菩提樹下頓悟成佛的，這個菩提樹就叫覺樹。

這個覺，〈起信論〉說不覺（本覺）、始覺、相似覺、分證覺（隋分覺）、究竟覺，五覺圓明。從你本具的本覺，從不覺開始覺悟，開始相似覺悟，完了分證覺悟，究竟覺悟，把不覺除掉就叫五覺圓明。

覺什麼樣呢？覺事，事無不通。覺理，覺理是究竟達到一眞法界。覺自，自己證得了。覺他，讓他人也覺悟。三覺是指自覺、覺他、覺行圓滿。離開你的心意識，不去分別了，這才叫覺。離開名色，離開五蘊、名色心法這五蘊，這叫覺。自覺、覺他功力都達到圓滿了，我們現在依著這個生起相信自己的覺體，〈起信論〉也如是講。

我們在開始講《華嚴經》的時候，讓大家相信自己是毗盧遮那，你若相信就是自覺的開始，不相信就沒有覺，這叫自覺。覺他呢？以這種教授的方式、方法，覺悟的方法就是佛法，讓他人也覺悟。度生事業圓滿，自覺成就，這叫覺滿。覺滿的不是菩薩，也不是衆生、也不是二乘，就是佛。

我們這個心跟一切眾生、佛，是三無差別。這個無差別是照理上說的，照你本具理體，照本具眞心而說的。

照事上說，那差別可大了。摩竭提國，一時佛在某處，得有個處所，就是在摩竭提國。聞、時、處，這叫處成就。《華嚴經》從理上講的多，眞身就是法界眞身，也沒有在什麼地方，也沒有不在什麼地方；無處不在也無處都在，這個涵義是從理上講，沒有能所，沒有在與不在。因爲體徧故都在，因爲體是眞空故無不在，都是空的。如虛空，徧一切色非色，徧一切法，徧一切眾生，徧一切國土。但是約事說是在摩竭提國。

「摩竭提」的意思是「無毒害」。這個國家沒有毒害，他的法律沒有刑戮，沒有關你坐牢，也沒有槍斃，也沒有判諸苦刑，沒有刑戮之法，所以叫「無毒害」。

「阿蘭若法」，這是總說，比如在中國山西五臺山，這是別說。阿蘭若法者，是說法的場所。阿蘭若，這個地方非常寂靜，沒有喧鬧，沒有雜染之市場、人聲嘈雜，在事上說是寂靜的。爲什麼加個「法」字？就是理上說。阿蘭若是約事上說，這個法字是你所證的眞理，沒有煩惱障，也沒有所知障，什麼都斷盡了。證得的實際理地與一切事相通的，事無礙是因爲理成故，理成事故事無礙，事顯理故理無礙，而能事理相合的理事無礙，進入事事無礙。這個處所，事也無礙、理也無礙，所以加個法字，「阿蘭若法」就是清淨處。

「菩提場」是覺悟的處所，能證得大智慧圓滿光明，究竟清淨，這是證菩提的處所。這是指一般處所來說的，在六合之內，天地之間。菩提樹在什麼地方？王舍城西邊約二百華里的地方，在菩提樹下有個金剛座，佛在這裡成道，這是指化身佛說的。法、報、化三身一體，也就是毗盧遮那成佛之所。

修道者在任何處所都可以修道，都可以成道；因爲釋迦牟尼是在菩提場，菩提場是覺場，在這個處所成道的，顯這個處所就尊貴了。因在這證得大智慧，證得圓滿福慧兩足，證菩提的處所。在經上講菩提場，是從理上講的處所。

事上，這個菩提場外有條河叫尼連河；佛在世時，尼連河是一條很大的河流。那個水是功德水，從天上來的，這是神話。一九四〇年我去朝聖的時候，什麼都沒有。經典上說普光明殿離菩提場約三里，哪找普光明殿？河邊兩岸都是荒涼的，一九四〇年那時候菩提場荒涼的很，什麼都沒有。那時印度已經沒有佛法了，後來才逐漸復興。現在有日本、朝鮮、西藏，乃至中國大陸寺院，那時候菩提場沒有這些寺廟。

在鹿野苑，佛度五比丘的地方，來自中國的道階老和尚，他是北京法源寺老和尚，到那兒建了個道場，叫中華佛寺。一九四〇年我去那裡的時候，剛蓋個大殿，修個圍牆，其他什麼都沒有，菩提場更是什麼都沒有。

金剛座是個土壇，四四方方，過去如是，現在還如是。不管那個雨多大，風多大，金剛座沒壞。金剛座就是那土壇，佛坐那裡成道，周圍沒有人煙，我坐一坐什麼也沒有，誰都可以坐。

菩提樹很矮，我看著就幾丈高而已，不像經上所形容的。菩提樹就在金剛台的前面，就是佛坐的金剛座，我們看是土堆，什麼都沒有。那樹的枝幹、葉子，就把那金剛台保護起來。但是這是現相，理上是不同了。我們講殊勝是從理上講的，不是從現相上講的。衆生只能看事，觀不到理。

先不說菩提場，我們五臺山是金色世界。什麼金沙世界？把五臺山沙子抓一把去當金子賣，沒誰理你，這是不可能的。在《華嚴經》〈諸菩薩住處品〉，「東方有國，名曰震旦，其土有山，號曰清涼」。這是五臺山的聖境，清涼寶地，去除熱惱的。我們好多人到這裡來，在這裡凍死，熱惱沒去，煩惱卻來了。諸位道友，你們有沒有煩惱？你在清涼山爲什麼還有煩惱？不要把理跟事弄錯了。當你還沒證得理的時候，事還是事，理還是理。你不能轉事成理的時候，事還是事，理還是理。

斷煩惱證菩提，釋迦牟尼佛把煩惱斷得究究竟竟的，菩提證到了。他所在的菩提場，不是我們見到的菩提場，而且《華嚴經》所說的，那又不同了。菩提場有它特別殊勝的聖境。人若成就了，地也靈了；人若不成就，地也不靈，一切法都如是。當你心的理體，無障無礙的大圓鏡智成就了，一切皆成，時間、地點、條件、任何處所都成了。我們現在不成，一不成什麼都不成。

你從《華嚴經》的境界看，這是華藏世界。我們看的是什麼？我們身處其中，五濁惡世。等你成就了，五濁都變成不濁了，都是聖境了。

菩提場也如是，只是形容佛最初成道說《華嚴經》，是以菩提場爲土的，都是在菩提場說的。這個道場就是說道的道場、行道的道場、證道的道場。在這裡說，大菩薩就發起利益衆生的弘願，成就究竟覺，行道在這處所，就在這裡證道。這就是眞如之理，契般若眞智、理智，眞如智契眞如理，理智和合相會，所證的就是究竟覺悟。這個處所是佛成道的處所。佛說法四十九年，沒有離開菩提場，這就是「如」。隨處隨緣度衆生，那就是事，隨順世間而建立的。

○別明時分

始成正覺。

「始成正覺」，說佛在阿蘭若法菩提場當中，成就了正等正覺，也就是始成正覺。「別名時分」，成道這一時的時分，初成佛的時分，就是這個時，教化我們衆生的時候，是這個時候。在菩提場，七處九會說《華嚴經》，這是釋迦牟尼佛最初成道說法的處所。儘管演暢七處九會，沒有離開菩提場，七處九會同時說，不壞相。佛成了道之後，經上說七天之內說了五會，第二個七才說到十地菩薩。

實際上，就是始成正覺的時候，沒有離開菩提樹。到處宣揚佛法，就是說覺悟的方法，度生事業的開始。乃至於初會、二會說是在菩提場，二七以後，十四天以後才到各處去說，其實各處去說是理上，並沒有離開菩提場，七處九會同時地頓現、頓演。

這個機是什麼機呢？一下是師子座上，一下是眉毫光中，一下是住處，到處都湧現無數量的大菩薩，經文如是說。佛的這個菩提場就像海印一樣，佛入海印定，一時定中盡現，有機就應，機來了就說。說什麼呢？《大方廣佛華嚴經》。

我們這裏頭有很多道友沒有看過其他的教義，也沒有學過，這裏頭說的是從小乘說到大乘，從大乘說到終教一乘，說終教又說頓教，頓教完了才顯的圓教。小乘、大乘、終乘、頓乘、圓乘，就在這個菩提場，四十九年的法在這個地方全說了。〈華嚴疏鈔〉和〈華嚴合論〉都如是說，說的非常地廣。等我們將來把這學完了，就懂得這個涵義了。

這個又重複說，解釋「一時」。這不是佛說的，而是清涼國師乃至方山長者引證說《法華經》的時候，說《金剛經》的時候，乃至於其他的諸經論說，都叫「一時」。說《華嚴經》的時候，是以法界爲體，以剎那際定，就是一念間說《華嚴經》。一念間，《華嚴經》就說完了。它以法界體來說一剎那際的定，「如來一音演說法，衆生隨類各得解」，這一音、一時，徧於十方諸國土。轉法輪轉了四十九年，還是一時。它是剎那際，這叫「一時」。

這個「一時」，比起前頭解釋的那個「一時」，深入得多了。這個「一時」，說《法華經》也「一時」，說《金剛經》也「一時」，說《華嚴經》還是「一時」，合攏來還是「一時」。但《華嚴經》這個「一時」跟前頭那個「一時」，意義不同。

在這裡又重複解釋這個「佛」。佛者，是覺悟的覺。覺有兩種義，哪兩種義呢？一個叫始覺，一個叫本覺。始覺，我們現在明白，開始覺悟。本覺，我們本來具足的。這個覺也沒個開頭，也沒個結尾，無始無終，過去、現在、未來，惑業苦這三種障礙，三障蠲除盡了，才名爲佛，才叫覺。這是辨別的意思，跟權教所說的不同，權教還有出世還有入涅槃，還有始還有終；這個則是沒有，權教叫方便善巧，不是究竟實義。

根據〈大智度論〉說佛有四義，一個說有德，一個說巧分別，一個說有名聲，一個說破婬怒癡，都是解釋佛的涵義。

除了覺義，還有始覺義、不覺義，可是覺有始嗎？有終嗎？覺沒有始終的，也沒有過去、未來、現在的三障，這就是佛的本體。

在大乘權教說有佛出世了，佛又入涅槃了，這都不是眞正佛義，現在《華嚴經》也加以駁斥。

佛稱「婆伽婆」，「婆伽」就是「德」，「婆」就是「有」，「有德」。「婆伽」又叫「分別」，「婆」叫「巧」，「善巧說法」。「婆伽」又名「名聲」，「婆」名「有」，「有名聲」。「有德」、「善巧說法」、「有名聲」，這些名詞都是解釋佛的涵義。

「婆伽」又名「破」，破什麼？破婬怒癡，「婆」，名「婬怒癡」，破掉婬怒癡。方山長者引〈佛地論〉又有六種義，前頭引的是其他的經論，〈大智度論〉有四種義，我們略舉一下就行了。

這是解釋「一時佛在」，「在」字就說在什麼地方，佛成佛了在什麼地方？這是約事說的，在「摩竭提國」，指出來所在的處所，這個國土叫「摩竭提國」。

「摩竭提國」是總說，「摩竭提國」是約世間相來說的。究竟在何處呢？這個處所，無處所的處所，在法界，法界是沒有差別的，法界無二，一眞法界。這個法界沒有中，沒有邊，沒有大，沒有小，沒有此，沒有彼，在什麼地方？就在這麼個地方，沒有彼此，沒有大小，沒有中間的處所。這是用華嚴義解釋的，我們要學《華嚴》，這就是華嚴義。這個「在」，在無不在，就這麼個涵義。

「摩竭提」，無惱害。「竭提」叫「害」，「摩」叫「無」，就是「無惱害」。又者，「摩」當「不」字講，「竭提」當「至」字講，就是「不至」，言此國土，將謀兵勇，鄰國不敢侵犯，不敢到這個地方來，就叫不至處。就是他這個國家，內政、外交都非常好，別國不敢侵略，很強大；在五印度當中，他是最大的一個國家，統攝諸國。因爲這個國王定的法律，沒有刑戮，有罪的人把他放逐到山林裏頭，表示佛的大慈大悲。

佛在摩竭提阿蘭若法，「阿蘭若法」稱寂靜處。寂靜處也有兩種，一種是約事，一種是約理。事，就是在摩竭提國的尼連河側漚樓頻螺聚落中，距離人間五里。五里的里是華里的里，印度說一個牛叫喚的聲音，就有這麼遠，讓你定幾里也可以，這個距離是非常籠統。

得了無上正等正覺，阿耨多羅三藐三菩提，這個處所經常有一萬道場神，守護這個菩提場。我到菩提場去，連一個道場神也沒見到，業障太重了。隨時都有一萬道場神常在其處，一切諸佛成等正覺，都在這個地方成，總在其中。反正這個地方就是法界了，法界無所不在了，一切諸佛都在法界之內成的。

「理」的涵義是約他自性的理體，本來是無礙的，是寂靜的、不動的、常靜的，這就是「如」。事是隨緣，隨緣利益眾生，就是這個涵義。

約事說，這個菩提場是在尼連河邊。現在這個地名不成立了，尼連河沒有了，水早斷了。尼連河這個事，你現在去看不是了，摩竭提國當然也沒有了。

約理上說，徧法界的。法界無邊，道場也無邊，一切處一切刹一切場所，不論染、淨、穢都如是。目的是成佛度眾生。

「始成正覺」就是成佛了。他從無量劫修行，「情盡智生」，情盡了，智慧就圓滿，這就叫「始」。

佛在這個時間始成正覺，所謂「正」者，心無一切執著，就叫「正」。心無所依，就叫「正」。理智相應了，就叫「覺」。得了心無所依這個法，這就謂「成」。自覺覺他，謂之「覺」。理智相應也叫「覺」，「始成正覺」，「覺」有兩種覺義。

○別顯處嚴

以下顯處所。主就是佛，衆就是三世間。菩薩、諸佛就是智正覺世間，器世間、有情世間、智正覺世間，如來依正二報。但是依著清涼國師的意思，佛覺悟的時候，成就正覺的時候，他的器世間就是菩提場，我們肉眼是見不到的。依這個殊勝，菩提場就是華藏世界的境界。

《華嚴經》所說的跟其他經所說的不同，形容菩提場有十種莊嚴，簡略把它合成幾種。一種是地嚴，地是土地堅固，金剛座的底下是金剛地。

二者是樹莊嚴，這是以嚴嚴果德，就是佛的依報，依報的處所地嚴，金剛地基，金剛座，樹嚴是菩提樹。

三者是宮殿嚴，菩提場的宮殿很多，這不是肉眼能見的。

四者是師子座嚴，佛的師子座有好大呢？八萬四千由旬，一由旬是四十華里，這個座有多大，不是我們這個意念所能達到。佛的這個座、這個宮殿、這個土地、這個樹，約事上說就是這個樣子。

現在要表心地，表理體。表心地的時候，心地就表法身，樹就表菩提，宮殿表無住涅槃。座是法空爲座，在事上表是這樣子，在理上表一切諸法皆空。

地嚴

其地堅固。金剛所成。上妙寶輪及眾寶華。清淨摩尼以為嚴飾。諸色相海無邊顯現。摩尼為幢。常放光明。恆出妙音。眾寶羅網。妙香華纓。周帀垂布。摩尼寶王變現自在。雨無盡寶及眾妙華。分散於地。寶樹行列。枝葉光茂。佛神力故。令此道場一切莊嚴於中影現。

我們經常說「地」，地藏菩薩也有個「地」，是指心說。地藏法門也是這樣子，心地含藏無量性功德。地嚴就表心地無量法身，指佛的法身毗盧遮那佛。樹是表菩提樹，樹表覺義。宮殿表涅槃，無住的涅槃。師子座表法空，八萬四千由旬，說多少都可以，這是果。

因爲他行無量劫的因行，他種這個心地法身的因，因成就了，因歸於果了。報得的因果，報就是果報，因必有果。報得什麼呢？報得金剛之地，這個地是金剛不壞的。以前是以般若修因，以悲智相導眾生，悲智就是度眾生的因。又者，以般若智慧的法空爲因，所有的因行就是華，華嚴的華，因華成就了，以一切所行的果德來嚴，一行嚴一嚴，一嚴嚴一行，一行成一嚴，無量劫來所行的無量因，無量的嚴，這個是通融之說。

一因嚴一果，無量因嚴無量果。通的時候，一因就嚴無量果，成就無量果，成佛了，一切都純淨無礙。現在約行布來說，一行嚴一果，所表現的心地之因，增長了金剛之地。般若爲因，以悲智相導爲因，以法空爲因，以諸因嚴，地嚴、樹嚴、宮殿嚴、師子座嚴，就如是解釋。

再解釋地嚴。金剛所成的上妙寶輪，還有一切衆寶寶花，摩尼清淨如意寶來爲裝飾，諸色相海。像海那麼普徧，像海那麼深廣，以摩尼爲幢，摩尼寶珠來做幢幡寶蓋，常放光明。經上如是說，恆出妙音，跟著極樂世界所說七寶行樹，八功德水，所演的都是妙音，無情說法，無情也在說法，所以那個香花、瓔珞是形容詞，而且我們人間下雨，那下的是寶貝，衆妙寶花，這都是形容詞。

成就之後，感到如是諸果，宮殿、地樹、師子座，乃至於樓閣，七寶所成的。〈疏鈔〉是這樣解釋的，金剛最堅固了，花草樹木，紛泛度衆生那些雜因，感的這個殊勝果。這是按教理來說，有權有實，以權實的教義度衆生，成就華藏世界。無量的因華嚴佛的果德，還是《大方廣佛華嚴經》的意思。

我看到這段文的時候心裏想，爲什麼同是一種物件，佛經上所記載的、佛所教授我們，跟我們肉眼所看見的不同。我們是業惑，什麼事都求實，耳聽爲實，眼見爲實。其實眼見的也不眞實，親證爲知，等你明白了才知道。在〈疏鈔〉上寫的菩提樹，我不曉得清涼國師到過菩提場沒有？看過菩提樹沒有？我想他沒到過，沒聽說唐朝那時候他到過印度。但是，我到那裡所看到的菩提樹，跟經文所說的菩提樹完全不一樣。爲什麼？這叫凡情，凡情看聖境，聖境變成凡境。

我們學《華嚴經》，《華嚴經》是圓滿的、不可思議的。但是我們學的時候，還是以我們的凡情去學，所以無法進入法界，不能馬上成就一眞法界，得慢慢地進入。我說這個慢，好像是懈怠，其實不是懈怠，你就是再精進，也得經過斷惑消業障，不然你心裏頭會生起譭謗的，這是要特別注意的。

我到了菩提場，看見菩提樹跟《華嚴經》所說的菩提場、菩提樹，風馬牛不相及，完全是兩回事。我是學過《華嚴經》的，經過印度去朝禮聖地的時候，那時所學的《華嚴經》還是很熟悉的，一對照現境，完全不是這麼回事。因爲是凡情，以凡情看聖境，聖境也變成凡情。聖人看凡情，凡情也變成聖境。阿難看著我們南閻浮提，五濁惡世！土地雜亂、穢垢，還不說意境上貪瞋癡了；但是文殊菩薩看著是華藏世界，佛用足點大地，那地上變了，阿難尊者一看，他所見的像幻境一樣，進入幻境當中去了世界就變了，這個也如是。

這是說菩提樹，以下介紹樹嚴。

樹嚴

其菩提樹高顯殊特。金剛為身。瑠璃為榦。眾雜妙寶以為枝條。寶葉扶疎垂蔭如雲。寶華雜色分枝布影。復以摩尼而為其果。含暉發燄。

與華間列。其樹周圓。咸放光明。於光明中雨摩尼寶。摩尼寶內有諸菩薩。其眾如雲。俱時出現。又以如來威神力故。其菩提樹恆出妙音。說種種法。無有盡極。

菩提樹是什麼樣境界？我到菩提樹那兒，也在金剛座上坐了，菩提樹的樹葉我也摘了幾片，夾在經書裏頭供養，等回到大陸的時候，那些菩提樹葉也就起了變化。

這是形容這棵樹，叫覺樹，以大智慧的因感成就，智慧因感成的菩提樹，顯這棵樹又高又盛，又圓又妙。這個不是我們凡夫境界了。但是這棵樹是物質，是我們肉眼可見的。在佛的功德、法力的加持下變了，這是表法的，這都是形容智慧。我們看不見菩提樹的枝葉，因為在智慧上它是不昧的，光明照燄的，因此對樹也好，地也好，不要拿事實來對照。所見這個事實跟經義所說的，跟那個時候的事物不相合的，那是大菩薩所看到的，這是假這棵樹來顯佛的果德。

樹喻金剛，金剛是表法的。樹的花是叫樹花，是表因的。入了金剛三昧，生起本來具足的智慧，這才是樹身。幹是琉璃，是從根本智發解的，是內外明徹的。那個枝葉、樹條是雜寶所合成，這是什麼意思？表法的時候，隨眾生的境、差別，佛就說一切法，隨眾生的業而消除眾生一切業。所以枝條、樹枝、樹葉是嚴這棵樹的，以智慧的光明嚴這棵樹；因爲智慧深了，來照這個理體，理智合而爲一，這都是形容這棵樹的。智慧是慧解，大慧力。隨著境相差別，而以方便慧力無礙對衆生說法，叫方便善巧，應以何法得度者，就給他說何法。

那時候，我到印度去看菩提樹，我在那兒也拜了也禮了。那個地方是沒有房子的，都在樹下。印度的氣候熱，不會受涼的，心裏就觀想，思惟華嚴教義、我所處的境，沒有因緣我是到不了菩提場的。現在有因緣了，我看到怎麼是這個樣子呢？我從尼連河邊上走，佛說《華嚴經》的普光明殿就說了三會，就在普光明殿說三會，可是沒有普光明殿。這個是意境，用凡情來理解勝境，又去覈實，這個是不行的，覈實不了的。

在學經文的時候，我自己就思想鬥爭，這些個講不講呢？不講，《華嚴》義就沒有了，這就是《華嚴》義；菩提樹就是嚴，佛成道了，成道就是果成就。什麼因來的呢？果徹因源，又回到因上，一成一切成。一成即是佛坐的菩提樹，坐的那個土壇，變成金剛座，叫金剛台。現在講這個菩提樹，很微妙，因爲佛的身體是金剛，入的是金剛三昧。

以前弘一老法師身體特弱，我們就用豐子愷作的偈子禮讚他：「廣大智慧無量德，集此一身肉與血」，這個身體是血肉成的，不是金剛，但是把這個血肉變成了肉體，「安得金剛不壞體」，這就是形容智慧，「永住世間剎塵劫」，沒有生也沒有死，金剛體是不壞的，永遠住世間的，但是這是智慧，不是肉體。身是金剛，入了金剛三昧，本有具足的智慧，人人都如是，就是缺少修煉；很好很好的一尊佛，就是沒開光，開了光不就成了嗎？我們都是很好的一尊佛，就是沒有開光，沒開光就沒有智慧，光明不顯現，正行成立不了。

樹是表什麼？就是身；菩提樹是表佛身，菩提是覺，覺悟的法身。

我還想起六祖大師慧能，那時候五祖要往下傳法時，誰寫個偈子就傳法了。他的大師兄神秀，在那兒是首座，他寫的偈子是：「身是菩提樹，心爲明鏡台，時時勤拂拭，勿使惹塵埃。」說在生活當中，不要沾染塵埃，你一天把它打掃乾乾淨淨的，身、口、意三業保持清淨。但是你要時時觀照，時時勤拂拭，不要沾著六塵境界，不要隨意地貪戀，這是從事上來說的，這叫漸修。六祖慧能就說：「菩提本無樹，明鏡亦非台，本來無一物，何處惹塵埃？」六祖大師是頓斷的，從理上說。那菩提不是樹，明鏡亦非台，原來什麼都沒有，什麼地方惹塵埃呢？我們現在這個菩提樹，也作如是解了。我們證的那個菩提不是這個菩提樹。

一時、佛、菩提場，講的都是華嚴。華嚴有四種，一者地嚴，菩提場的場地；二者樹嚴；三者宮殿嚴；四者師子座嚴。

地嚴、樹嚴，我們講過，現在講宮殿嚴。

宮殿嚴

如來所處宮殿樓閣。廣博嚴麗。充徧十方。衆色摩尼之所集成。種種寶華以為莊校。諸莊嚴具流光如雲。從宮殿間萃影成幢。無邊菩薩道場衆會咸集其所。以能出現諸佛光明不思議音摩尼寶王而為其網。如來自在神通之力。所有境界皆從中出。一切衆生居處屋宅。皆於此中現其影像。又以諸佛神力所加。一念之間悉包法界。

乘諸佛神力所加，不是一佛兩佛，而是無量諸佛神力所加。什麼叫宮殿嚴呢？就是所處的宮殿，像我們所處的法堂，它能夠覆蓋住。「殿」就是含容、包納。這個宮殿表示諸佛的悲和智，就像樓和閣相依，這是表法的。

「廣」者是無邊的意思。法外無故，離開你的心，一切境界相都不存在了，這個法是指著心說的。廣博對著狹隘說的，因爲在你心空，法內空。這種莊嚴是形容詞，表心法之中所起的功德相。這段經文我們依著〈疏鈔〉略作解釋一下，因爲大家不是久學的，對華嚴義不大理解，其他諸經論學的也很少。

我們說「嚴麗」，嚴麗就顯著裝潢很好，在一般住的房屋來說，我們這法堂就算很好了。凡是佛教所說的大殿都是很莊嚴的。那種莊嚴義跟這裡所講的略有不同，他所具足依法所含的義，都是稱法性來說的，所以是充徧十方。

華藏世界整個就在宮殿裏頭，一切世界、一切事物都在菩提場當中，這是約理上來說的。理跟事各有不同。我們現在說的是純粹諸佛菩薩的境界。現在菩提場在印度，地名叫「迦耶」。還是這個地方，我們看見完全不是像經上所說的樣子，因爲我們沒有進入法界，面對這個涵義，你要作聖解，不能用凡情去測度。

佛的體相，這一切的相都是表佛的功德。他的性體是心，體是什麼呢？「摩尼寶」，「摩尼寶」又稱如意寶。經過無量億劫度衆生積聚的功德所成就的，像這種相的莊嚴是從佛的諸神通、諸妙用，大悲是智慧，寂靜是禪定，悲智雙運所成的。

經文說衆行發光，徧灑三千界都是法雨、法雲。說法的義理，像如雲、如雨，涵義多廣。宮殿裏頭一定有光明有種種幢，一定具足光，大智慧跟禪定交融的，悲寂互相交融的。「幢」是表示降伏衆魔的，這裏頭含著無邊的菩薩，不論道場之內、道場之外，都是依中建立。

這個「嚴」本來指因說的，但是這裡解釋佛的果德，果中有因，涅槃不生不滅的是果。一切諸大菩薩、諸佛冥會感應，感就是因，諸佛跟一切諸大菩薩，沒有一位聖人不入涅槃的，這形容著就像一切水無不歸於大海。因此，九流交歸，各行各業，無論什麼都是於衆聖冥會，跟聖人冥冥的感交。這是形容衆海，無邊菩薩。

宮殿中所有的光明，所掛的幢就是表法的。悲智雙運，降伏魔怨。所有發出的聲音，光明就像寶中的網似的。像人間的宮殿，是防你的污穢；像光明幢耀，光明的幢。就像我們的法堂，到這裡來是沒有邪見的，沒有惡見的，以大悲寂靜利世的。所有佛說的教誨都是圓滿，不可思議的，也就是圓妙。

我們這裡雖然不是寶，但是比一般的還是莊嚴的。那麼能產生佛果的大用，佛果的大用就是說正報，這個形容的都是依報。

依報必依著正報而產生的。有福之人，他所居的一定是福地，災害減少。現在是在依報當中，宮殿、莊嚴、大地都是依報，依報是依著正報而產生。正報是理性，理性必須得靠事顯，沒有事，顯不出來。看是種種的幢，種種的幡，種種的微妙，種種說法的法音，種種聚會的這些大菩薩，好像很複雜，實際上不雜。依著不生不滅的意思，依著依正莊嚴的事實。所以地嚴、樹嚴，宮殿嚴都如是產生的。

嚴一共有四種。地嚴，樹嚴，現在是第三個宮殿嚴，第四個是寶座嚴，佛坐的師子座嚴。這些不是純粹的、清淨的涅槃寂靜相。凡是有形相的，都歸於境。居處呢？就是這宮殿，宮殿是佛居處。不言畜生也不言修羅，再怎麼微妙也是虛妄的，沒有自體的，依正果報而顯現的，妄依眞現，依著佛的果德而顯現的。因爲佛的功德是不可思議的。

大家讀〈普賢行願品〉，普賢菩薩向善財童子廣說諸佛的功德。讚歎完之後，跟善財童子說，佛的功德是說不盡的。這是在〈普賢行願品〉之前，普賢菩薩是讚歎佛功德的。現在我們舉的地嚴、樹嚴、宮殿嚴，這都是因。這個因顯什麼呢？顯佛成就的德。由佛的神力關係，佛不可思議的力，一念頓現。頓現什麼呢？事、理、染、淨，法界之內所有一切諸相，一念間充徧十方。

過去大德爲什麼不講呢？因爲這是果德，果德難知故。有非有，相似有，相似有不是眞有。眞是什麼呢？眞是性體。性體是通的，所顯現的依報是有礙的，不是通的，有局限性。因爲在這個法會，要容納這麼多的無量菩薩，要集這菩薩衆，演華嚴的法界之法。由佛的神通力，攝入無礙，能攝無量無邊的諸佛世界那些大菩薩來這裡聚會。但有形相都歸於性，形相都不是清淨的，形相是有障礙的。但是在佛的神力故，這些形相染淨無障礙，有形跟無形無障礙。宮殿是有形的，有形的跟無形的無障礙；宮殿是有一定的、狹小的、限制的，再大的宮殿也沒有虛空大，就是有狹隘的。廣義是什麼呢？廣義是佛的心，這是佛在一念間而成就的宮殿。

又者，菩薩是修集功德，成菩薩道是集，是集一切菩薩因，就是華。嚴佛的果德，嚴是果，因果無礙，就是佛的神通。宮殿是依報。佛，法主是正報。這有十種宮殿，但沒有一一解釋這十種宮殿。十種宮殿都是表法的宮殿，也就是心法所依止處。菩提樹，菩提即是心，「菩提本非樹」就是這個涵義。下面講佛所坐的座是什麼樣子。

第四個就是師子座嚴。

師子座嚴

其師子座。高廣妙好。摩尼為臺。蓮華為網。清淨妙寶以為其輪。眾色雜華而作瓔珞。堂榭樓閣階砌戶牖。凡諸物像備體莊嚴。寶樹枝果周迴間列。摩尼光雲互相照耀。十方諸佛化現珠王。一切菩薩髻中妙寶。悉放光明而來瑩燭。復以諸佛威神所持。演說如來廣大境界。妙音遐暢。無處不及。

這段經文表顯什麼呢？表顯說法的殊勝，佛的師子座殊勝。這師子座殊勝到什麼程度？從師子座出現了無限的菩薩，等覺位的大菩薩。

以下就說佛的師子座所來的諸位菩薩，形容著這師子座是誰坐的呢？是佛坐的。說什麼法呢？說華嚴無畏之法。華嚴無畏之法是什麼樣子呢？是空，眞空而又妙有，空有無二的；空是高高無上的。

空的涵義，你說他坐的這個師子座多高多好，它是在空中。摩尼寶還是有缺陷的，它是世間物，映照有差異。師子座、摩尼寶是放光的，光明不同，拿這個形容法。法空之理是隨緣差別的，有什麼樣的因緣，就進入什麼樣的法空之理。無緣難入，不論正報也好，依報也好，都是顯中道妙理。即非有也非無。空，有無，無礙；空即是有，有即是空。坐這樣師子座。正報所依處是正報所顯現的依報，依報是事，正報是理；依報是以緣成的，正報是依法成的。法隨緣故，法就是性空，緣就是緣起。性空是緣起，緣起而生，緣起還歸於性空。

這樣講，大家感覺太深奧了一點，其實也很容易。像我們日常生活，我們住的房間，我們所依止處，大家共同學習處，法堂。法堂是無堂的，法堂無堂可言。什麼叫法堂？法指的是心，堂指的是事。心是理，理能成事，因這心理而成就事，事能顯理。在這樣的一個學習當中，把說法處都叫法堂。這是形容法堂裏頭的座位，我們這是木座，既不能升高也不能降低，沒有這個神力。若有這個力量，它就升高了，還可以降低。在過去的大德，他的座跟這個堂、聽眾，有一定尺寸比例的，多高的座，聽眾容納好多。坐低了，聲音達不到。為什麼？那時候沒有擴音設備，你的坐太低了，後面的人絕對聽不到。

而且，依照過去的學習情況，一般在寺院裏講課的聽眾，不能超過一百人，聽眾只限比丘，這是我們的局限性。

佛講《華嚴經》這個師子座是無限量的，法空之座，法空之座無座，無座而現出座來，什麼座呢？師子座，師子是形容法王的。法沒有差異，隨緣就有差異了。法性本空，但是一交映的時候，周圍師子之座，師子之座周圍還有些莊嚴呢？那個師子座不是我們一般的座，師子座還有莊嚴。這是說萬象的性體，一切都是空寂的。來的一切衆生都是大菩薩，多數是證得究竟空寂的。

佛的座底下有輪子，輪是表法的。在台中間有個輪，輪是什麼呢？摧滅一切衆生的煩惱。爲什麼叫法輪？法輪之座，底下還要有輪，形容佛妙德普徧。在寶座上所綴的花、瓔珞，表示一切覺悟皆是通達無礙的，佛的教化周攝一切衆生。

寶殿的嚴飾，佛堂的設備，拿它來形容佛的德，無處不是佛教化衆生，無處不是莊嚴，體具故，正是顯法空，由相顯空，全收一切諸相，全收萬象。我們爲什麼要講理事無礙法界？事全被理收，沒有一個事不是理的，所以簡擇無過故。理收於事，理成於事，事還歸於理，這是無礙。乃至於這裏頭菩提場的寶樹，菩提場的場地，樹就是菩薩微妙法樹，隨每一個樹枝、每一個樹幹，枝幹都是隨因感果，感果是依於什麼呢？一切諸相依於無相。

凡聖交織，諸寶間列，形容凡聖交織，互相交列，形容它妙用廣大。有時候拿雲彩形容法空的道理也如是。每一智，一一智指一切法。每一法的法體，一一法體都是顯一切智的。智體互照，這就是徧法界的理體。善巧方便是權智，權智是善巧方便，無事不照，指利益衆生的事，無事不照。法界跟事不同，法界不依事。因此，以法界之心，無所不知，無所不曉。所以於一微塵轉大法輪，入於一微塵，能顯現實智，叫一眞法界；也能顯權智，方便善巧利益衆生；也能顯中道智，空有無二，二邊還攝於心。證得智慧、教授智慧，乃至所有無邊方便善巧法門，智巧的法門。

以這種德成就的四嚴，地嚴、樹嚴、宮殿嚴、師子座嚴，互相發揮。這種摩尼寶不是天宮的摩尼寶，那是德所成的。帝釋天是帝釋天的德；他化天是他化天的德，各個不同。他們能夠以此來做佛事，無一不是做佛事的。這個境界跟阿彌陀佛極樂世界的境界，一一都如是。七寶行樹、八功德水，乃至種種鳥出微妙音聲，都是說法的，那就是阿彌陀佛的大用了。

在〈大智度論〉上講，金輪王是人間的國王，他有寶珠，能隨人意，想讓它下雨就下雨，下的雨不是雨，是珠寶。天上的天寶隨帝王帝釋，乃至兜率天天王、大梵天天王，隨他的使令，都能做他所應做的事。佛寶呢？在十方能做的都是佛事。菩薩寶呢？他能分做，雖然不究竟，能分做。

我們在五臺山親近文殊菩薩，他是我們的金剛本尊。文殊師利菩薩的冠，有一個毗楞伽寶珠。十方諸佛，都在文殊菩薩寶冠的寶珠當中顯現，菩薩髻座。

我到西藏去，西藏一個很有學問的高官噶倫，地位相當於宰相。他說，凡是四品以上的官吏梳的頭髮，兩個髻是學文殊菩薩兩個髻。這兩個髻的中間有個寶盒，隨他的品級大小不一，寶盒就是小佛龕，不大，小佛龕。在小佛龕裏的一定是小金佛，金佛的中間一定鑲個小珠子。你看以前的西藏貴族，四品以上的官吏，一定都梳頭髮的，就是從佛經上學來的。

諸佛菩薩的寶冠。為什麼叫孺童菩薩？五個髻，中間有一個毗楞伽寶珠。好多菩薩中間都有個珠，有的是個佛像。這是想像，不是果所成的。為什麼西藏四品官以上才有呢？得有那個福報。有福報得配智慧，智慧跟福德兩個相結合，福報不是永遠，有智慧他更能積德，越積德福報越大。沒智慧，光有福德，他不去執行那個德，他今生會作惡把過去的福報丟掉。

我們看見這個世間相，國王、佛經上的大富長者為什麼產生不孝的子孫？他的福德不圓滿，業障還很重呢！差別因緣，他害過人。被害者報復他，做他的子孫，敗他的家業，敗壞他的名譽。

你有福報也要有德，有德的福才是眞正的福；無德的福，曇花一現。所以世間的財富是五家共有，不是你的。哪五種呢？天災，就是自然災害。水火無情，火燒、水淹，不論你多大的財富，一把火把你燒得光光，沒有了。水沖了，那不是你個人了，一縣、三縣、五縣，大水一沖就沒有了。還有，盜賊偷你的，國家沒收你的。水、火、盜賊、國家沒收，還有一個最重要，不孝子孫，你拿他沒辦法的，就叫敗家子。你的財產不是你的了，這五家，你做不了主，哪是你的？這是人間。我們經常說佛菩薩的福德，誰搶也搶不去，屬於你的就是你的。那是你偷盜來的嗎？不是的，是積福而來的。偷盜來的，騙取來的，那還不是曇花一現嗎？

是你的福德所積聚的。像我們講的諸佛福德，誰能有？只能佛有。菩薩是隨分有，不是都有的。不只文殊師利菩薩有這毗楞伽寶珠，這個寶珠，十方諸佛於中顯現。例如我們修長壽法，觀想阿彌陀佛永遠住頂上，阿彌陀佛於汝頂上旋，常時在你頂上，你心裏的觀想力跟諸佛的慈力，這叫諸佛顯現灌頂，這是你觀想。你修長壽法，求阿彌陀佛加持，阿彌陀佛常住頂上，你還不長壽嗎？就像文殊師利菩薩常時有個寶珠，這個寶珠，有形相是事，無形相是理。

我們人人都具足佛性，人人有顆寶珠，什麼寶珠呢？佛性。我們天天講信心啊！就是相信你自己也有顆寶珠，比文殊師利菩薩的毗楞伽寶珠還尊貴，是什麼？是你自己的體性，毗盧遮那。我們經常說，「心佛與衆生，是三無差別。」光是聽聽而已，從來沒想怎麼無差別？佛是佛，我是我；衆生包括魚鱉蝦蟹，一個螞蟻，以及我們最討厭的老鼠。

老鼠人人都喊打，誰見著老鼠能容老鼠啊？有沒有能容老鼠的地方呢？有啊！西藏專有一個殿，就是老鼠殿，不過不叫老鼠殿，叫財神爺殿。這裡的老鼠都是小白老鼠。你到那個殿裏求發財，磕頭的時候，你不要管那老鼠，老鼠爬到你腦殼上，在脖子上來回爬，你一定發財。如果你到那磕頭，沒有一個老鼠到你跟前來，你的業障還沒消失，發不了財，你再去求懺悔吧！我就在那站著看老鼠喝酒，這一個大罈子酒，老鼠怎麼喝啊？牠在缸沿上，拿尾巴到那缸，牠彈一彈，往嘴含一下，牠這麼喝酒，沒有酒杯的。這個形容什麼呢？你得修，福報是修來的，財富是布施得來的。

我們中國有兩句話，叫「捨得！捨得！」你捨得捨不得？你捨了才得，不捨不得；財富是從布施來的，不是掠奪來的，掠奪來的靠不住。佛是修成的，如果你本不具足，修不成。佛像裏頭沒舍利。有沒有佛像裏頭有舍利的呢？木頭佛像有舍利，相信嗎？泥佛像也有舍利。當你禮拜懺悔成功的時候，你觀想佛的舍利就在佛像出，就在你桌子上出；讀讀經，在經本上出來舍利，無處不在。你法身的資力，你的福報，隨你所觀想而得來的，觀想就是隨你的修行而得來的。

所以來到華嚴法會聽聞《華嚴經》，每個菩薩都像文殊菩薩一樣的，十方諸佛在寶珠顯現。每個菩薩都有髻珠，也就是法髻當中的髻珠。但是我們比丘沒有頭髮，比丘、比丘尼哪有頭髮，頭髮都剃了，這法髻髻珠還有沒有？釋迦牟尼佛是我們的導師，你看見釋迦牟尼佛，有沒有頭髮的佛像嗎？每個釋迦牟尼佛都有頭髮，頭髮上頭有一個頂珠，現在我們這裡就是一尊釋迦牟尼佛像，看吧！有沒有頭髮？佛的頭髮跟我們不一樣的，我們得半月剃頭，佛不用剃，佛的頭髮也不長也不落，永遠是頭髻。其實不是這樣子；釋迦牟尼佛是化身，化身還得剃頭，那些阿羅漢都要剃頭，菩薩不剃頭的，沒有一個菩薩沒有頭髮的；只有地藏菩薩現的是比丘身。大家怎麼樣理解？地藏菩薩珠子在哪呢？一個手拿著錫杖，一個手托著摩尼寶珠，也是摩尼寶。一切菩薩像文殊菩薩一樣，都有髻珠。

最初成佛的時候，一切諸佛都現身，給這個即將成佛的菩薩最後身，十方諸佛加持他，給他灌頂，這個珠子可不是因地的寶珠，而是果地的寶珠。從這個珠子起用，就像如來從果起用，化現化身佛、報身佛。從這個理圓滿了，智慧圓滿了，理和智都圓滿了，這叫什麼呢？珠王。一般珠子都形容如意寶珠，王者就是自在義，就是如意寶珠。菩薩的心，菩薩的頂，智慧是清淨光明的，無障礙圓滿的，這叫髻中妙寶。妙寶之中才發光，光是照的，照什麼呢？照他的定，定是寂的，寂才能發光，照才能歸於寂，叫寂照照寂。照是利益眾生的，自他兩利圓滿，寂是內心的，迴光返照。

這個寶座是師子寶座嚴，寶座嚴於座下，用此嚴於這個師子寶座。「嚴」表什麼呢？表寂照、照寂。在《瓔珞經》上講，妙覺的佛才能成寂照照寂，等覺菩薩的照寂跟妙覺菩薩的照寂，相差一點點。十地滿心菩薩位的菩薩，像我們現在講文殊師利菩薩的寶，跟一些大菩薩的寶不同，他是七佛之師，導駕慈航。導駕慈航就是他本來成佛了，又回來度眾生了，觀音菩薩也如是。成了佛的果後行因，這就是〈普賢行願品〉。

成佛之後就是再進入普賢行願。果後行因就是果後的因佛，那個就不同了。這個都形容著主伴互相發揮的意思。以下就是寂照、照寂，如來的寶珠就是寂照，寂而成照。爲什麼要說剎那際？一念之間具足的定和慧。剎那際，說定可以，說慧也可以，就在一念間，看你念什麼。我們學《華嚴經》的時候，你能融入華嚴的境界，照與寂就是我們的心寶，我們的寶珠。

我們現在求加被，求誰加被呢？求諸佛菩薩的加持。我們經常寫四個字，「佛光普照」，因爲佛的境界像虛空一樣的，哪有影哪就現，有感必定有應，有感必至，就看你的業障消得如何。感隨時在感，應也隨時在應，爲什麼感應不能融通呢？因爲我們火候還不到，火候不到水燒不開的，飯煮不熟的了，飯煮不熟，你吃不成的了，吃不成肚子飽不了的了。你感到什麼程度，應一定達到什麼程度。甚至你感一分，應達到十分。懂得這個意思就行了。

佛是加被一切衆生的，廣演一切諸法的。佛就像一面大鏡子，這個鏡子像空的一樣，哪有哪現，有感就至。如果你沒有多生的感，現在你遇不到《華嚴經》。別說聽講了，連《華嚴經》這部經的名字，你遇都遇不到。這不是要把《華嚴經》說得又玄又妙，這是佛說的，不是我說的。乃至於般若法門，佛說你聞到《金剛般若波羅蜜經》，僅僅聞個經的名字，還不說學習內容，你已經不是一佛、二佛、三四五佛種的善根，如果聞到《金剛經》不生謗毀，福德已經是無量了。

我們不要一說福德，就想到現實生活，這是錯誤的。一說福德要往菩提道上會。往菩提道上會，就是心裏的智慧跟你的定力。因此說有感就能得到應。顯這個教義是從法空所流出來的，這個是徧周法界的。有智慧它就顯現，沒有智慧它就不顯現，所以云佛力。

菩提樹，樹表什麼呢？表你的因華，一定會成德果。從處、樹，然後宮殿，完了師子座，這四種都是顯你說法的處所不可思議。還沒有說到法主，只說依報。從地的堅固到樹的因華顯現，完了從宮殿、住處、師子座，這都是莊嚴道場的一分，這是道場嚴。

從地的堅固，妙音的遐暢，佛所說法的音聲，稱性而暢的，稱著法界性玄演的，沒有一個地方不及。這一段經文顯佛從本性所種的四種因，感的這四種果報。地上有十種莊嚴，這是十波羅蜜，都是依報。金剛地爲正報，明法身的因，以下明萬行的因果。如來自己行的普賢行爲因，寶樹行列，乃至於寶座是果，令此道場一切莊嚴具，或者在樹中顯現，或者在菩提座顯現，顯什麼呢？顯覺悟，跟普賢行相應、相徹了，說法性的本體跟體相的妙用。說這個菩提樹、師子座，乃至道場的莊嚴都如是。

菩提樹有十種因，成了十種果。金剛地是正報，一切莊嚴的工具、宮殿等，這是依報。如來身爲正報，那些莊嚴就是依報。樹者是行的因，因行招報了。招什麼報呢？菩提樹就是招報了，感到菩提樹報。樹是金剛爲身，不是我們這個木頭的樹。金剛是樹的正報，一切枝葉花果是樹的依報。拿樹形容著法，學、修、行。這個法就是因，感的果是智慧果。那些樹葉就是慈悲，一共有十波羅蜜。十波羅蜜是什麼呢？做樹的枝條花幹，報得十種依果莊嚴。

後面的經文非常的廣泛而且純淨。看是很廣，收攝來只是一個性因，在性體上修行所感的因。講講這些因，明大悲的因果。這種說法是方山長者李通玄說的。他的解釋跟〈疏鈔〉的解釋有點不同，各有所取吧！〈疏鈔〉是分別的，李長者說十種莊嚴都是波羅蜜莊嚴的，沒有什麼分析的宮殿、師子座、樹、場地，他是總的這樣說，在法上顯。大悲的因果，如來大悲就是因，如來所說的宮殿就是大悲所感的果。因爲如來的大悲心利益衆生，教育衆生的功德感成其宮，以正智慧，利益衆生的德，以成其殿。以智慧的觀照，自利利他的德來成其樓。以大悲智知根教育衆生來成其閣。以大悲心弘法利生，因這個德，所以報得的宮殿樓閣周徧十方，這就是行十波羅蜜。

《華嚴經》講十波羅蜜，慧、方、願、力、智、施、戒、忍、進、禪。這是十波羅蜜感的這個果。隨著法身，隨著行，隨著大悲大智各各的區分，看著是不同，但是不相障礙。就像大地生出了種種的樹木，從地上生出七寶、生出樹木，不相障礙。大地所有的水養育衆生，思之可以知道的。地是唯一的，地上所有的萬象不同，就像隨著諸佛的法身是一，報身、化身利益衆生的不同。

十波羅蜜，在《華嚴經》上講十波羅蜜廢一不可，必須得講十波羅蜜，因爲六波羅蜜不圓滿。從初地到八地功夫不夠，見的法身還不圓滿，廢一就不成了。假使要想學佛的菩提、學佛的覺，必須互相通，不是偏修一法，那就叫沉〈滯〉寂。偏修智，悲不具足、願不具足。但修大願是有爲情執，這不是菩薩眞的度生，這容易增長你所染的習氣，這叫有爲情起大願。菩薩在修一切衆行的時候，利益衆生的時候，不留滯、不捨棄，不去不留。依法性融於一切諸行，所行的一切法門，得所即得，得所得的最後是無得無所得。得無所得，這是究竟的。若有所得，有所得不圓滿，不究竟的。說菩薩在修一切法門，不即不離，不去不留，以法性均融偏一切處，以定慧力善觀察，定慧力善觀察非常重要。

我們也知道發菩提心，要幫助別人。你得有定有慧，幫助的很恰當，使他能得度；幫助不恰當，他不得度。不可懸情的斟酌，增長愚癡，增長愛見。依果莊嚴，經上說的非常之多，如經所說。

第四種明如來的大智隨萬行的因果，叫智通萬行，你所有的行爲都是以智慧通達指揮的，出現世間示成正覺，這是正因正果。第四種莊嚴的時候是師子座，師子座是依報的果。他把第四種的依師子座，作了三種解釋。說座上的莊嚴因果叫師子座，如來於大衆中得無畏，處師子座而無所畏懼，不是座上有師子莊嚴，師子是形容詞，莊嚴也是形容詞。這個座又高又廣，沒有說它好大量，不言量數。

這個解釋是依著方山長者李通玄的解釋，跟這個清涼國師的解釋，兩個對照一下作參考而已。李通玄長者把它配對起來，十住位帝釋天宮的佛座，高　千層級。

一層是好大呢？沒有說。十行位菩薩說法的地點是夜摩天宮，佛座高百萬層級。十迴向位的兜率天宮佛座，高百萬億層級，百萬加個億。十千就是一萬了，一萬加了九十九萬，就成百萬層級。百萬層級後來加一億，這個座又高又廣不可思議，高廣隨位，各各相稱，因爲那時候佛的法身不同，報身不同，座也高了，來法會的菩薩，基本上都是等覺菩薩。所以你在《華嚴經》上看的那些神，都是菩薩寄位化現的。

大家都知道觀世音菩薩，善財童子五十三參寄迴向位，那不是本位，而是示現的。十地菩薩在他化自在天宮，那個座高億萬億。把億說到萬億，這個座這麼高，你想想這個座的佛身要好高，來這個法會聽法的，他的身量有好大。第三禪天，十一地菩薩，這個座位更高了，不言佛座的層級。

以此類推，那就以法空爲座。光是一個師子座，佛座的高下層級有所不同，隨著十住、十行、十迴向菩薩，對機而設的，因機而決定的。說大小高矮低下，這是爲如來心量盡所繫故。無繫了，無有量，最後是佛坐的法空座，無座而坐。也不可以說座的大小，身量的大小，不可以邊際而言，就是法界爲座。座像的莊嚴也略有十種，隨著如來的智慧，示現成正覺的因，莊嚴是因地歸果，經上的莊嚴道場說完了。

師子座是依報，說完依報該說正報了。先說依報，後說正報。一切事物是不可思議的。每個人不能自知，每個人都不知道自己是什麼因，什麼果。今生爲佛弟子，比丘、比丘尼、優婆塞、優婆夷，聞法的四衆弟子都有，我們所處的環境、所處的依報，佛力加持故，經常說報佛恩，佛力加持故。不論現在外面的世界多亂，多干擾，現在這個世界多不太平，瘟疫、饑饉、地震，天災人禍，到處打仗。我們清淨無染，這只是就我們五臺山普壽寺說的。你若不比不知道，一比嚇你一跳，信不信？現在世界上反恐怖的行爲，你一比就知道了，我們現在在五臺山是什麼樣子，這是最現實的。

人生患得患失，一下患得不到，得到的又怕失掉。想保護，保護不住的，你要失掉的，什麼力量也保護不住。怎麼樣的力量能保護住呢？布施、慈悲。你若想保住你的福德，保住你的智慧，要慈悲，要智慧，不論處在什麼境界上，不要失掉你的信念，你的福報、你的智慧保護得到；信念失掉了，就保護不到了。

我常常想我自己這一生，一會兒這樣，一會兒那樣。一會兒變成了不恥於人類的狗屎堆，給我定名是這個名字。那現在我坐這裡，坐這裡又講《華嚴經》，那就不是不恥於人類的狗屎堆。這是反覆的，還能失掉嗎？不一定。今生死了，也許變狗變貓，也許隨願力，也許隨業力，不一定的。你要保護住，念念不離三寶。爲什麼有這樣變化？因爲你在因地當中，你種的因隨時變化。一念是天上，一念是想成佛，一下想到我就是毗盧遮那，這又是一念。一下想結婚、發財，乃至想到長壽，這就變了。不是外界變，是你自己心裏變，心隨境轉。心變了，你的外頭境界相馬上就變。當你念佛的時候，你是佛心，鬼神看見你是佛相。但是你念地獄身，當然地獄是有因的，想傷害別人，因爲貪瞋癡愛，一起這個念頭，外頭境界馬上就變了。一天不曉得變多少遍。時而天上，時而地下，時而地獄，就在六道輪迴脫不出去。

四聖法界也在變，佛的心是不動的，而是對機變。佛不變，但是他度的衆生在變，釋迦牟尼佛這個娑婆世界的衆生在變，跟阿彌陀佛極樂世界的衆生不一樣，機不同故。果亦隨機而變，不是果變，是因變。相由心生，物隨念轉。你的一切事物，隨你念頭它就變化了，不是環境變，是你的心在變。「心生則種種法生，心滅則種種法滅。」大家好好體會，怎麼樣心生，怎麼樣心滅，這樣才能瞭解華嚴義。

○教主難思

爾時世尊處於此座。於一切法成最正覺。

前頭講的是依報莊嚴，現在講正報。正報就是佛，依報莊嚴是金剛地，菩提樹。地嚴、處嚴、樹嚴、師子座嚴。師子座就是佛所坐的那個座，嚴是莊嚴的意思。菩提樹、師子座，在菩提樹下，坐師子座上。現在不是依報了，是止報，正報是不可思議的，依報也不可思議的。

我們前頭所說的佛，是指佛的什麼身說呢？佛始成正覺時候說的。這個成正覺的相如何呢？怎麼樣成就的？怎樣不可思議的？依清涼國師的解釋，有十種無盡法界身雲，佛的身像雲一樣無窮無盡。徧於法界成正覺這個身，不是權身，不是應身，不是化身，而是顯明的法身。法身是覺悟的身，覺身就是菩提身，以菩提爲身。因爲經無量億劫的修成，在修行過程當中所積累的德，利益衆生的德，契證法身的德，爲一切世所尊敬。

在師子座上現身，佛成就的。身安到何處呢？身安到師子座上，依著座嚴。這是佛成就的智慧身，沒有前後，都是他所覺悟的境界相，爲世所尊。師子座現的時候，就是佛身所安住的處所。這個處所是智慧所成的，智慧所出一切法，沒有前也沒有後，沒有所覺的境也沒有能覺的智。有時候說二諦，眞俗；有時候說三諦眞俗中。無盡法成正等正覺，所成就的覺悟、光明、智慧。

「覺」，我們一般說開悟了，覺悟了，明白了，究竟明白了，沒有顚倒見。沒有顚倒的就叫「正」，到了最極的頂點，所以就叫「最」，「最」是什麼呢？就是成就者。凡夫有顚倒惑，不能稱爲覺；二乘雖然覺了，不能爲正，但知一切諸法有，而不知一切諸法空，但悟了我空，不能悟法空，不能成正覺。成等正覺者是達到無上的意思。你修行沒達到頂點的時候還能有上，不能成爲最上。因此佛是成最正覺，達到究竟了，入如量境，覺爲一切俗諦。如量覺覺俗諦，覺正眞是覺眞諦。

如果揀別的說，從十住菩薩開始起，他的知見不能了了，唯佛世尊才能了了。見了佛性才能究竟證得佛性。這些都是形容詞，形容佛成等正覺有些什麼現相；還是依事說的，不是依理說的。依理證得究竟了，離言說相，離心緣相，一切相全沒有了，也離開我們所說的功德無量，這些都是就事上說的。這是佛證得了的智慧，轉八識成四智，證得了平等性智，證得了妙觀察智，觀察一切衆生性平等故。佛利益衆生的時候，那個是成所作智，大圓鏡智，四智圓融了，沒有二性。這是此經的宗旨。

智入三世悉皆平等。其身充滿一切世間。其音普順十方國土。

第一是三業普周。前面講，證了菩提似乎有能覺之智，有所覺悟的法身。智是事，法身是理。在證得究竟法身的時候，理智是無二的。身呢？佛所證得的這個身是身業成就了。身業通三世間的，這是成就正覺世間的身。正覺的身就是法身，一切身的總和了。我們經常說身口意業，一身具足。又說所證得的這個身，有法身有報身有化身。在《華嚴經》又把三身變成十身。

法身是普徧的，三世同依止的是法身。智慧身是證得理，因爲理徧故，智也徧。所以佛的色身無礙，沒有障礙，理徧故身也徧，這就圓徧十方，不是分徧，分徧是指著菩薩說的。這一徧，所以說在一微塵裏頭，佛能轉大法輪，在一切世間、在一切微塵，圓滿成就了，一切都是他的智慧，一切都是他法身的身雲，這是約理上來說的。

在事上，大家講佛的平等智、妙觀察智、成所作智、圓融無礙的大圓鏡智，在四智當中，智照故。智是依理照，在事上，理圓融於事，智就能照。

懂得這個涵義，你看這一切的變化都不離開法身，都沒有離開佛的境界。國土是佛依止處，依止處即是身，叫身土不二，正報和依報是沒有分別的，身即是土、土即是身，正報即是依報、依報即是正報，所以在微塵裏頭才能轉大法輪。但是一一身是互相攝的，法不離於報，報不離於法，法身依著報身，報身依著法身，徧一切身，互相攝入。

那麼佛的三業，在佛的身業之中如是；佛的口業也如是，佛以一音演說法，眾生隨類各得解，一切眾生的語言法，一音演說無不盡，順所宜說法的，如來於一切語言中，演說無邊的契經海，這個契經海就是上契諸佛之理，下契眾生之機。「如來一音演說法，眾生隨類各得解。」佛的身、語、意，就是法身悟得的智性。在一切境界中，沒有分別，只是隨著眾生的緣，隨緣演說，普徧於一切，能入於諸佛國土，平等平等地度一切眾生。

這種道理依著經這樣講，好像很深很深似的，我們把它轉化一下，我們現在是妄，眞不可思議，妄也不可思議。我在美國見過一個人，他也信佛，能說七、八國的語言。他這個語言當然不是佛的三昧，而是一般人的智慧，他能說各種的語言，但是不懂得鳥語，不懂得獸語，不懂得畜生語。大菩薩利益眾生的時候，他是懂得各類眾生的語言，不然怎麼能度他呢？

如來的語言三昧，那就不同了。語言三昧不止人類，還有畜生類，還有飛禽的聲音，那獸類又有獸類的語言，海內各種各類的種種語言，這是口業，佛的口業清淨了，能說一切種的語言。對哪類眾生說哪類的話，他才能攝受他、度他。

身業呢？佛的身像無盡的身雲，不是光依佛身得度，應以何身得度者，佛就現何身，現同類身，四攝法中的同類，同類之中要用愛語，說他喜歡的話。為什麼能這樣？佛證得眞空之理，三業就是眞空的，眞空不空，隨一切衆生緣而顯示的語言。虛空顯示眞如，一眞法界的理智，因佛的智慧是從法身生起的。法身無相，隨一切衆生緣就無不相。語言三昧也如是，隨衆生語言而現的。

三界之內的一切有為法、無為法，沒法來形容，比喻佛的智慧，佛的法身的理體。有時候一顯現，讓衆生易度、易懂，依空而隨緣的，就是性空隨緣。隨緣義了就普徧了，但是隨緣隨緣而性體不變，佛的涅槃法性，永遠是寂靜的，為什麼說「如來」？「如」是性空，「來」是緣起，這就是隨緣而不變的涵義。我們的法性理體，跟佛無二無別的。我們現在現這個業報身是隨緣的，我們的性體是沒有變的，跟佛無二無別的，那是我們的眞實性，那是我們眞實所具足的，假這個意義來顯現佛的成就。我們是未成就的佛，佛是已成就的佛。

從〈起信論〉開始，每次講課的時候，都要提到信的問題，相信自己法身跟佛是無二無別的。我們能有這種智慧，是從佛的教授契經裏得知的。知道我們本具足的佛性，跟佛已成就的佛性，區別只在一個：覺和不覺。〈起信論〉講，我們的本覺迷故，迷了，就成了不覺。不覺了，我們現在又有善因緣聞到佛法，遇著覺悟的方法，從不覺開始覺，覺完了從進修當中，學習當中，就產生了相似覺，這就是三賢的位子，十住、十行、十迴向，從相似覺到分證覺，達到究竟覺。

究竟覺是個什麼境界相呢？你的智慧力跟智正覺世間、有情世間、器世間，平等平等。你的法身跟佛的法身，徧滿一切世間，身上的語業、音聲也能順十方國土，但是這是理，在事上跟佛就有所區別了。

在這十種涵義上，佛的身口意三業是普周的。我們的身口意三業是不徧的，非常局限的。佛的威德力量是超出的，特勝的。相對照之下，我們造業的業力深如大海。我們懺悔無量劫來所造的業也是不可思議的。惡業不可思議，佛的善業也是不可思議。佛的福德智慧是深廣的，他可以隨意受生。意念一作，受什麼身雲就度一類眾生。佛的相好並不是三十二相、八十種好，而是無量相好，無量莊嚴。佛所示現的說法身是願身。發願，無量劫來在修道的時候，成佛的時候，發願度眾生。發願度眾生，你要度眾生就給他講道理，就是願身演說法。

釋迦牟尼佛是化身。化身是自在的，想化什麼身就化什麼身，不一定現佛身，也化眾生身；但是根本還是沒有離開法身。化度眾生必須得有智慧了。佛的智慧身能夠把性和相結合（性是體，相是作用），能夠窮到他的究竟。

佛的神力可以持身，能夠任持自性不變，就叫「持」。什麼不變呢？佛的依正二報。我們講這些涵義，有時候形容這個性體，沒法形容就用虛空來顯現。佛身像虛空一樣的，形容無所不包、無所不入的意思。現在《華嚴經》多住於事，微塵是事，現無盡身雲。依報也在度眾生，就像我們經常念的《彌陀經》，七寶行樹都在說法，乃至於鳥類、八功德水，都在說法。因爲佛的身徧一切處，佛的音聲也徧一切處。每一微塵用圓滿的教義說的，都能顯示一切的妙法。

這一切的妙法都是不可思議的，但是只有一個目的，利生爲事業。義理不管有多少種、不管有多深，都如是。到佛成果之後，普賢菩薩最後說十忍、十定、十通那三個是果後的德，到後頭他會顯示的，前頭略微舉個例子而已。

我們學《華嚴經》，義理太深的時候，可以用世間相來顯示。顯他這個大自然無窮無盡的變化。

就拿今天來說吧！是冷？是熱？一會兒下雪了，一會兒又下雨了，一會兒又晴天了，一天當中經過好多次。我不曉得我們道友注意沒有？我站那裡看，拿這個道理來顯現衆生的心跟佛的心，體性是不變，事上完全不同。這種現相只能在五臺山，在外頭很少有。哪有一會兒飄飄雪，剛一乾又下雨了。一會兒雨又變了，又出了大太陽了。就這個氣象的變化，大家就可以體會到。

你的心何嘗不是這樣子。一會兒高興的不得了，一會兒煩惱的要死。好吃的，吃到肚子脹了，不好吃的，肚皮餓了也不吃。越是深奧的意義，愈要想你身邊的事。想我們一天的身變化好多次，但是我們的體沒有什麼變化。這個體是說法性體，不是說你的身體。你的身一會兒病了，一會好了，一會健康了，一會煩惱又來了，貪瞋癡又現了。學佛，戒定慧又生起了，太微妙了。

譬如虛空具含眾像。於諸境界無所分別。又如虛空普徧一切。於諸國土平等隨入。

我們講佛的微妙，也要把我們的微妙講一講。如果我們十個人坐在一起，各自說說今天一天的想法，一天身體的動作，都如是。這個是專門顯佛的正報莊嚴。什麼因得的這個果。因此，無以為喻的時候就拿虛空來形容。說佛的智慧像虛空一樣的，虛空是徧一切處，徧一切時，佛的智慧也沒有什麼叫白天、什麼叫黑夜，這叫世間相。因此就用虛空來形容，虛空包含一切了。佛的理智也如是。特別說到佛的大圓鏡智，是純淨圓滿的，那是修得。我們也具足，但只是理上具足，事上沒有修成的，我們的理也不顯。因為沒有覺，你根本不知道。就是我們看問題的看法，對問題的認識，對一切世間上，你一天見過千百萬次的，你也不理解。

我們現在學就是學佛的方法，佛過去這個路是怎麼走的，所以叫菩提道。菩提道的次第，每部經都有個菩提道次第。不過你先得建立個信心，你做哪一行哪一業，都如是，得先有個信心。如果沒有信心，沒有願心，沒有行的心，是辦不到的。信了之後你也發願，什麼發願？我們要得到嚴佛的果德。佛的果德跟我們眾生本具的沒有差別，但是怎麼能達到？成就了達到了，就能夠來運用他了。我們現在自己本具的一點也用不上。為什麼呢？無始劫來，我們把它用到另一條道路上。一個是覺，一個是迷，我們往迷的道路上走，現在開始回頭了，不往迷的道路上走，開始覺悟了。

《華嚴經》的意思，就是要先擴大我們的心力。爲什麼讓你信自心是佛？擴大你的心力之後，把這個心力充實到你的身上。身有報身、有法身，我們這個是化身，我們化現的，不但不能幫助人家也不能幫助自己，化現是什麼呢？化現是業報身，這個業是惡業，佛的業報身是聖業，兩個是相對的。但是你必須先學習。學習有智慧，沒有智慧的時候，不辨是非，不辨人我，不辨善惡，不辨因果。說我們都懂，你懂的不徹底，懂了就要去做。這個菩提智普現的，在我們一切衆生的心、念、根、欲，這些都把我們遮障了。你的心有眞有妄，念頭有善有惡。你的六根有遲有鈍，也有聰明的。欲望那就太多了，而這欲望隨時變化，一天不曉得想好多。因此我們不能達到無分別，也不能達到平等性；我們所觀的一切法，有自有他，有一切法，我們只能認到一切法的相，不能認到一切法的性。

佛跟我們恰恰相反的，他是一切悉皆平等，沒有分別。我們因爲沒有分別智，也沒有妙觀察智，我們是有差別的，諸佛是無差別的。但是我們經常要修這觀想，空就是我們本性的本體。我們的本體含攝一切，那就形容太空裏含攝一切相。我們在一切諸相上是差別的。我們認爲空就是什麼都沒有，那是頑性的。執空而不能達到眞空，執有而不能達到妙有，我們恰恰相反的。有我就容不下佛，以我爲上，必須得無我，還得達到究竟無我。佛智是能容我法的，我法是不能容佛智的。兩個是不同的。有我了，對於佛的一切法就起分別。但如來絕不分別我法，好多法都是這麼顛倒的。因爲我們在一切法，沒有智慧也沒有觀察，跟佛恰恰站在對立面。佛的妙觀察智，他能偏知；不但偏知一切法，而偏知一切法的義。那才叫微妙的觀察，甚深的觀察。

成所作智，不但成就自己而且能成就一切衆生。佛度一切衆生，不曉得經過好多的方便善巧，說我們要想走直路，你必須先走彎路，從曲才能入直。你想成佛果，必須得經歷度衆生的；怎麼樣度衆生？那要有妙觀察智。彎彎曲曲的，要想走直路，必須得走彎路才能達到直路。要想成佛必須得利益衆生，利益衆生必須隨順衆生。無我隨順有我，雖然隨順只是成就的知道這一切，都如虛空一樣的，幻化不實的，如夢的，這就是義理。要知道這個現相，達到他的本質，本質就說他的義理。

你說不懂，不懂就看看佛經！佛是怎麼告訴我們的？跟佛對照一下，佛的智慧廣大的，像虛空似的，無障礙的。我們衆生心是有障礙的。佛的自體是徧的，我們的法身本體，只有這麼局限一個我，一個肉體，一個妄心。他局限住於這個世間的妄相。我們把妄當成眞了。佛把世間的一切諸妄想都變成智慧，我們是打妄想。打妄想，造業了。佛沒有妄想，只會智照。他的智慧徧於一切，能度一切衆生。這叫徧入。我們對一切事物都是一個能知所知，能知知於所知。我們好多想法是壞世間相，一說空義就壞世間相了，我們想成就什麼，就把現實破壞了，完了去成就。佛不是這樣子的。

舉個簡單例子，我們破壞最根本的世間相，剃髮的比丘、比丘尼是不是壞世間相？世間相是什麼？這是第一個壞世間相。我們認爲是空的，必須把這個事物消失了才是空的，如果有那不是空的，是不是壞世間相？佛法在世間不離世間覺，就是不壞世間相，不壞能知所知，不壞能有所有。佛能把他的智慧變成一切的色相，隨衆生相。我們辦不到，能作到理是徧的，心是徧的，在事上你就徧不了。

說佛法在世間不壞世間相，怎麼樣產生對世間覺悟？世間一切國土、一切世間相都能隨緣，這是徧隨一切緣的。有時候是佛的智身，佛的智身是沒有色相的，隨緣而有的，隨衆生緣能見個什麼就是什麼。在娑婆世界南閻浮提，只能見個丈六金身，連千丈的盧舍那都見不到的。所以世間一切國土，國土之中所有一切諸相，它的幻滅相，時而有，時而消失。

唐、宋、元、明、清還存在嗎？這都是世間相。唐朝的時候絕不是清朝的時候，清朝時候也不是我們現在國土時間的情況。無窮無盡的變化，佛的智不變，佛的體應一切世間相不變，原來就沒有，有什麼變化呢？所以說「世間諸國土，一切皆隨入」，所有世間國土，佛都能隨入，因爲自身無有色相，也不是一切衆生所能見到的。

佛因為隨眾生緣，這個隨緣是產生在什麼裏頭呢？從什麼來的呢？隨如來的。「如」，如是不動的，「來」也無來，無來無去見如來。入，入無所入，度眾生無眾生可度。平等是這樣講的。不是現在我們世間相所講的，你有一百塊錢也得給他一百塊錢，他也得給他一百塊錢，這才叫平等。其實這是不平等。明明他該得一千塊錢，他的福報，他自己做的。明明連十塊錢也得不到，你一定要他拉平等都拿一百塊錢，辦不到的，他沒有那個福。

如果我們到齋堂去吃飯，不論那行堂師或者誰分配的，你吃一碗飽的，他吃兩碗才飽，那他就吃兩碗飯，要吃三碗的他就吃三碗。要是說不行，我們都得平等，一律兩碗，都吃兩碗飯，平等吧！這個不平等了，吃一碗的把他肚子脹得要死，吃三碗的吃兩碗還不行，還得餓，你能讓他平等嗎？不能平等。我們幾百個人修個法堂，我們在這裏講經，三四百人都得修這麼個講堂，哪有時間，他還要掙錢吃飯呢！說不行，都得平等，都像普壽寺這樣子，辦不到。

懂得這個道理了。如者不動，隨緣而演變。隨緣的演變，但是都是空的，「如」還是不動。「來」是沒有來，「來」是隨緣的，隨緣是假相。這樣子講的平等，為什麼平等呢？理上平等。別看他化現種種相，法身是平等的。

我們也有個平等，怎麼平等呢？都得死，沒有一個留下來的，這個都信，誰都得死，這是平等。暫時平等，都得死是平等。有的十歲就死了，我九十歲了還不死，不平等啊！不行，都得拉平等，都是三十歲死，到三十歲就死了。我們好多人講平等的就這樣講，佛講的平等是隨緣的，隨他的業報。

我們經常拿虛空作例子，虛空徧入諸國土，一切國土不能徧入虛空，我們國家能像虛空一樣的，徧於虛空嗎？所有虛空能到的地方都是我們的國家，這辦得到嗎？辦不到。但是虛空可能徧入我們國家。這個道理要大家去思索才行，不思索不行。凡是有國土的地方，有處所的地方，一定要有虛空。所以拿虛空來顯佛的智慧。虛空有差別嗎？在美國也是這個虛空，它是徧的，到了中國也是徧的，到歐洲也是徧的，沒有差別，平等普徧。反過來就不行了。但是佛的智慧就不同了，佛的智慧拿虛空比喻，虛空徧入，佛的智慧也是徧一切處。是虛空包在佛智裏頭？還是佛智包在虛空裏頭？比喻而言。所以拿虛空來比喻佛的智慧，比喻法身。

同是這個世界，同是我們這塊土地，它變了好多國家，唐、宋、元、明、清，這是大家都知道的。變了一個時代，一個時代的境界相，它是變的，在這個土地上，在這個虛空裏，虛空沒變，不論誰來這塊土地，這塊土地還是土地相。我們這塊土地，在宋朝元佑年間是大華嚴寺。現在大華嚴寺哪裡去了？變了，這塊土地上又立了個普壽寺，不是大華嚴寺。人呢？過去是比丘道場，現在變成比丘尼道場，那還不錯了，比丘尼也是佛子，比丘也是佛子。但是清涼山沒變，甚至三劫壞的時候，地、水、火、風壞的時候，清涼山不壞的。我們信嗎？《華嚴經》〈諸菩薩住處品〉，大家讀《華嚴經》可能都讀到了，這是意境。我們比丘、比丘尼、優婆塞、優婆夷四衆弟子，學了佛法，經上這樣說的。信嗎？「信，我信。」這是口頭上信，不是眞正的信。

我們若說你是不是毗盧遮那佛？你會打個脖，打個脖就是想一想，啊！佛說了，聽到老和尚講，我們也信。眞的嗎？豈止現在你說一千偏一萬徧，他有一種障礙，什麼障礙呢？宿業，過去的業障，你的心沒辦法進入：「哎呀！老和尚這麼說，經上那麼說，我是毗盧遮那。我哪夠資格，一天煩煩惱惱的，什麼毗盧遮那。」說歸說，聽歸聽，信歸信，願歸願，個人個人的願不同。

國土像虛空一樣，那就省事了，沒有煩惱沒有戰爭了。不是虛空，現在社會在進步，是進步嗎？我有點懷疑，這是我個人的想法。天天在打仗，打開電視看看，一天死好多人，天天爆炸，天天打，大打小打總是在打。這個世界跟過去哪有一時的安寧處，這是虛空嗎？能不能理解它是虛空啊？有虛空的地方一定有國土？國土的處所必有虛空，虛空的地方不一定有國土。你看那太空，晚上你看那銀河系，用你的肉眼就可以看見了，你看那很小的球，那不曉得比我們住的這個球大多少倍。國土是國土，虛空是虛空，在我們來說還不能圓融。

我們拿虛空來比喻佛的智慧，虛空跟佛智慧是相等的。佛的智慧是徧一切處，拿虛空來形容而已。虛空是無知的，佛智是有知的，這是不同的。所以，拿虛空比喻佛的智慧。國土可以喻，智正覺世間也在這個國土，有情世間也在這個國土，器世間也在這個國土。智正覺世間、有情世間、器世間，這個可以比喻國土，拿這個形容。三世是有處所的，虛空徧三世，佛的智慧也徧三世。凡是有三世的，有處所的，佛智一定徧到，虛空也一定徧到。這種道理增長我們的智慧，觀想、思惟就生出智慧。

這個智慧從哪來的呢？本具有的。只是這智慧被塵垢遮蓋了，我們經常講的，被無明所遮蓋了。〈起信論〉講，被惑業所遮蓋了，惑業有根本的、有枝末的，根本無明、枝末無明。從這個經常去思惟，佛的智慧不論過去、現在、未來，是平等攝入的，不是在過去世，佛智就入了，現在世佛智就沒有了。不是這樣子。佛智並沒有隱，是眾生業障障住了。佛智對三世是平等攝入的，但是三世對佛智呢？不同了，有始終、有發起、有終極。本來是不二的、法門是不二的，但是緣不同、業不同，就二了。不但二，還有三，還有四，還有無量。反過來說，二而不二，國土、虛空、三世，同是一個性，互相攝入。

經常修這個觀，舉一，一切全收，一即一切，一念間全收。你坐這一想，一念間，你所到過的處所頓現，這就頓義。你要一個地方一個地方走，這就漸現，走一個地方現一個地方，這就漸。頓現是在理性上，頓示、頓現，互相攝入，舉一點而該其面，就這個涵義，舉點該面。三世間以佛智說圓融的，經常說「言語道斷，心行處滅」，這就是佛智不思議。你的心能包括三世，三世可不能包括你的心。無分別能包括一切分別，一切分別不能包括無分別。

後面的經文說，「一毛孔能容法界」，一毛孔有好大啊？怎麼能容法界呢？不是毛孔能容，是你的心能容，這一毛孔就是你的心。全分的智慧相必能含攝一切衆相，〈世界成就品〉就解釋這個意思。在〈世界成就品〉說，一毛孔有難思剎，一一剎有難思佛，一一諸佛徧滿法界，在一切衆會中說妙法。有人拿個尺去量虛空，虛空可得到嗎？虛空是可量的嗎？拿這個形容一毛孔變成佛的智慧了，佛在一毛孔度無量衆生，就像善財童子到了普賢一毛孔中，無量的法界，無邊的諸佛，都在那說法。而且這個毛孔如是，一一毛端都如是，都能含攝一切世界，無有障礙，毛孔沒大，一切世界也沒小。怎麼含的呢？毛孔變成你的心了，心包太虛。心的量有好大呢？量周沙界。

因爲虛空不是色相可得的，虛空是對著色的。沒有寬廣的，也沒有什麼多寬多大。不是像色相，所以它能顯現的一切色。虛空沒有分別，也沒有戲論。沒有分別就沒有戲論。

如來的身亦復如是。大家知道前頭講這個莊嚴國土，完了說正報也莊嚴，這一段經文都在說佛的身。一切衆生所有善根，所有業用，佛都能給你成就，佛含攝了一切衆生。再回來說，每一個衆生也含收一切諸佛。因爲佛身，如來身沒有分別的，這是指著無分別義說，一切衆生他所有的善根，皆能夠成就。佛身充滿了整個的世界，充滿一個法界，這是普徧義。虛空，徧至一切色非色處。說色處，它到了嗎？也沒有到，非至非不至。佛身也如是，佛身到一切處，那佛身沒到一切處都不可以。徧一切法徧一切國土。佛的身，佛的音聲，佛的教授，徧一切法，徧一切處，徧一切國土。這是普徧義，平等隨入的，這樣理解佛的法身。這才顯出平等義。

現在我們都是佛弟子，這幾百人都是佛弟子。佛是不是有分別心？這些才算是我的弟子，那一些衆生都不是。佛沒有這個想法。佛門廣大，唯信能入。信者就來，不信者不來。我們都是自願的，沒有一點強迫性。來可以來，走可以走。說不願意做了，不在你們這做了，罷道還俗，說我不信你了，沒誰限制你。也沒說你這樣犯法、把你拘留起來，沒有這個事。你要信就信，不信就算了。有沒有不可思議的事呢？我不知道諸位道友想過沒有？人家打工，勞動一天掙不到幾個錢，那碗飯很難得吃，那衣服很難得穿。冬天冷的要死、夏天熱的要命，看看那工人怎麼生活的嗎？那我們爲什麼還有人給你送吃的、送穿的？想到這是什麼原因嗎？我們不知道佛的功德。從這裡你去體會佛的功德。佛的白毫相光這一份的功德，他的未來弟子都有吃有穿的。我們有這麼句俗話了，「指佛穿衣」，靠著佛有衣服穿；「靠佛吃飯」，靠著佛就有飯吃了。是這麼回事嗎？現在這個世界上，不管信不信，不管國家信不信，佛法不是自身滅的，外面來的因緣是滅不了的。物必先滅而後重生，是這個涵義。

在佛教本身來說，沒有什麼滅，沒什麼不滅。衆生的緣，福報有，那佛法就存在。衆生緣盡了，福報沒有，那就不徧了。到什麼時候，佛才不徧義呢？好像這個是不徧了，不是佛的本身不徧了，是衆生的福沒有了。緣盡了，性空了，緣起依著性空。性空緣起，緣起性空。無緣了，空了，空就沒有，這個是沒有了嗎？不是，不能作沒有講。性空還是如是徧，緣沒有了。有緣再現，這種比喻太多了，千江有水千江月，你哪個地方有水，哪個地方月亮就現了，沒水緣盡了，不是月亮沒有了，緣沒有了。

如來的身也如是，有緣就現，無緣不現了。佛沒現呀？佛都在現。你打開經本，佛也對你現了，現在這泥塑的、木雕的，形相的這不是在現呢？這就是佛的化身，不一定現肉體的，這也是佛的化身。你說不是，你爲什麼給他磕頭，天天磕頭，天天禮拜。你說是，是木頭雕的、泥巴塑的，那我們信，信則有，是眞身的佛像，你見了你拜了；你不信也沒有了，這叫智慧。

智慧在什麼地方顯現呢？有智慧者，見一切法身即是佛，感就應，這是不可思議的；不感不應。像引磬、大磬，你拿那個一敲就響了；不敲不響，有扣則應。佛也如是，佛徧一切處。隨便你到任何時、任何處、任何地點，你心裏緣念，佛就現了。在你的心現，你沒緣念，佛就不現了。說念念緣念，佛就念念現。佛永遠在你的心，爲什麼？因爲你的心就是佛。心跟佛沒有差別也沒有分別，不要向外求。以前說向外求，現在我們的心不顯，是妄心，所以必須求佛，求現。不求不現了。靈不靈、應不應，那得問你自己了。不要向外頭去問，你自己最清楚了。感的如何、求的如何？你自己就知道了，佛的身是充滿法界，是普徧的。

我們沒辦法理解這個問題，就拿虛空來說明。說你把法堂都堆上經書，堆上花，虛空就沒有了。說我們這個思想，堆的都是財色名食睡，空間當然就沒有了，佛的思想就少了。這個道理你經常反覆這樣想，佛不是平等的徧入嗎？怎麼沒入到我呀？不是佛沒入到你，是因爲你沒有感，沒感就不徧了。如果你堵滿了，虛空不現了，沒有空間。沒有空間，當然虛空不至了，你心裏滿腦子的愛別離、怨憎會、五蘊熾盛，當然就苦了。苦哪來的？你自找的，勝義就沒有了，你的智慧就沒有了。

大家不要把妄想看的很壞，妄想也是智慧，翻過來就是了，妄想是不實的。怎麼翻呢？翻成你自己的法身，翻成智慧，莫翻成愚癡。我們是把智慧變成愚癡了。現在我們再翻回來，把愚癡變成了智慧。那怎麼來呀？學。跟誰學？跟佛學，佛是覺悟的。

千萬不要把《華嚴經》忘了，我們現在在講「嚴」，依報嚴、正報嚴，依報是佛身，正報是國土。現在我們就在嚴，嚴就是莊嚴；拿我們的因來嚴，因嚴果德。我們先這樣思惟、這樣觀想、這樣聞，聞而思，思而修，修而證。這個過程是必然的，現在是聞，聞了之後要想，想就是思惟修，一天都在想；但是你想的時候，這叫刹那際定。心的思惟能達到不思惟，思惟就生智慧，智慧大了，妄想自然就除了，妄想都變成智慧了。佛菩薩度衆生不是打妄想嗎？我們想成佛不是打妄想嗎？看你怎麼理解，我們要這樣的觀察。你不隨煩惱轉，煩惱就變成智慧了，你隨煩惱轉，智慧就變成煩惱了。

佛法不是很深奧的，佛法在世間不離世間覺，在世間，你要是覺了就是佛法；不覺就是世間法。差之毫釐，失之千里，就那麼一點點。眞和妄有什麼區別呢？你好好觀察觀察吧！我們從吃飯穿衣服，甚至於進廁所都在度衆生，你念佛的教導、歷代大德給我們說的那些法，你照著那個心去用。上廁所時觀想：「大小便時，當願衆生，棄貪瞋癡，蠲除罪法。」自己上個廁所，沒忘衆生，當願衆生，這就是度衆生。所以一舉一動，爲什麼我們沒去勞動，沒去掙飲食，飲食自然來，沒去勞動掙衣服，衣服也自然來，一種是佛的福德，二種是你自己自修了，你有福享受了，這個福德還是不容易享受的，社會上說是清淨的福田。

這個道理若懂了，你以華嚴的願，行這種法門，自他都得成就。反過來，自他都墮落。大家經常觀想一下，特別是人家打齋供眾，他不是吃飽撐著，拿錢來給你吃，他吃不下去了，到這來供給你吃，他是傻子嗎？他是瘋子嗎？他想求你的福德，沒有白吃的。

另外，你想發財，一毛都不拔，不肯捨，怎麼會來呀？不會來了，捨得捨得，捨了才得，不捨不得，這只是布施度的一度。十波羅蜜的一度，布施度一度，還有九度，以佛心偏一切智。我們眾生要想學佛，得積聚善根。遇人家打齋的，怎麼給人家迴向。除了佛教導我們怎麼迴向，你自己發願怎麼迴向。怎麼想？先觀想。無論穿，無論吃，來之不易，不是那麼容易就來到的，我們坐享其成。我們坐這，你修道是你成就，聞法是你的成就，你拿什麼給人家？考慮考慮到了嗎？拿什麼給人家？我們是佛弟子，找我們的導師南無本師釋迦牟尼佛，把我們求佛、拜佛、念佛，乃至信佛，乃至在這出家，把我們的功德給他一點，這叫迴向，把我所得到的回向他。回過來向他，這樣來報眾生恩。不然，「常住一粒米，重如須彌山」，我們就一個了道的心，來還報的心，一切都如是想。這就叫入法界。

用華嚴義來觀想，觀想自己就是毗盧遮那佛，你這點供養不多，從法性上迴向給他一份，加持他，他也得福報了。隨時、隨地、隨處這樣觀想，不是我心血來潮想一下子，過去就忘了，那可不行，隨時、隨地、隨處，叫剎那際定，不要把我們華嚴義忘了。在剎那間，這樣常時不離剎那際，成了道了，不落生死了。六道輪迴本來就沒有，那可別造業，造業全有。造什麼業就有什麼現相。胡思亂想，就有胡思亂想的夢，還不是說下地獄了，不胡思亂想，清淨覺悟，那你睡覺清清淨淨的，這是很現實的。

現在講的這段經文，文字很短，但是義理很多，因為這都是果德。這段經文前頭講過一些，再把它重複一徧。拿虛空作比喻，徧一切國土，國土不能徧入虛空。但是有國土的地方一定有虛空，有虛空的地方不見得有國土。虛空也好國土也好，他能平等隨入，這是我們講過的。

國土與虛空，國土是國土，虛空是虛空，彼此不同，一個是有相的，一個是無相的。虛空譬如佛的智慧，佛智。國土有過去、現在、未來，凡是有處所，三世是有處所的，有處所就有佛，佛智必在其中。佛的智慧所知之處，三世不見得有，沒有其體，三世無體。但是佛的智慧於過去、現在、未來，平等隨入。這個意思就是不二而二，本來不是兩個，要說成兩個。反過來說，二而不二，國土、虛空、三世佛智，同是一個體性，互相攝入。隨舉一法，普徧全收。這是什麼呢？三世間圓融。這種道理不是用語言所能表達出來的，也不是用思惟所能知道的，叫「言語道斷，心行處滅」，佛智是這樣成的，佛智不可思議。一毛能容世界，一毛為主，其他世界為伴，這叫主伴圓融。懂得這個道理就知道，在講佛的智慧，或講佛的體性，或講眾生的體性，都拿虛空來作比喻。

《華嚴經》的比喻太多了，比喻是顯法的，比喻沒有搞清楚，法就更沒法進入了。虛空不是色相，色相都有局限性的，虛空沒有局限性。但是虛空能顯現一切色相。虛空的本體沒有分別也沒有戲論，這是形容佛的身，無論法身、報身、化身都是這樣的。一切眾生的諸善根的業，業是眾生義，作用義，這些善根都能成就佛智，佛的法身也是我們自己的法身恢復了，一切眾生的善根、業都能攝受，這屬於含攝義。

如來的身是沒有分別的、沒有限量的，佛身充滿法界，這就是普徧義。一個含攝義，一個普徧義。虛空徧至一切色非色處，非至非不至。如來身也是一樣的，徧一切法，徧一切國土，平等隨入。非至一切處，又不離一切處，非不至一切處。這就無礙了，至與不至無礙。這就含著隨入義。

上面所講的都是佛的身業。身業講完了，講佛的語業。如來於一語言中，說一句話就能具足一切語言，佛說一句話，「眾生隨類各得解」，不論哪一類眾生聽到，佛都是對他說的，說的都是他的語言。如來於一語言中，具足一切語言，「舍支天鼓無心出故。」

「舍支天鼓」，舍支是人的名字，天鼓呢？說舍支的語言就像天鼓一樣。舍支在一音中，她能出百千種的樂音，她心裏沒有思量，沒有作意。菩薩入了無分別智了，到了無分別境界，成就善巧隨類之音。

我們講語言三昧，隨類的語言，無論你多少種，哪一類的眾生，聽著都是給他說法，我們只說人類，畜生、魚、鱉、蝦界，六道眾生，一切眾生，他所聽的都是他的音聲。

舍支是什麼樣的一個人呢？是帝釋天的夫人，她是阿修羅女，她有天人之福，沒有天人之德。帝釋天的天人，大概是因爲阿修羅的女孩子，長得美麗，天人都娶她。她所出的音聲是自然的，由她宿因所感的果，無心出而出，不作意出而出。就像佛說法，佛於一言中，含著無量義，有緣者，聽佛的音聲就得度了。

因此，佛的音聲無不至，能至一切處，如來的音聲無斷絕，普入法界故。如來音聲沒有邪曲，說的都是法音，隨你的信解，隨你的歡喜，隨你所能理解的，「如來一音演說法，眾生隨類各得解」。有的信得深的，聽聞了能覺悟、入道了，有的能生歡喜了，這是如來的語業。

佛的清淨三輪，比喻佛的身、口、意，說佛有無量的清淨三輪。這個意思在《大乘大集地藏十輪經》，解釋得很多很多，左一個十輪，右一個十輪，隨著眾生心的意解，顯佛正覺的無量的清淨三輪：身、口、意。

身恆徧坐一切道場。菩薩眾中威光赫奕。如日輪出照明世界。

第二是威勢超勝。這是佛的身業和語業。佛的身，威光赫奕，超過一切。但是，有時候隨你的感情，你過去生積累的業行，隨你所喜歡的，隨你所能感應到的，見佛的受用身、佛的化身。佛身是無不周徧的。佛的身業如是，口業也如是。

「徧坐一切道場」。什麼叫道場呢？道就是菩提道。說道的道場，像我們這個法堂，共同學習、演說，叫說道的道場。禪堂、念佛堂，叫行道的道場，也就是行道的處所。佛徧坐一切道場，這個解釋就不同了。

《華嚴經》說什麼都拿十來形容，說十種道場，有些是不可理解的，我們意識達不到的。

一是智身徧坐法性道場，佛的智身，所坐的是法性的道場。智身是智慧，智慧就是光明，智身是無身的，智身徧於一切，一切都有性徧，性徧一切都是他的道場。這是第一種道場，智身所坐的道場。

二是法身非坐而坐道場，法身所坐的道場，法身無相而無不相，沒有一處不是道場，沒有一處不是法身，就是無道場的道場。

在這十身當中，還有一個法門身安坐萬行道場，法門無量。那個道場叫什麼道場呢？叫萬行道場，或者叫萬行道場。就法門說叫萬行道場，就修行說，叫萬行道場。還有幻化身安坐水月道場，幻化身就是不實在的，隨緣而現，有水就有月影，這個道場就是我們經常說的水月道場。

這四種道場有四義，法性的道場是沒有形相的；法身的道場是沒有形相的；法門的道場是隨緣的，沒有形相；幻化的道場，水月的，沒有的。這四種是諸佛的方便智，智慧所顯現的，這個智慧是方便善巧，隨緣而建立的。

十種說了四種，還有六種，依照佛萬行的威德所顯現的，有六類的道場。徧一切同類的道場，同類的是什麼？六道，這都算同類，有情的。但這個在〈如來名號品〉裏頭不同的，對著十普菩薩說十普菩薩的道場，對著十林菩薩說十林菩薩的道場，這叫同類的世界道場。

異類的、不是有情的，異類的道場，樹、山、水，如〈世界成就品〉所講的。在種種光明蕊香幢有二十重世界，種種光明世界種，華藏世界有華藏世界種。這兩種在〈華藏世界品〉裏頭會說。

第五種道場，是在一切微塵中，每一微塵都有佛的道場。如於此會見佛坐，一切微塵皆如是。在這個世界見佛於海會說法，每一個微塵中都有如來在那現身說法，都有無量菩薩圍繞。

第六種道場，剎塵帝網無盡道場，沒有一微塵不是佛轉法輪的地方，我們現在的微塵，一切微塵都是佛說法的地方。而且佛說法必有眾，在《華嚴經》裏不講四眾，單講菩薩眾，都是大菩薩，大菩薩大到什麼程度呢？大概是等覺菩薩，十地以上的菩薩；所以他顯的義理非常的深，給這些十一地、十地的菩薩說，當然很深了。我們是隨意而解，用凡夫的心智是達不到的。凡夫解齊佛等，凡夫能把佛所說的法，理解跟佛一樣，但是在行當中，在證得當中，斷惑證眞當中就不如是了。

上面這十種道場，顯佛的威勢超勝。所以說獨言菩薩，沒有四衆，而且不是一般的菩薩，三賢位的菩薩都不行的。這就是佛說《華嚴經》，如日輪初出的時候，先照高山，不是普攝的，這叫隱顯。獨顯菩薩徧坐這一切的道場，都是大菩薩，無有異體。

三世所行衆福大海。悉已清淨。

第三是福德深廣。形容福德的深廣，佛的身不是一般的身，而是福德身，三世諸佛都如是。現在成就佛果了，所有的一切垢習，染垢習氣全都斷絕了，形容佛德的聲望全是清淨的。我們說是清淨福田僧，還沒有清淨，只能是比較其他的衆生而言。佛的福德是他往昔時候，普徧的學，普徧的學就是解，解而後能行，行而後能斷的，就是斷德，證得佛果，他一切的塵垢，一切的習氣，見思煩惱、無明塵沙都斷絕了，垢習都淨除了，所以福德清淨。

而恆示生諸佛國土。

第四隨意受生。這是講佛隨他意受生，不是自意。應以何身得度者，即現何身，但是這兒都是現的大菩薩身，度的是大菩薩。隨他意是隨著衆生的福德、因緣，緣起了，過去有這個因，佛就成爲你一個助緣，佛能無處不生，處處受生。有緣，佛就現了；無緣，佛就隱了，所以能夠自在。隨佛的自意，無處不生；隨他的意，有緣就生，這叫隨意受生。這個隨意受生叫意生身。

我們一般講佛的法身、報身、化身；密宗講意生身，講四身。佛的受生，生即無生，是隨他意，隨緣意生身。還有法生身，法生有隨自意的，有隨他意的，隨意而往，速疾而致。如果你在修道拜懺，感應了，佛就現身了，這也叫意生身，隨生隨滅。緣有故現，緣滅則隱。

佛的身是圓滿的、是光明的，所現的色相，隨你的緣。能見大就現大，能見小就現小。你見佛的身是衆生身，畜生見佛也是畜生，鬼類見佛，佛也是隨他的意受生的。隨自意就不同了，以下就講隨佛自意了。

無邊色相圓滿光明。徧周法界等無差別。

第五是相好周圓。佛的無邊色相都是圓滿的，都是光明的，是徧周法界無有差別。還有佛的相好莊嚴，因爲色相無盡，所以佛能示現十蓮花藏微塵數相，但是這些相都是稱眞而起的，沒有妄，這叫示相而利益衆生。

無邊諸相都有無邊的隨行好，放光是放的常光，常光自照，普照法界，所以圓滿；有時是廣處的，有時是狹處的，緣現故，沒有什麼差別。

現身必定說法，說法普徧，大雲大雨，像空中雲雨一樣的。佛說法都是稱佛宿世的大願。雨大法雨，斷一切疑衆生有疑惑而向佛請求，佛來給你斷除。經文說：「毗盧遮那佛，願力周法界，一切國土中，恆轉無上輪。」這裡頭文所含的意義非常多，一句話，海墨書之而不盡，反正這都是說佛說法慈雲普潤，度一切衆生。亦隨物機宜，雲雨各異。下的雨乃至空中布的雲，雖普覆而無心，「如來一音演說法，衆生隨類各得解」，看你能解什麼，你就能得到什麼利益。

演一切法如布大雲。一一毛端。悉能容受一切世界而無障礙。各現無量神通之力。教化調伏一切眾生。

第六是願身演法。這個是說如來的願身說法，在因地發的大願，在一切的國土中，任何時、任何處，恆轉無上的法輪。佛說法都拿輪子作比喻，轉是不停的，輪轉是不歇的，無障礙故，能把你的煩惱、迷惑消除了。

第七是化身自在。佛在他的一毛端中能容納一切世界沒有障礙，現無量神通之力，調伏教化一切衆生。佛的化身，像釋迦牟尼佛在我們娑婆世界是化身，化身是自在的。

佛說的法，種種差別的相，那是隨緣的了。遇著什麼緣就說什麼，演說當中沒有障礙，這叫神通。神就是自然的心，法界心，通就是慧性。神名天心，就是自在的心，通名慧性，就是智慧的體。大悲必須得有般若，般若慈悲、慈悲般若，沒有智慧的慈悲是愛見大悲。

身徧十方而無來往。

第八是法身彌綸。佛的化身是自在的，爲什麼能這麼樣自在呢？因爲法身自在故。法身彌漫徧一切處。化身是以法爲身的，本身就是普徧的、湛寂的，沒有去來之相的。依法而現的色相，而現的化身，化身還是法身，還入法身。此即是彼，彼即是此，沒有往來之相的，所以如如不動，來而不來。來是隨緣，如是法性、也就是「性空緣起、緣起性空」。如果你學華嚴，掌握「性空緣起、緣起性空」，這四個字翻過來、覆過去。緣起性空、性空緣起，因爲空故才能緣起無障礙，有障礙了，緣起不了了。緣起是相，相一定是性空，性空才能緣起，緣起達到性空。佛說一切法都是緣起的，依據性空而緣起的。有智慧者，他見一切相了法空寂。

智入諸相了法空寂。

第九是智身窮性相之源。這個相跟那個相不同，叫「諸」。法性空寂，性靜故寂，相無故空，相即無相就是空。性寂故，就是三昧，正定、正受。這是智身，佛的智慧身，窮性相之源。這個意思很深，但你經常這樣觀想，熟練了，熟能生巧，你自己就產生一個慧，慧是了別爲義，了別性相之源。性空能緣起，緣起而能生起諸相。諸相就是依空而起的。相依性故，性是空寂的，那相也沒有，所以說空。

這不是語言上你能理解得到的，必須得修觀想，這叫思惟。思惟出智慧，因爲思惟就是觀照，觀照就是禪定，禪定就是三昧。一徧兩徧不行，十徧八徧不行，得千萬徧這樣的觀，這樣的思惟修，而能產生明，明就是智慧。相由心起，心生的一切諸相，心動則一切法動，心寂則一切法寂，這叫性空故，才能隨緣建立一切諸法。緣起諸法是依著性空，叫性空緣起。性空是體，緣起是相用。

三世諸佛所有神變。於光明中靡不咸覩。一切佛土不思議劫。所有莊嚴悉令顯現。

第十是力持身持自他依止。三世諸佛所有的神通妙用，在光明之中顯現。佛放光明加持一切衆生的時候，有些經就提到佛放光，放光就是說法，以光感招，像《華嚴經》裏，諸大菩薩問了很多問題，佛就以光來答，那些大菩薩都理解了，這光就把他所要問的問題都解答了。佛的正報如是，佛的國土也如是，經過無量劫不思議的時間，依報的莊嚴從正報的修行得來，全能顯現，這就是諸佛的神變。諸佛的神變在光明之中顯現。一切衆生在光明之中，睹見佛的一切不思議的莊嚴相。

佛的十身當中有個力持身，力持身能支持，持者持受，持之不捨的意思。就像我們拿朵花，手裏持著。自己的依報、正報，一切衆生的依報、正報，佛能持之，能持自也能持他。所持的依報橫盡一切土，豎窮一切劫。能夠一切劫，過去的過去，未來的未來，現在的現在，這是約豎窮說。佛的依正二報莊嚴，持之不失，常時顯現。約身說十身，約國土的莊嚴說十種莊嚴，徧十方世界。

佛的報身，報身是因地感果，修因的時候必契果，報身感的國土、感的依報，有自受用報、他受用報。像我們寺廟，凡是道場都是他受用，就是佛的弟子入佛門來享受。自受用報是實報莊嚴，住的都是大菩薩衆。有的說三身，有的說四身，三身就是法、報、化。

四身呢？加個意生身。不論三身、四身，全都圓融自在的。所以一成一切成，佛在菩提樹下成了究竟覺的時候，一切都成了，就是頓具，依正二報都頓具。一毛孔中轉大法輪，形容在一毛孔中，能調伏無窮無盡的衆生。光中現一切佛刹，恆持一切刹，佛的法性空體，所以能普徧。國土如是，十身如是，過去、未來、現在三世也如是，一切的圓融。

由於衆生的機感不同，所以有報身；報身就是實報莊嚴土，有化身，化身就隨著化了，或者化閻浮提，閻浮提就是這個世界，化極樂世界就是極樂世界，化無量光就是無量光世界，不一定的，那隨著緣，這是他緣，不是自緣，自他結合了，這樣空才能普徧，才能沒有障礙。

法性身、法性土，它是無障礙的，佛佛道同是這個理。

但各各佛的三身所居的國土，報化的國土不同，佛佛道同是理，他所修的因，他的報不同。還有緣起不同，這個衆生跟佛的因緣不同。佛度衆生得有緣。無緣難度，佛門廣大，難度無緣之人，沒有緣，你度不了他。有緣的時候，緣不具足，或者自礙，自己作障礙，或者他礙，他作障礙。過去宿世因緣，他一見著你就不高興，你能度他？你跟他無緣。有些人你見了起反感，前生他惱害過你，你一見著就生氣，就整他一下子，這不是無緣無故來的，前緣後果，有前緣一定有後果。圓滿的道理如是，圓滿道理是圓滿什麼呢？圓滿這些不圓的。我們衆生是不圓的，佛是圓滿的；我們衆生是有障礙的，佛是無障礙的。因圓了果才滿，因不圓果不滿。

前面是講果，果必有因，這果怎麼來的？〈世主妙嚴品〉、〈如來現相品〉，乃至〈淨行品〉、〈梵行品〉，各個品裏頭說的還是這些問題。懂得這個道理了，才能漸漸地進入法界，不是頓入的，我們是漸入的；但是頓不離漸，漸必生頓，頓證菩提的時候，是漸修來的，想超越三昧，這個三昧、那個三昧，事實上超越不過去。

○衆海雲集

第六個大題目，明衆海雲集，聞法的大衆不是以數字能夠知道的，來的大衆有十佛刹微塵數。當然這些菩薩都是等覺大菩薩，深廣難測！這也是有十門：「集意、集因、辨類、定數、權實、地位、前後、有無、聞不聞、釋文」。

第一門集意，初來至佛所，何所爲？以下就說這個何所爲。有十種的義理，有主必須有伴，主伴圓融俱成門，就解釋主伴圓融了。一者爲了影響，二者爲了輔助佛的揚化，爲了守護如來，爲了莊嚴道場，爲了供養如來，爲了發起《大方廣佛華嚴經》，爲了當機衆聞法得利益，爲了表法，爲了順證，爲了翻顯，爲了集意，就這十種。

第二門集因有十種。第一種，曾與毗盧遮那如來同集善根故。來的這些大衆跟佛共同修因的，這叫集因，過去的因緣，就是曾與毗盧遮那如來共同修善根的，共同發心的。

第二種，曾蒙佛四攝故，布施、愛語、利行、同事這四攝。

第三種，過去在生死當中，共同聞到這個圓滿不思議的法。

第四種，曾發大心，護一切故。發大心要護毗盧遮那的法，乘願來護法。

第五種，往昔發的大願，來給佛做給事，幫助他做事。

第六種，從如來發因的時候他就隨順佛，永遠不厭足，永遠不捨離。

第七種，樂聞《大方廣佛華嚴經》無上正法，心裏頭沒有疲倦，精進不懈。樂聞正法，心無倦故。

第八種，善滅我慢心，隨時助佛揚化。

第九種，福德、智慧完全清淨了，身周徧故，徧周法界。

第十種，同一法性善根大海所生故。爲此多義，得與斯會，有這麼多的涵義。集是招感，就是集因果，集因跟前頭的集意是相通的，因就不同了，各有各的因，各有十種。就說我們現在的大衆，跟毗盧遮那佛大因緣、小因緣，總有一點因，沒因你遇不到的。沒有因，想聽《大方廣佛華嚴經》的名字，你都聽不到的，沒有這個因，緣就作不成了，無因緣不作了。

第三門辨類，有哪些類呢？一者影響衆，二者常隨衆，三者守護衆，四者嚴會衆，五者供養衆，六者發起衆，七者當機衆，八者表法衆，聞法得益的，九者證法衆聞法證果的，聞法發菩提心的，聞法成道的，這個地方都不是發菩提心的。第十個就是顯法衆。

第四門定數，還有不定數，我先說定數。「稱法界衆焉能知數」，稱法界來的大衆哪能知道數字呢？數不清，七處九會所來的大致有一百七十五衆。一衆就是一類，總的序分當中有四十一衆，有同生的，同生的就是一；有異生的，異生的三十九種，不是有情的，是器世間。佛坐的師子座有一衆，同生的有一衆，師子座中有一衆，異生的一共有三十九衆，這就有四十一衆，把前頭菩提樹中的流出來的宮殿、無邊菩薩，都加在一起一共有四十三衆。這四十三衆徧於九會，不是七處九會演說《華嚴經》嗎？這四十三衆，九會裏都有，這會多一點那會少一點就是了。

第一會，有兩衆。有新集十方衆，有從佛眉間的光明所流出的，四十三衆加兩衆就是四十五衆。

第二會，新的跟舊的。新的就是以前沒親近過毗盧遮那佛，現在來了，新衆；像普賢菩薩這樣常時親近佛的，就是舊衆，新、舊兩衆，這是第二會。

第三會、第四會，各有四衆，還有證法衆，天衆，這些天衆都是寄位的菩薩。

第五會，一百一十一衆，新的、舊的都有。〈升兜率天品〉內供養衆有一百零七衆，并天衆、證法衆。

第六會有四衆：天衆、同生、異生、證法衆。

七八兩會各爲一衆，普賢菩薩等是舊衆。

第九會有三衆，菩薩、聲聞、天王，都是舊衆，常隨毗盧遮那佛的。舊衆雖重，舊衆的多，但隨會別故，以會衆有別，並皆取之。言此諸衆，總爲一衆，一百七十五衆就是一衆。哪一衆呢？一乘衆，無上乘的，都是聞大法的，這是同。

前頭是別，同中有異，異中有同。在這個會上，同聞一乘法，這就同了，各有各的類，各有各的因，這就別了。

把這一百七十五衆，或者分爲兩個，實衆及化衆。或分爲三個，人、天、神。或分爲四衆：佛、菩薩、人、非人。五衆，在非人裏開個天、神。六衆，就加個畜生。七衆，把天分爲欲界、色界。八衆，菩薩有娑婆世界的菩薩，有他方世界的菩薩。九衆，他方的菩薩有主有伴。隨從來的就是伴，哪個大菩薩爲會主就是主。十衆，再加個聲聞。總說有一百七十五衆，廣說起來無量無邊，以刹塵數爲量。又新集的菩薩，毛光出衆，汗毛放光，光裡頭出來的那些菩薩都如是，若融攝起來，一一會中都有一百七十五衆，因爲稱法界的緣起，這個緣起是法界緣起，普徧十方。刹塵帝網，無盡無盡，這叫華嚴海會衆數，華嚴海會有這麼多數量的衆，這是定數。

第五門權實，以權實來分，對揚一乘教，演說一乘法，能夠影響衆者，這都是權，權巧方便，攝受他入一乘，這就叫權。當機之流，多皆是實，當機的都是實教的，不是權教。像善財童子這一類的，叫實。有的時候佛演暢法是在穢土，娑婆世界、不淨的國土、五濁惡世，所有衆生的類別很雜。這些菩薩有時候是實教的菩薩，有時候是權教的菩薩，有時候是地前的菩薩，就是實。沒有登地的菩薩就是權。法身是無生的，能生什麼呢？能生五道。淨土菩薩，唯實，實報所生故。雜類的聲聞是權。〈攝大乘論〉裏這樣說，欲令淨土不空，化作雜類衆。在《華嚴經》裏，同生跟異生，通權通實，海印定現，實德攝故。現在我們屬於實，地前是實，沒有登地以前只種善因的。但是就法身來講，凡生於五道的，這沒有地獄，天人、阿修羅、餓鬼、畜生都可能聞法，地獄道不行。爲什麼？淨土的菩薩唯實，他是求得的實報身。雜類的生是權，欲令淨土不空，化作雜類衆故。

若依此經，同生身異生身，通權通實。同生都是有情的，異生都是無情的，權也可以，實也可以，通權通實。海印定現，實德攝故。這現的影子，或有實德的，隨他的緣，隨位而示現的。第二會說，莫不皆是一生補處故，都是一生成就。就說等覺菩薩，一生補處佛位的，這十類的辨權辨實，都是影響一衆。一衆是一果德衆，他能證佛如來，聞法就證得佛位。這些約主約伴，主是指佛說，伴是指菩薩說，說權說實都不對，非權非實。這些都到了位極菩薩了，如文殊、普賢，都是位極菩薩，「昔爲釋迦師，今爲佛弟子」。大權示現，過去給釋迦牟尼佛當老師的，現在又來給他作弟子。「二尊不並化，故我爲菩薩」，就當機說唯實，餘八都通權。這個權不是權教菩薩的權，是大權示現的權。對來弘揚一乘佛教的，即便爲實都是權，當機衆都是實，地前是實，地上是權，就這個涵義了。說法身無生而無不生，生於五道故，這是顯果德的。

第六門地位，來的一切都是果位，舍那海印現故，海印三昧所現的，定中所現的。或者說一切都是因，都是因地。果海，不能見、不能聞、不能說。所見的不是智慧相融，是識別了義。或說通因通果，果不捨因，隨類現一切身，因爲願力助佛揚化。這是當機之衆，正趣向佛果。或說俱非因果，緣起大衆。就是我們講的性空緣起，緣起是從眞而起的，同眞性故。或約權實說。爲了顯實而說權，爲了演權讓他證實，果位也是權，因位也通權也通實。說這些幹什麼呢？證明這個法是一乘法，也是通因果的。究竟是權位，還是實位？影響衆、證法衆通因通果，因位和果位的高下，難以準定的。想確切的定哪是因哪是果，在《華嚴經》上沒法來分，因該果海，果徹因源，十類權變，難以準定。

第七門前後，先列菩薩是前，後列餘衆是後；從本以起末，先明佛果，這是前；後明菩薩就是後。從末而達到本，完了知道本末無二，從本來流入末，先小而後大。在《華嚴經》裏，一切天衆都攝歸本實，攝末歸本，從深至淺，先明自在，顯法界緣起，逆順自在，表四十二位，一一皆徹因門。因該果海，互舉前後，不作優劣之分。初發心時是因，變成正覺是果。你一發成毗盧遮那的心，回歸你本來的面目。發心是因，因該果海，你就已經成就毗盧遮那了。成就了毗盧遮那，你知道這個果德是因來的，因你發菩提心來的，果徹因源，這就是華嚴的一乘義。前頭經文都是顯示這個的，不論〈疏鈔〉、〈合論〉，說的非常廣。我們學是種種因而已，有的因也種不下去，他聽了很茫然，不知道說些什麼。但是從日常生活中講起，你就明白了。

第八門有無，究竟有沒有色相？有沒有地獄？沒有地獄？也有地獄天子，也有在地獄受苦的，也有閻羅王，這是我們說的。《華嚴經》叫地獄天子。欲界、色界，無色界有沒有？有化城沒有？有定性聲聞沒有？有闡提沒有？這都辨別有無的。大能容小，小不能容大，那小乘二乘人就廣列聲聞，沒有菩薩，沒有大乘。大乘經文，列菩薩又列聲聞，大能攝小，小不能容大。

這個是出世間法的最上乘，這一乘很不容易進入。越深的道理，我們從淺處入手，怎麼能把意思顯明白？我們經常說有和無，我們講的有無跟《華嚴經》講的有無，可不同了。

什麼叫有？什麼叫沒有？我們是情執，《華嚴經》叫慧照，不是情執。大家讀過《心經》，以般若的智照見五蘊皆空，多思惟產生智慧，那個智慧叫般若智。怎麼樣思惟呢？亂思惟不行！照著佛所教導的那些教理去思惟、去觀，什麼叫有？什麼叫無？什麼叫有色？什麼叫無色？有地獄沒有地獄？三界是有是無？若離開文字，光是思惟，這也不對，即於文字不可以，離開文字也不可以，說離開經本去想、去修，不可以。照著經本去修，也不行。即不可以，離也不可以，這要靠你的智慧，既不即也不離，這就是中，即不可以，離不可以。沒有文字，我們根據什麼懂得它的義理呢？光依著義理，不依著文字的入，你那義理可能失去佛的教導。

佛教導的是有相的，在有相當中讓你達到無相，不能夠執著文字。你也不能執著無相，執著無相就落入斷空了，不是智空。所以說不即不離，既不依智也不依識，識即是智，智即是識，但有言說都無實義。要是離開言說，你哪找實義去？你怎麼進入實義？這個問題大家要多參，參就是思惟、觀照，觀照你就明白了。禪宗就是這樣參的。參話頭，未說話之前是什麼，沒動念的前頭是什麼？沒動念是無念。什麼是無念？這個道理反反覆覆的去思索，你才明白，因是華，嚴是果，怎樣理解「大方廣佛」？就靠「華」和「嚴」。

上次講海會雲集，華嚴會上來聽法的大菩薩們，清涼國師說：「深廣難測。」深，這些大菩薩都是等覺菩薩；廣，海會當中有十佛刹微塵數。十佛刹微塵數，就是把十個三千大千世界抹為微塵，一微塵一個聽眾。因為深廣難測，所以分十門來解釋：「集義、集因、辨類、定數、權實、地位、前後、有無、聞不聞」，第十個才是解釋經文。

上回講到第八門有無。約界說，什麼界呢？三界：欲界，色界，無色界。法會大眾沒有無色界的眾生，六趣眾生中，天、人、阿修羅、餓鬼、畜生，地獄沒有，無色界天的天眾也沒有，這兩種不是聞法的器。

約洲，四大部洲的東勝身洲、西牛貨洲、北俱盧洲，這三洲沒有，只是南贍部洲，因為那三洲不是法器。

約乘，大乘、小乘，這個法會沒有小乘，這是不共教，不共二乘的，聲聞沒有，所說的法不是小乘教義，因爲他聽了不懂，不見聞故。

約部，不是四眾，不是小教的義。

約王，什麼鬼王都有，天王都有，人王沒有。

三聚，當然都是正定聚了，沒有邪定聚，邪定聚不得聞。佛說法的時候，所有來的都是十方世界諸大菩薩，同時也沒有外道、無想處諸天，沒有惡魔。這是不能聞法的。

第九門聞不聞，約權巧方便來說，讓一切眾生都能種個遠因了，種個善因了。間得義，就是他也能夠聞道，間接的聞道，不是直接的，這個意思就說明所有來聽法的大眾，一般都是大機、廣機。

第十門釋文，我們現在解釋的經文是略本，不是中本，也不是廣本，是三十九品。

◎同生眾

菩薩大眾圍繞

有十佛世界微塵數菩薩摩訶薩。所共圍繞。

解釋經文的時候，先說海會大眾。這裏頭有些雜類，雜類就是果地的菩薩，這些菩薩都是以法性爲身的，異類的眾生，大權示現到各類眾生中，他叫異類了，不是人形；但是他到這個法會來都現的菩薩形，同一形，通通都是大菩薩。這些來的異類，像地神、主夜神、主晝神，都是現的等覺菩薩身。他的性德沒有差異，修證上也沒有差異。來了好多呢？「有十佛世界微塵數菩薩摩訶薩所共圍繞」，把十個三千大千世界抹爲微塵，一個微塵一個菩薩摩訶薩，那就多了。這個數字以我們凡夫的智力，是沒辦法算的。哪一類呢？同一類都是菩薩摩訶薩，這是揀別不是餘眾，全是菩薩摩訶薩。

菩薩翻「菩提薩埵」，「摩訶薩」就翻「大」，菩薩之中的大菩薩。「菩提」，覺悟的究竟，指著佛果說的。「薩埵」，指所化的眾生說的。大悲大智所緣的境，從境上立名，約事來說叫菩薩，「菩提薩埵」的意思是利有情，度一切眾生。「菩提」是他所求的果，「薩埵」就是求菩提的人。

爲什麼菩薩之中加個「摩訶薩」？加個大？一者願大，他求證究竟佛果的願力大；二者行大，一切眾生都能使他成就，起碼了生脫死，解脫；三者時大，時是時間，經無數阿僧祇劫；四者德大，修行的功德不可思議，所得的功德是一乘的、究竟的佛果的功德，「摩訶薩」就含著這四種意思。

每一個菩薩常隨眾，又有很多的菩薩圍繞著。以下就舉這些菩薩的名字，是哪些菩薩呢？先表的是十普菩薩，跟普賢同等的這些大菩薩。

其名曰。普賢菩薩摩訶薩。普德最勝燈光照菩薩摩訶薩。普光師子幢菩薩摩訶薩。普寶燄妙光菩薩摩訶薩。普音功德海幢菩薩摩訶薩。普智光照如來境菩薩摩訶薩。普寶髻華幢菩薩摩訶薩。普覺悅意聲菩薩摩訶薩。普清淨無盡福光菩薩摩訶薩。普光明相菩薩摩訶薩。

這是十普菩薩。

其他不同名的，不是十普菩薩之內的：

海月光大明菩薩摩訶薩。雲音海光無垢藏菩薩摩訶薩。功德寶髻智生菩薩摩訶薩。功德自在王大光菩薩摩訶薩。善勇猛蓮華髻菩薩摩訶薩。普智雲日幢菩薩摩訶薩。大精進金剛齋菩薩摩訶薩。香燄光幢菩薩摩訶薩。大明德深美音菩薩摩訶薩。大福光智生菩薩摩訶薩。如是等而為上首。有十佛世界微塵數。

不一一舉名了，有十佛剎微塵數，無量數；舉這個爲代表，顯法界的總相之德。經文裡頭，總說都是菩薩摩訶薩，德相同，別說是每個世界來的菩薩，在他那個世界利益眾生，跟這個世界利益眾生不相同的；有時候總說，有時候別說，這些菩薩的名字不一一解釋了。

解釋一下普賢菩薩。體性周徧曰「普」，隨緣成德曰「賢」，這是約他自己的功德來說。性體普偏故，具足性德，隨眾生的因緣利益眾生成就的德，利生的功德就叫賢，是隨緣的、性起的，全是約自體而顯現。

用種種方便善巧，救度一切眾生，沒有遺漏、遺餘，叫「普」，位列亞聖，僅次於佛，叫「賢」。所有這些含著普字的菩薩，跟普賢菩薩是同等的。

又者德周法界曰「普」，智順調善曰「賢」，這個只是指當位的普賢菩薩說的。

又者果無不窮曰「普」，不捨因行曰「賢」，就是因門所行的，這就是〈普賢行願品〉，佛後的普賢，就是成了佛之後，悲智雙運，利益眾生，這叫佛後的普賢菩薩。雖然入了寂滅了，但是入的定是剎那際。

又者舉一即一切，一切即一，就叫普賢，這又是另一種解釋。這些都是上首弟子，也可以說是毗盧遮那的常隨眾，因為他的體已證得究竟的性體，顯現了。

要有信心，相信自己是毗盧遮那，相信自己是毗盧遮那就是性體本具，不覺了，但是本具沒失掉。這些大菩薩鄰位於佛，他已經修得了，他本具的性體的諸德，他又恢復了稱性之德。稱性之德，德就普徧了。

又體普、德普、慧普、行普、音普、智普、心普、覺普、福普、相普，十種普。普者就是普徧，徧照一切佛刹，他自己的功行圓滿、圓淨，具一切音，演一切法，演諸佛一切淨土，佛的法界沒有照不到的，無盡的境界。心普呢？智寶嚴於心。覺普呢？徧覺性相，聲皆悅機，意思就是他的音聲使一切衆生都生歡喜心，無有不歸佛者。福普呢？所有障礙都去盡了，稱眞無際。相普呢？無光相之光相，光徧故相也徧，徧及一切衆生處，利益一切衆生。

還有海月光以下雜類的名字。十德十山都是依著大海的，十地十度都是依著佛智的，深廣難測，清淨無染。第一種，以此來稱海月光大明，月就是明，我們以月光明形容光明在黑暗中破除黑暗。海月光大明，是指這些菩薩他們的德行、辯才。

第二種，雲音、光，就像在海上顯的一樣的，天涯無際，佛智起用，一念之間普徧、沒有不周的。惑業沒有不斷的，所以叫無垢藏。先標名，後形容他的德。

第三種，修治二嚴。猶如淨寶，秘密高顯。

第四種，猶如法王出現，作用自在，圓滿無缺。

第五種，勇猛化生，不執著於化相，化相隨意示現，應衆生而示現。

前頭形容十普，爾後形容海月光等這些大菩薩的功德，他們有堅利的智慧，與精進俱成。智爲一切修行的本，沒有智慧你修行不成功，有障礙。

戒等的行發，發出什麼呢？所發出光明。所發的香燄，智光徧照。明這些菩薩摩訶薩的威德。

此諸菩薩。往昔皆與毗盧遮那如來共集善根。修菩薩行。皆從如來善根海生。

以上為首的大菩薩，沒有一一列舉了，有十佛剎微塵數，無窮無盡的，非我們凡夫智力所能達到。這類菩薩過去與毗盧遮那佛共同修菩薩行的，共同發心的。

先解釋一下「毗盧遮那」。「毗」者，普徧義，徧滿的意思。「盧遮那」是光明照，光明徧照。毗盧遮那就是光明徧照，是法身徧照法界，乃至於盡虛空界。他智慧的光明，不但能照理，理是眞諦，而且能照俗的俗諦，法界重重，身智、能所都成為佛的一身，圓明照耀，具德無邊的。

又「盧遮」是障礙義，「那」者是盡義、入義，種種的障礙都去掉了，圓滿無缺了，德圓果滿。有一部經叫《普賢觀經》：「釋迦牟尼佛，名毗盧遮那，徧一切處。」身徧、光徧，身是以法界為身的。依報住在什麼地方呢？住在常寂光淨土。寂是定，他所有的土，土是定中之土。沒有果可言，也沒有土可言，成了光明的覺體，就是一個光明。

是「常」波羅蜜所攝成處，「我」波羅蜜安立處，就是德圓的意思。「淨」

波羅蜜，一切有相都滅盡了，就是障盡。「樂」波羅蜜不住身相諸相，不見有無諸法，證入義。我呢？寂滅解脫，寂靜解脫，般若波羅蜜是色相的常住法故。常樂我淨四德，這種解釋都是按照佛的果德，依著果德而解釋的。

前頭這一品都是講佛的果德，法會大衆已經與佛相齊等了，他的機都成熟了，共集在這個道場，互爲主伴。主伴有三種涵義，迴向的主伴、同行的主伴、如相的主伴，皆稱共集。迴向就是所修的善根，互相迴向，主迴向於伴，伴又迴向給主，主伴互相圓融共集，所修的善根、所修的行，都迴向給其他的菩薩，迴向給主的菩薩，乃至一切諸大菩薩，所有的修行功德都迴向給毗盧遮那，毗盧遮那的果德又迴向給聞法大衆，這是迴向。

同行就是共同修行一個法門，互相攝持，有修禪定的、持戒的，都是稱性的。如相主伴，如如之相，相是無相的意思，如是如如不動的意思。這三種主伴作如是解釋，都是稱性的。所以一切的善根海，都是依佛的無邊功德所積聚的微妙法寶。

這些來的伴，十普菩薩也好，海月光菩薩也好，他們的善根已圓滿成就了，依著毗盧遮那的功德海成就的，跟佛有殊勝的因緣，互相攝受，主伴圓融。跟佛的性海、佛的德海，平等平等，等同一位了，稱性起修，還歸於性。總的來說，沒有主伴，與佛同一善根故，與佛同一修行故，所成就的與佛同等故，爲什麼呢？

諸波羅蜜悉已圓滿。慧眼明徹。等觀三世。於諸三昧具足清淨。

我們現在是講〈世主妙嚴品〉，先廣說佛，下文中還要說世主，這些世主都是跟佛德相等了，不是一般的世主，世間的主宰那是世間相，這個是就佛的德，以大菩薩的德來解釋的。說果德必須要說因行，怎麼成就的？果徹因源。在果德上一定說他的因，他怎麼自利的，又怎麼利他的，在自利利他的當中又怎麼成就的？這是明他因分之中所行的德。果分呢？成了佛果之後又利益眾生，又來演說種種的法，這是果後勝進的果行德。

我們一般說六度，十度是《華嚴經》才說十度，慧、方、願、力、智、施、戒、忍、進、禪。從智慧度開出慧、方・願、力、智，共十波羅蜜。六度、十度，乃至八萬四千法門都是多劫積集的，都能達到事事無礙，都能圓滿。

佛的智慧眼，以十眼來說，十眼都叫智慧。慧眼能夠照，能夠視。我們是視，視的時候有分別，照的時候沒有分別，沒有障礙。佛眼照一切，五眼圓明。我們不同，我們是有障礙的。「肉眼礙非通」，有障礙的就不通了。「天眼通非礙」，天眼又調過來了，他能看一切世間上事，障礙不住他，你隔著房子他也看到裏頭去。「慧眼觀俗諦」，慧是有分別的。「法眼了眞空」，觀一切法空，觀體性的。五眼圓明到佛眼了，佛眼是照一切，無障礙了，同時佛眼明徹，這部經開十眼。

五眼之中的慧眼觀理，理是平等的；慧眼觀事，無不通達，能看到一切。凡是事，盡其事之理就爲明，深達其性就爲徹，所以慧眼明徹。以一眼就能通一切眼，具足理事。深達三昧，我們有時說三昧就叫等持，也叫寂靜，又叫禪。沒有昏沉、沒有掉舉，平等平等持於你的心，趣一境。一切緣都是一境所攝。眞如三昧就爲定的體，隨一切差別因緣，隨境的時候，不管有微塵數那麼多，那都叫諸。約橫說，定無不窮；約豎說，深入三際，所以叫具足。在定上沒有障礙了，就清淨了。

辯才如海。廣大無盡。具佛功德。尊嚴可敬。知衆生根。如應化伏。

說法利益衆生時，辯才無礙，像海那麼大，無窮無盡，這是利他的。能夠辨別甚深的道理，善巧應機，對一切萬法，同時說或者分別說，同時分別都是無障礙的。如大海似的等同一味，廣大無邊。千殊萬難的問題都能解釋，如理如事。《華嚴經》，普慧菩薩問普賢菩薩兩百個問題，普賢菩薩就答他兩千個答案，「普慧雲興二百問，普賢瓶瀉兩千酬」。這是《華嚴經》的特殊之處，萬法只有一味，海水都是鹹的，形容不論有多少的問難，知機應辯，問什麼答什麼。

辯才是口業，具佛的功德是身業。身業、口業都是意業所形成，身、口、意三業絕不失誤的。身體要具足四種威嚴，行、住、坐、臥，四儀具備，這是功德相。要度衆生得知道衆生的根，佛說法是知機的；我們現在大家學習，誰也不知道誰的根機如何。以口解說的是辯難的教化。意業，就得知道眾生的根機，意業屬於心輪了。知根者知機者，知根就是對機說法，如音隨響，使他能夠得度。

根機就像器皿，盛的量有大有小，就是眾生能承受好多法，傳授給他法的時候，沒有差謬的。諸佛菩薩教化的時候，應當攝受的就攝受，愛語、同事、利行；應當折伏的就折伏，那就是各種刑罰、口罰了，目的是讓他入正法，只有一個目的，讓他成就、讓他學解脫。

大家聽說過密宗的密勒日巴傳，他的師父怎麼折伏他？讓他一個人修八個閣樓，修好了又拆，拆完了再修，把他的背都磨爛了。那些是知機的大德，他教化眾生的時候能對機。佛就不用說了，這些大菩薩都是對機的。我們經常說感應，感佛的應，那得因緣成熟，沒有這個緣，你感也起不來。感不到，所以就不應了，感應感應就是你的行，你的意念，你的身業、口業、意業，跟佛的身口意業，乃至你說哪位菩薩的身口意業相合，相契入，感應才有。應攝受者一定能攝受，應折伏者一定能折伏。沒有攝受的因緣，也沒有折伏的因緣，感不到佛菩薩來教化。

一切諸法是因緣生起的，我們現在所說的這段經文都是佛的事業，普賢菩薩這些大菩薩的事業。現在只是種個遠因而已，想契入、證得，非常的難，還得多發願，多誦誦《華嚴經》，因種得深一點，果結得就大一點。我們現在講身口意三業，說到辯才，辯才就是智慧。我們沒有這個智慧，不是世智辯聰的辯，辯得起作用，得有效果。辯完了使人能開悟，那才辯得有意義。辯得使人成道，這太深了。要辨別能使他多少斷點煩惱，能使他精進不懈怠。能做到這個嗎？

現在講的是教化、攝受眾生，這是事。

證理位極

入法界藏。智無差別。證佛解脫甚深廣大。能隨方便入於一地。而以一切願海所持。恆與智俱。盡未來際。

我們現在達不到，得從淺入深。第一個要相信，因行，我們在因地當中修行；在修因的時候，因什麼而起，因怎麼起的？一定要證理法，我們沒有大智大慧，但是有小智小慧，你能達到一個信心。自從講〈大乘起信論〉以來，經常跟大家講，要信。佛法無論多深，唯信能入。相信自己是毗盧遮那，現在我們講的果德，就是毗盧遮那是修成了，我們本具足這個，要相信。現在我們相信自己的心跟毗盧遮那的心，乃至普賢菩薩的心，一切眾生的心，平等平等的，諸經論都這樣說。「心佛與眾生，是三無差別」。我們現前的心跟一切眾生的心，跟一切諸佛所成就的佛果的心是一心。我們自己在理上說跟毗盧遮那無二無別，要相信這個心，這是根本。

現在我們最起碼的要相信因果。不要等到果上恐怖了，或者病苦，或者壽命要盡了，或者遇著有生命危險了；這是果，是我們前生自己做的。我們經常說業障業障，業是你自己造作的。你自己能造作，自己也能把它取消，你心造的，心造用心來懺悔就是了，別造了，你自己能把這個障礙取消。你每天在這個社會上，你看著，就是起因感果，果上又起因，又感未來的果。現在的前因沒還完會受果，受的時候難過，受不了。

我在美國有個弟子他跟我說：「師父！我這個車禍出的才怪呢！」我說：「怎麼個怪？」他說：「我車停在那，後頭來個車子撞我了，把脳脊骨震傷了，到醫院治了三個月還沒好。這是什麼因果呢？」我說：「那個開車的人跟你可能是有因果的。」什麼果呢？前生無意當中傷害到他了，今生應當還報。

如果善心猛利，能轉變過去的果，相信嗎？當你落髮出家，爲什麼見到廟或者見到僧人你特別喜歡？爲什麼你想出家？這是因。這個因可不是你現生的，是你過去修行的。

你今天能夠聽到《大方廣佛華嚴經》這部經的名字，還不說甚深義理。這個義理如果你看書，就像看天書一樣，你不會進入的，依著它修行那你更茫然了。相信自己是毗盧遮那，恐怕我們現在講一千遍、一萬遍，你自己還是打退堂鼓，還是嘀咕：「我怎麼能是毗盧遮那？我是業障鬼。」每個道友都這麼想。一修行，障礙很多，一下子想靜下來吧，靜不下來，不是散亂就是掉舉，不是掉舉就是昏沉。但是你能聞到《大方廣佛華嚴經》，你的善根就不小了。再能學習，學習就是進入，就是投入，投入之後就是新因。這個新的因，一定能感你毗盧遮那的果，要相信這重因果。

你現在聽到這種講解是不大明白。我們隨便拈一個微塵，隨便拈一根頭髮，頭髮尖上就是一法界，三千大千世界就在這一頭髮尖裏頭。「於一毛端現寶王剎，坐微塵裏轉大法輪」，信嗎？我講這種因果，就是讓你信，現在我們連信都沒有。信完了之後，能夠去求理解，信而後理解，解了之後就照著你所解的去做，就叫行，你行完了就能證得了。證得了你就解脫了，雖然不能入法界，你現在能這樣的信就不容易了。

你怎麼能進入平等眞如法界藏？它有五種涵義。第一個是「如來藏」，我們現在都具足如來藏，就是我們理性上含藏無漏性功德。但是他在纏，在困惑業當中，沒有顯現，沒有大智慧；沒有智慧你不能理解，不能進入、證入平等的一眞法界。我們這個如來藏含藏著什麼呢？含藏著如來。

第二個是「自性清淨藏」，雖然是在纏，在煩惱當中，在貪、瞋、癡、慢、疑、身、邊、戒、禁、邪十使煩惱當中，是被纏的，纏而不染，因為你的自性、本性是清淨的，這叫自性清淨藏。

第三個是「法身藏」，你自己的性體具足無漏性功德，含藏著無漏性功德，不假修爲，你證了果才知道是原來本具，是一切功德所依的。

第四個是「出世間上上藏」，一遇到《華嚴經》，一發心你信，只說個信，功德就無量了。這個信就是上上乘了，超過二乘了，超過通教的菩薩。上上藏這個理法，這是大乘的平等眞如法藏。

第五個是「法界藏」，藏是含藏義，像寶庫一樣的，通於你過去無量劫的因果，因因果果，果果因因。現在我們所現的是過去的果，染就是所有造的貪瞋癡慢疑了，犯戒了，一切罪過，無量劫來造了很多。但是它也有淨，你還做了很多的功德，不然你怎麼能遇到《大方廣佛華嚴經》呢？你學戒律，學很多佛法，乃至你落髮出家，在家二衆優婆塞、優婆夷，能遇到佛法。

剛才有些道友，沒進來就走了的，有的走進來了，坐在這聽一聽，有的看一看，走一走。他看一看也種個善因，他種的善因很淺，沒有進來聽一聽。但是有這個因也不容易，但是得信，不信什麼都沒有。

法界含藏義，通一切世間的染法，通一切出世間的淨法，都含藏在裏面。染法是心生的，淨法也是心生的，心生種種法生，通一切的染淨，通一切的因果，也含藏無量恆河沙的本性所具足的功德。這五種都叫藏，如來藏、自性清淨藏、法身藏、出世間上上藏、法界藏，我們都叫法藏，藏是含藏義，藏也有收攝義。法界藏這個義理非常之廣，你要證入了，必須得無差別智，契入眞理，證得了，理具的，這叫平等性藏。以無分別智，契合平等性藏，這樣你就能得到跟你名實相符的毗盧遮那。

昨天講的跟今天講的很深，平常很少聽到，我們思惟力量也達不到的，爲什麼呢？因爲這是純理性的，我們的心被妄所遮蓋了，被境所障礙了，心不能轉境，心不能轉境就跟這個藏不能相契合。無相法門非智莫入，少智入不了，這是華嚴境界，一乘的果上法。必須等你明白了。明白什麼呢？明白我自己本具的如來德性，智慧藏都具足，你把它挖出來就是了。

但是挖出來的過程，要經過無量劫的時間。你現在因種上了，因一定能感果。特別是華嚴義，就說你只要聽到，不說你來讀，不說你來聽解說，這是無差別平等的。平等的意思，是無論境也好，智也好，智是理法界，境是事法界；然後達到境轉成智，智即是境，境即是智，這叫理事無礙法界，理全變成事，事全是理，這就叫事事無礙法界，這才叫眞正入法界。事法界合而爲一，就是一眞法界，一眞法界能攝一切。

「入法界藏。智無差別。證佛解脫甚深廣大。能隨方便入於一地。而以一切願海所持。恆與智俱。盡未來際。」這一段經文說明了證得的理，就是證得佛果了。「位極」，成了佛果達到理法界之頂點。證了理法，是以什麼證入的呢？是以智證入的，證入平等一眞法界藏。我們昨天講的五種：如來藏、自性清淨藏、法身藏、出世間上上藏、法界藏。證了法界藏，就是圓滿究竟了。能入者是智，所入者是理。無差別智是平等性智，證入了所具的眞理，契合眞理了，這時候理和智一如。但是，要知道沒有能證的智，也沒有所證的理，冥合一體，所以說沒差別，這就是無相法門。

能入之智無所入，所證之理無理可得。智即是法界，證得的理也是法界，能所不二。能證之智跟所證之理，冥合而為一體。但是，這個智不是平常我們說的分別心的智，那不是智，那是識，這個智是大圓鏡智。因為它契合理了，理徧故、圓滿故，智也圓滿也徧故。理就是如，如如不動的寂體，智為能入，如為所入，能入之智也是如，所入理體也是智，智即是理，理即是智，這種境界是佛的境界，我們講的是佛的果德。

沒有「如」以外的智能證於「如」，沒有能所的。經上說等同一味，但是有沒有個智呢？沒有。智相盡了，智是光明義，光明的相盡了，智如一體了。能令相盡的這個能是什麼呢？就是圓滿淨智的那個能。怎麼能進入的？怎麼能相盡的？能令那個智相盡的，它是不無。相盡了，還有智慧存在嗎？沒有！智相盡故不有。能令相進入無相體的，好像是有，這個有不是有，是理智契合的意思。

心能轉境的時候，境同於心。說深是很深，說淺就是你日常生活當中，你對事情熟練了，不假思索、不假作意，你的東西擱哪兒，信手拈來，沒有個作意。義理，你可以從淺的入深的。說智相盡了，沒有；與理相同一味了，又不無。能令智相盡的，不無；智相盡了，不有。智是有功能的，它能反照著智。《心經》上「照見五蘊皆空」的那個照，照是智，五蘊本不存在，那個空是理。這個智，不空，說的是眞智；不有，是說的俗智。智相盡了是不有，智跟理契合等同一味，又不無，能令智相盡的那個，能令是不無。智是有功德的，反照的時候是空的，不取於智，不在智上起執著，這叫眞實智。因此在境上，眞常在而不礙，眞偏於俗，就是理偏於事，所以事恆是事，理常偏故。

再用另一種語言顯示，智不礙寂而恆照。寂是定，不動義；智是照，照是動義。它不礙這個不動而恒照，動即無動。再這樣地說，境是境，智是智，不是一個，智跟境是兩個。境不礙俗諦，常時是眞的；智不礙於照，而恆時寂。照跟寂兩個融到一起，智融於理，理偏於智，無差別故，就是理智一如了。

約眞理來講是寂的，順著寂相來說，俗諦是流動的。經上這麼幾句話，這麼一講好像很深似的，我們講〈起信論〉的時候，好像還能夠理解，你把那個意思往這上面理解一下。我們在修信心分中講，修行信心得加上止和觀、定和慧，起個信心都不容易，也得止觀雙運的。你分析一切相，一切相不存在，這就含著止義，對一切境界相，觀它是空義，然後又起觀照，這是照義。空義是止，照義是觀，觀照同時，觀所有一切的因緣起滅，因緣的生起和因緣的消失。

人家說因果能轉不能轉？就像我們現在都出家了，我們的業能轉不能轉？在這裏頭發生了很多的業，我們把它都轉了。舉個例子說，大家都是比丘尼、比丘僧，你們都沒有男女因緣嗎？沒有夫婦因緣嗎？它轉了，那個緣停了，這個因生起了。至於果，等你慢慢修，還沒成；但是就這個因緣果，你可以理解了，不要講甚深的。你出家的這個因，將來你成得佛果，不受於世間輪轉苦難，這不是轉了嗎？能轉移還是不能轉移？有的出了家又還俗了，爲什麼？他的業又發現了，轉不動了。他轉轉轉的碰到障礙，障礙了就停了、不轉了。你看開車，那輪子開起來轉呀轉的，噢！出車禍了，或者撞到石頭什麼的，一下子停了、轉不動了。那就是你的業太重了，給你止住轉不動了。法由心生，心由相轉，依著相，他就轉不動了。

我們講〈起信論〉，講到如何修習止觀，說隨順毗婆舍那、妙奢摩他義。隨順止觀的涵義，不依形色，形色就是境，又不依於空，不依於地水火風，乃至不依於見聞覺知，不依氣息，不依一切諸相，隨你的念頭消除，不去想它。一切法本來也沒有想，是你的妄念加上去的才有想。你這個來往之相不生起，不去執著它，不去用你的見聞覺知去想那一切諸相。相從念出，沒有這個念頭，相也就沒有了，這就叫止，就止住了。

一切法本來沒有想，一切法本身有什麼想？想是你加上去的，你在想，它本身並不想。你不生起一些念，一念一念，念念相續，讓它念不生，念不生也就不滅。

不隨你的心去想外邊境界，外邊境界就沒有，用你眞心觀知的那個觀，除你妄想心這個妄心，妄除了眞也不在了，妄是對著眞說的，眞是對著妄說的，你除一邊，另一邊不存在了。

當你沒有我相的時候，沒有人相也沒有衆生相，那你先把我相除了，先從你的念頭想起。你若心太散亂了，東奔西馳的，那就是妄。那你用淨念的眞心止妄心。妄有大妄有小妄，用那個妄心輕的止那個妄心重的，然後再用眞心止你的妄心，用無念止有念。這樣修行久了，念念不生了，念念不生念念也就不滅了，它也不隨你的心轉了。

外邊境界是因爲你的分別，境界相你越分別越多、越想越多。很簡單，如果你今天，或者這兩天有什麼事了，本來你在這裡平平靜靜地修行、學習，家裏頭或者打了電話了，或者你收到一封信，說媽媽害了不治之症住醫院了。今天晚上你睡不好覺了，心裏到家裏去了，就不在廟上了。如果你對這種境界相是修有功力的，你不被外邊境界相所轉。收到信了，知道老媽媽有病了，我念念佛給媽媽迴向迴向吧！用這個念頭給她迴向就止住了，不作第二念，不作第三念了，這當然得靠你的功力了。

一切世間的紛紜諸相，收到一封罵你的信，要找你的麻煩，或者要告你、要你怎麼樣的，你的心就動了。如果你心裏不動，「隨便吧！以妄止妄，到時候再說吧！」若能這樣看得破、放得下，都很不容易的。當你修行有功力了，管它好大的風浪，我永遠不動，不隨風而起浪，這叫止。

你若是關個靜室，住在靜處，不依外邊形相，也不依你的氣息，不依外邊色相、地水火風，不依六塵境界，也不依於空；心止境除，心若止住了，一切境就除滅了，這叫以心除心，既無自相也無外相。無自相是念頭，你念念想到不可得，一切無所得，你念念不可得，就沒有自相了。

好比我們下座、上座，這都是動相。去來、進止、言說，在這一切時常時正念，這是方便。你隨順觀察，天天上課，到這個時候來了，大家也來了，我們就講了，講完了就下來走了，走了各回各的地方，這是寂靜相。來的時候是動相，走的時候是寂靜相。

你怎麼樣來看？怎麼樣觀照這個？這都是方便。我們體上、心境上沒有，這叫方便。隨順這個觀察，觀察成熟了，去、來、行、住、坐、臥，了不可得；大家的一切動相都是唯心所現，都是我們的心所現的。如果心住了，怎麼住的呢？來無來相，散了也沒個散相，沒個來去相，沒個能說者，也沒有個聽者，一切都是因緣生滅，這叫因緣生滅。觀這個現相的時候，你的心止住了，能止於無相。

只修定的人，心裏容易沉沒，修著修著什麼都不想幹了。看看我們禪堂的道友，他什麼都不想動，翻經本、磕頭、禮拜，什麼事他都不想做，連吃飯、穿衣都不願意做了；定中沈寂，他唯有這樣才覺得舒服。我們在山裏住的老修行，幾年也不洗個澡，剃頭他嫌麻煩，刮個鬍子他嫌麻煩，鬍子、頭髮都很長，什麼都不管，這叫沉寂、沉沒。沉沒其實是懈怠，懈怠什麼都不想做了。

這個時候心中道力強的，達到止相、定相，心住的時候智慧增長，這是止的深沉。另一方面說，心住本非住，就變成懈怠相了，什麼都不想幹了。所以定寂的時候，必須得有觀，觀就是方便，常常念方便。方便是什麼呢？因緣生滅，一切善巧。止順於理，思想猛利漸漸入定了，這時必須得有教義，得懂得佛的教授。到了這種境界，外邊境界相止住了，內心不起邪念都是正念。當知唯心，一切諸法心外無境，境也是此心，這是沒有智相了。要知道念念不可得，念頭不起了。從座起來，進、退、舉、止一切都無念，都在定中。楞伽常在定，佛說四十九年法，都在定中；七處九會剎那際，都在剎那際的定中；但是，必須念念不可得的觀修成熟了，心才能住得住，不然心住得住嗎？住不住了。因為心住了就漸漸入了三昧，心止了才生出定的智慧，那智慧的觀照，觀照一切諸法是不生不滅、不垢不淨的，這個智就是我們所讀《心經》的「照見五蘊皆空」，這樣才能寂靜下來。

寂靜下來還得防止心的沉沒，沉沒容易起懈怠，懈怠什麼呢？大慈悲心也沒有了，樂集一切諸善法也不去集了，遠離大悲了。因此必須加上觀力，這觀力就是照，觀就是智照。觀於一切世間有無之法，不能久停在「無得」上，「無得」是無不得的意思，須臾變換，「心行」，心的行動要「專念於止」，先除掉一切所有的思量，那你就觀察應做不應做。

止寂的當中要生起觀照：「我不能常時這樣下去！」還得「諸惡莫作」、「衆善奉行」。雖然念諸法自性不生，還得念一個因緣和合。常時觀照諸法自性不生，還得念一個因緣和合，諸法不生因緣法還是不滅的。欠錢還得還人家的，你修成佛了，所欠的因果報應還得如是還。佛不是都永斷了嗎？佛的化身，示現生到迦毗羅衛國淨飯王家，他還得作人家的兒子還得度人家，這就叫因緣法，「因緣所生法，我說即是空」，因緣法也是空的，空的也得還，還了還是空的，還不還都是空的。

現在大家出了家，遁入空門了，我們的門有一個是正門，兩邊都有一個方便門，那叫善巧方便，中間是空門。有的是般若門、解脫門、空門；有的是方便門、善巧門、空門。由空而起的方便善巧，由空而產生的智慧，這個涵義就告訴我們，只有止是不行的了，還要有觀。

毗盧遮那佛成的是法身佛，成了佛之後，爲什麼要說《華嚴經》？說《華嚴經》的目的是什麼？還是有所爲；這個有所爲是無所不爲，無所不爲還是無爲。聽了佛教所說的話，好像怎麼說怎麼有理，無頭無尾、無始終、無內外、無大小、無方圓。雖然念諸法不生，但是還要念因緣和合。善、惡、苦、樂是空的，但是它不失不壞，因緣不會失掉的，也不會壞的。

依〈中論〉的教義：「諸法不自生，亦不從他生，不共不無因，是故說無生。」但是華嚴義就不這麼說了，諸法不自生，因緣和合。因緣和合這一切都圓融，因緣和合的時候即是不生，生即不生，不生而生，生即無生，這樣觀照。因緣和合是觀，自性不生就是止，這叫止觀雙運，理智和合，就是剛才我們所講的等同一味。這叫什麼呢？智相盡了就不有，能令智相盡的不無，講這一段就是解釋這個寂。圓教的止觀，觀中裏頭就有止，觀就是止中的觀；止中也有觀，都是止觀雙運的。

例如度眾生好像是有，實際是空的，眾生是空的，能度眾生的也是空的，一切皆空。空而不空，又建立一切法，一切法有，有而不有即是眞空，眞空不空即是妙有。以這種觀力這樣來理解，用言語說出來沒什麼作用，告訴你這個方法，依著這個方法你去做，去思惟、去修。

懂得這個道理了，奢摩他、毗鉢舍那止觀雙運的大力，你就能夠進入一點。如果沒達到佛的究竟果德，這個照不能叫照，照眞不是照。照眞不是照，就不能定；照俗的時候不是照，就不能寂，必須得照眞的時候觀想止，照俗的時候觀想寂。照眞的時候不失於照，照俗的時候不失於眞，不失於寂。

這些道理在文字上聽起來很深，放到日常生活中去理解，你做熟練了，熟能生巧，也不要怎麼樣作意，也不要再去想什麼方法，順手而來，迎刃而得。你看會炒菜的，他不會心裏有嘀咕：鹽加多了，鹹了；鹽加少了，太淡了。哪個菜配哪個菜才好吃，米摻好多水才煮成乾飯，你若多摻點水呢？成稀飯了。這個好像很簡單，誰都會，卻也很難。你讓我去做，講經還可以，我講得通，你讓我做飯做不通了，不是水摻少了，就是水摻多了；再者就是火大了燒焦了，火小了沒燒熟、生的，人家怎麼吃？不入一行，不得一行的智慧。我們說得這麼深奧，寂照、照寂，你也不知道怎麼樣照，怎麼樣寂，你照也照不來，寂也寂不了。寂就是定，定就是什麼事不動心，這該會了吧！不隨便動心，不隨便煩惱。

我看我們有很多道友帶著小孩子，有的道友，小孩子怎麼鬧她心裏不動的。因爲她見慣了，小孩子就是這樣子，司空見慣，沒事，天天如是見。你讓我們這些和尙、這些比丘尼師父帶個小孩子，小孩子一鬧不知道怎麼哄他，我們沒有經歷過。小孩子一鬧，他煩的很，什麼也幹不下去了。居士就不同了，因爲她帶小孩子帶慣了。這是什麼意思呢？習以爲常了，耳朵常聽這個，學久了道理懂了，道理懂了之後，身體常這樣做，心裏常如是想，口裏常如是說，你的身口意三業就轉變了。

像剛才所說的，約眞理的寂寥，這叫止，與止相順。你怎麼寂寥？恐怕連文字都還沒弄清楚，又怎能照他說這個說法去做？這就困難了。「未盡其源，以令照眞不得名照，照俗之時不即寂故」，「未盡其源」就是沒達到究竟的時候，你那個照不是照，照俗的時候隨著俗轉，照眞的時候，你還不知道什麼是眞呢！眞假莫辨，什麼叫眞？什麼叫假？這用圓融道理講，說我們的肉體是假的。肉體假的，爲什麼還要穿衣服？還要吃飯？假的，管他幹什麼？離開肉體、離開你的妄心了，你找個眞心、找個法身，法身在哪裡呢？你找得到嗎？要修《華嚴經》「妄盡還源觀」這一法門，入這一眞法界；但是妄怎麼盡的？怎麼還源的呢？未盡其源者，照眞不得名照，照俗也不得名寂，要怎麼樣呢？盡其源才行。

你照眞的時候，沒有個能照、所照，能觀、所觀；若是有個能、有個所，就不名爲眞了，也不名爲照了。寂就是你定的時候，照眞的時候無照，這個照是智慧照，照什麼呢？照俗諦。觀照俗諦的時候，認識俗諦，俗即是眞。至於你用理來觀一切事的時候，事即是理，因爲你跟理相契合了。跟眞契合了，妄自然就止住了，你不要斷而自斷。觀是指智慧運用，當你利益眾生的時候，不要眾生報恩，也不要眾生感謝你。

佛沒有這個意思，佛利益眾生的時候，無生可度。利益眾生，即非利益眾生。說「眾生度盡方證菩提」，眾生有盡嗎？眾生界不盡的，永遠如是。再進一步說，眾生有嗎？有眾生可度嗎？有法可說嗎？這個就深了。但是在華嚴義，把這個意思都轉化圓融了。無眾生可度，常度眾生；無法可說，永遠說法不斷；成了佛又示現眾生說，他是度即無度、說即無說。

這個意思就很不容易理解，說你用言語度眾生的時候，跟你沒有用言語度眾生的時候，平等平等。像我們念《心經》，「觀自在菩薩照見五蘊皆空」，爲什麼用「照」字而不用「智」字？「照」字就不是作意的，不是有意的照，是自然的。照即無照，用什麼呢？觀力故。觀見一切五蘊色法本來就空的，他現五蘊色法，現即是妄，妄即是眞，眞由妄顯，妄從眞生。境不能照，境不能照境，智有照，用智照境。智照境不是有分別的，是寂的。有智、有照、有境，看著是異，這個異不異，不異就是同了。境和智，境是外境，智是心裏照。

說同，智即是境，境即是智，智境相同，唯心所生，心無彼此。達到無心了，什麼都沒有了，妄心與妄境契合了，一切皆是妄，這是同。

說異呢？照還不失於照的功能，智慧呢？草木無情，木石無情，智是有情，智是眞照。但是這個說的是眞智，證了理了。證理看一切境都是寂靜的，智與境，常寂而常照，常寂、常照就是這個意思。當你證得理體，你就知道了，境和智非一非異，能照跟所照合一，能作跟所作合一。我們經常說諸法無生無滅，也沒有生起也沒個滅。我們讀《心經》、讀《般若經》、讀《金剛經》都知道這種意思。讀《金剛經》就更明顯，無生無滅而示現生滅，雖有生滅知道它是不生滅，說是「有惑故」，因爲有迷惑才有個智慧顯現，智慧對著迷惑。因爲有而說無，因爲無才說有，有知不是無，無不是有知。

諸佛菩薩的心是寂靜的，衆生有所求他都現，衆生有所感他都應；因爲寂故才能現，若不寂就現不了。他那兒很忙，你找他辦點什麼事，他辦不到的。因爲他永遠無事，永遠寂靜的，誰找他都應，這個道理該懂了。因爲你無知，無知就無，不知道還不是沒有。有知，知得究竟了，才知道諸法無；那個「無」不是我們這個「無」，迷惑了有知，不迷惑了無知。不迷惑的無知是什麼呢？知一切法都如是，「無知」，不再起知的念了。那是什麼呢？知道無，知道無並不是無知，這個無知是什麼呢？般若之「無」也。以般若智慧的光明照才無，這是眞諦的無。

俗諦的無就是世間說：這個東西消滅掉了、沒有了。說這個人死了，死了沒有了。譬如現在有人做錯事跑了，他更名換姓改個名，原來那個名字沒有了，現在這個名是假的，他這身體是眞的，但是把他身體逮著了，一切假名都不需要了。他不知道這個身體也是假的，假名爲他的肉體，這個道理要思索。

迷惑了，有沒有智慧？智慧還存在不存在？我們墮六道衆生了，還有沒有佛性？就是這麼個問題。諦有眞諦、俗諦、中諦，觀有中觀、假觀、空觀，三諦三觀。佛教的名詞很多，但是它有分別的。照俗諦的時候，這叫後得智；照差別之境的時候，就要融開眞俗二智所照的。境和智，境有眞有俗，有眞境、俗境。智呢？有權智、有實智，你光分別這個也要分別很久。俗智是照事的，眞智是照理的，境有差別，智沒差別，境智有差別。境是屬於外邊的客觀的現實，但是客觀現實不是眞實的。

眞實的是什麼呢？是我們那個不動的、原來本具的眞心。我們所做的事，有眞事有假事；如果以我們學佛人的觀點看，全是假事沒有眞的。現在不是說有冒牌貨？說眞貨呀！假貨呀！其實全是假的，這是用另外一種觀點看。境有眞境，什麼是眞境？有俗境，什麼是俗境？俗境我們都能懂，眞境你就不懂了。眞智、俗智、權智、實智，我們就分不清楚了。所以必須先把這個學清楚。

眞融於俗的時候，眞就隨著俗諦，而眞並沒有消失。俗隨眞諦的時候，俗也變成眞了，境是眞俗不二的境。再說深奧一點，智即是境，境即是眞，一切萬法皆由心生，「心生則種種法生，心滅則種種法滅。」我們靜下來的時候叫寂，運動的時候叫智、叫境。

我們初學華嚴，爲什麼要住佛學院？先清楚佛教的術語。爲什麼近幾十年來講解《華嚴經》的很少？因爲這部經特長，時間需要太多。名詞雖然非常的廣泛，最終又攝歸於一，叫一眞法界。攝進來的時候是一眞法界，叫大總相法門體，這很容易進入，因爲單一；開放的時候，盡虛空徧法界所有一切事物，都在這一心當中，「無不從此法界流，無不還歸此法界。」

收的時候你容易懂，爲什麼呢？少。我們是喜略不喜廣，越單純越好，腦子就不願意複雜。等同一味，聽到非常高興。匯水有百川，就不大理解了，因此學《華嚴經》就得有耐心。什麼叫眞？什麼叫俗？什麼叫眞諦？什麼叫俗諦？什麼叫中諦？什麼叫空觀？什麼叫假觀？什麼叫中觀？如果沒有弄清楚這些名詞，你學《華嚴》非常的困難；現在所講的是佛的果德，果德離我們距離太遠太遠了，這是約複雜的方面說。

約究竟方面說，就是我們自己本具的，相信自己是毗盧遮那，這就是本具的。這個本具的現在迷了，不得顯現，要把它復原。復原不容易，時間是無量劫。迷得淺的覺悟快點，迷得深的覺悟慢點。我們不是要解脫嗎？要自在嗎？在〈佛不思議法品〉裏，一念之中就建立三世一切諸佛。現在我們坐這不曉得有好多念，一念中建立過去、現在無量劫的一切佛事。玄不玄？說玄說妙，這就叫妙。這怎麼建立的呢？在〈佛不思議法品〉我們再廣講，現在略說一下，所有你的生活習慣，包括吃飯、穿衣、屙屎、撒尿，全都算上，都是「用」、都是眞的，這個就微妙了。

我們在初學教義時，說這都是假的，這叫生滅法；在《華嚴經》說，這都是眞的。甚深難以理解、廣大無窮無盡，是以如來的願海所相持的，舉一地攝一切地，舉一法攝一切法。「在於一地，普攝一切諸地功德」，這是印度話說的；若在此方呢？就把它翻譯成「能以方便，隨入一地，以願海力，攝持一切地」，開合不同而成兩個的解釋。爲什麼呢？印度的習俗、生活習慣，跟我們這邊生活習慣不相同，要想文和義都不乖實，那很不容易。只要在道理上通了、會得了，就可以了，不必廣引證很多，引證多了大家不能進入。譯經的時候，譯場當中的爭執非常大，下個筆、定個義很難的。

「建立一切三世諸佛事」，這總說起來非常的廣，乃至每個證得的地位。就果德上說，普賢菩薩的身徧於六位，信、住、行、迴向、十地、十一地的等覺妙覺，那是普攝一切功德。若隨順此土的方言或印度的方言，這以下就有很多的解釋，我跟大家略微介紹一下。

在晉朝剛譯經的時候，道安法師就作了這樣的預言，說翻譯的時候，有五種失掉原來的涵義，叫五失；還有三種不易，五失三不易。道安法師的弟子僧叡，在給《般若經》寫序的時候，他就說五種失本，五種失於本來的面目。說梵文按義理來譯，若要順從秦朝的文字，就失掉本來的意思了，這是第一種失。

印度注重事實、注重質量，不重於文字，中國注重文字，若要把文字要翻譯得很好，四六排偶，結果把義理失掉了，這是第二種失。

佛說法的時候，重複又重複，重複又重複，怕衆生不理解，怕衆生不能進入，叮嚀又叮嚀，囑咐又囑咐。你看《金剛經》，反覆的說，我們翻譯的大德嫌它太繁了，都把它割掉，說舉一個就行了，他不知道佛說的時候，重複有重複的涵義，這樣一割裂、不要了，又把本來的意思給失掉了，這是第三種失。

梵文說的是義理，我們沒有相當的文字，就尋找詞句、用很多的文字來形容，反而把本來意思給失掉了，這是第四種失。

第五失呢？正文的涵義、說的道理給失掉了，又旁引別的，光注重旁引的，這叫五失本，五種失掉本來的面目，失掉本來經意。

三種不易呢？「般若經三達之心，覆面所演，聖必因時，時俗有險易，而刪古雅，以適今時。」把古雅的文字，兩千多年前那個時候的事，要把它翻成現實的語言、現實的意思，失掉原來的意思，這是一不易。

一個智慧，一個愚癡，有天壤之別。那時佛剛去世、剛圓寂，結集經藏的時候，大迦葉尊者聚集五百有神通的大阿羅漢，由阿難誦出經文，然後由大家來評論，說佛當初說這個經的涵義是什麼，迦葉尊者請的五百尊大阿羅漢，都是六種神通具足的來結集這個經典。現在距離唐朝譯經的時候，又隔了一千年了，那時候都是阿羅漢，我們的翻經者是凡夫。一點小文字，大家斟酌，這就出入太大了，這是二種不易。

現在根據前頭五失本，要把梵文譯成秦文，應該好好愼重。唐朝譯經的譯場三千多人，我們後來的翻經者，一個人坐在屋裏頭翻，即使是聖人也不可以，更何況是一般凡夫呢？這是三不易。

我的道友法尊法師，我們在拉薩住的時候，他翻《菩提道次第廣論》，《菩提道次第廣論》是論不是佛經，我跟他開玩笑說：「三千多人翻都有三不易五種失，你一個人在屋子裏頭自己翻？」他說：「勉爲其難吧！現在沒人翻怎麼辦呢？翻了，多少懂一點。」

這道理是對的，但是古來，特別是《華嚴經》，唐譯的《華嚴經》跟晉譯的《華嚴經》就有出入。大概有這麼一段經意，說一個人初發心的時候，初學道的時候，初發心時便成正覺。經文裡頭有這麼一段，說是你發心就是佛了。晉譯說：發了心「即是」佛。唐朝翻譯經的人認爲，說初發心的人即是佛，那佛果就亂了，應說你發了菩提心，「當得」成佛。這個「當得」，跟「即是」兩個意義相差就大了。每一部經裏頭，都會有這種涵義，讀佛經的不可不知。爲什麼會有呢？「離經一字，即同魔說」，這是古德說的。那翻譯的時候又怎麼翻呢？怎麼定的字呢？這個字不是佛說的字。那麼都離開了嗎？如何解釋呢？說「依文解義，三世佛冤」，依照經的文字來解釋佛的意思，那是佛的冤家。

若離開文字來解釋佛意，怎麼解釋？說離經一字不可以，依文解義照著經義上說也不可以，究竟該如何？這兩句話的涵義，是說你學佛者不要執著，不要執著文字，也不能離開文字。學佛，佛怎麼做的，我就怎麼去做。佛要你懺悔，要你相信因果，你相信因果這就對了，不能離開佛的教誨。

現在的人不照佛所說的去做，不照佛所教誨的去做，而且是根本沒體會佛意。佛這段說法，這個會說法，什麼意思？度的是哪些人？哪些是當機的？從這裡用你的智力，用你的觀察修行力。

比如說在《彌陀經》，佛叫你念阿彌陀佛，求生極樂世界。《彌陀經》上這樣教導的：相信六方佛的加持、相信極樂世界確實存在的、相信生到極樂世界就能直至成佛，要建立一個信心，教你念阿彌陀佛怎麼念的？「若一日、若二日、若三日、若四日、若五日、若六日、若七日，一心不亂。」問題在「一心不亂」上。你念一天就死了，死了就往生極樂世界了，爲什麼？能夠一心不亂。念七天，你的心還在亂，生不到的了。還有是六方佛的加持力，這個你要記住，我們的自力是不夠的，但是諸佛能把我送去。你得建立信心，當你要往生的時候，你就默念：「六方佛加持我，我雖然沒有一心不亂，但六方佛會把我送去的。」

經上佛所教導的，有很多涵義，你不能鑽牛角尖，好好體會一下經的意思；你要體會經的大意，不要在文字上去計較。前頭形容西方極樂世界的境界是殊勝的，跟你現在這個苦難的娑婆世界是不同的，在那個地方生起欣樂心，在此土生起厭離心，厭離這個地方，要到那個地方去，說那個地方怎麼好，怎麼好。

我看見報紙上經常有偷渡的，一次一、兩百人，三、四百人，總是有一、二十個人在偷渡的過程中死亡。若把這種想發財、求掙錢的心，轉變一下，求生極樂世界，我看都得度了。爲什麼？這叫業，淨業難成，染業自己使勁往裏鑽，鑽得非常誠懇。

勝進果行

了達諸佛希有廣大秘密之境。善知一切佛平等法。已踐如來普光明地。入於無量三昧海門。於一切處皆隨現身。世法所行悉同其事。總持廣大集眾法海。辯才善巧轉不退輪。

你學法的時候，學任何深奧的經，還是得會入你的日常生活當中，深義淺出，淺意深理解，你先得進入。至於了達諸佛的廣大秘密之境，善知佛的一切平等法，已踐如來普光明地，處於無量三昧法門，一切處隨所現身，就是隨你現什麼身，你所行的都是世法所行，就是世間法。這還有個秘密，「悉同其事」，就像我們大家所說的密宗，「總持廣大，集諸法衆，辯才善巧，轉不退輪。」

我們也講秘密，大家都會念「嗡阿吽」，這是密宗的。「嗡阿吽」是什麼意思呢？我們把秘密解釋一下吧！「嗡阿吽」是身、口、意。說現在我們的身、口、意，就是諸佛的身、口、意，這就是秘密。《法華經》上說：「一稱南無佛，皆已成佛道」，說你到了塔廟裡頭，看見佛像了，一稱南無佛，南無就是皈依，一稱皈依佛就已成佛了。這跟《華嚴經》上所說，你聞到這部經，相信這部經，你就成佛道了，意思還是一樣的。

在這裏頭就含有密意，「嗡、阿、吽」是用咒語來顯現，說皆已成佛道。這個意思要大家去理解，大家知道佛所說的法，最了義的、最究竟的就是《華嚴》、《法華》。初成佛時說《華嚴》，入涅槃時說《法華》，願一切衆生都成佛。這是秘密。怎麼成？一稱南無佛，就成佛道了。你成天的念「嗡、阿、吽」，念「身、口、意」，這有什麼涵義呢？這是用你現前的身、口、意轉變成爲諸佛的身、口、意，中間這一轉的，這個就叫密。

還有，一個密咒都含有好多種義，所以不翻，一翻就失掉原意了。「波羅蜜」不翻的，你就念波羅蜜好了，明明是到彼岸，你翻「到彼岸」！「到彼岸」就是此岸到彼岸，當世俗講會了。但是不翻呢？你就研究研究吧！它還有別的涵義，就是「成佛」，「成佛」，大家都成佛，它含這個意思。西藏沒有不念「嗡嘛呢叭咪吽」的。什麼涵義呢？它是蓮華，而且還是白蓮華。你一天念「白蓮華、白蓮華」，誰也不念了，念「嗡嘛呢叭咪吽」他念啊！因爲他不知道啊！那白蓮華有什麼涵義呢？秘密，在淤泥而不染，清淨潔白，永遠清淨潔白，但是生在污泥裡頭。這秘密是說你在六道輪迴，能夠清淨無染，這就是佛。

《華嚴經》是密教的發始，裡頭所含的意思非常廣泛，說諸佛廣大深密的境界，現在我們講這個就是揭開《華嚴經》的秘密。所有的各種教，無論大小，都從《華嚴經》而生起的，顯密、遠近，都從《華嚴經》而生起的。《華嚴經》的每一段都含有這個意思，爲什麼先講果德呢？果德就是秘密。凡夫要想瞭解佛的境界，這不就是秘密嗎？就是理解佛的秘密，理解這個秘密了，就按照這個秘密道上走，依著這個你也懂得秘密了，你也就成佛了，得了究竟秘密了。但是，得把你的身口意轉一下，轉變成佛的身口意。

我們吃飯時都要念「嗡阿吽」，什麼意思呢？雖然有個肉體，肉體是假的、是空的，那吃飯的這個嘴巴也是空的，也是假的，身體都是假的！以假對假，眞的在哪裡呢？這只是講吃飯，吃飯的時候還念個四言八句，先供佛、先供養三寶，然後再吃，還念幾個咒，顯密加持吧！我們顯教裡加個咒，一樣的。其實佛說法沒有秘密的，你不理解了就是秘密，你理解了就不是秘密。

懂得這個道理了，你再學《華嚴經》的甚深廣大，顯現佛的果德。這文字講起來或者聽起來，現在感覺很生疏，等你聽過十遍、八遍就不生疏了。你念也一樣的，你打開《華嚴經》，就入了法界了，毗盧遮那佛就在你面前，他是已成的，你是未成的，他就是你自己，毗盧遮那就是你自己，你自己就是毗盧遮那，合二爲一。現在不行，現在你就一分爲二，因爲你現在沒得到佛的果德，當然沒有佛的果德的用了。

現在你能夠四肢運動，口裏能說，心裏能想，你知道這也是秘密，什麼秘密？一害病了，你不能說了，天天吃飯胃口不消化、吃不進去了，那也是秘密。當你正常運轉、沒病的時候，無病一身輕，有病的時候，你才知道這就是苦，才知道你的身體是苦本。不害病你知道嗎？生、老、病、死，佛說這個很玄很妙的，還是得回到你的生老病死上來。

你把生老病死看破、看空了，看沒有生老病死，沒有生老病死而能隨順生老病死的緣，隨緣不變，不變你的本性。在苦裏不苦，你能做到這部分就成了，生病了照樣能運用你的四肢百骸，說：「沒病！」病是假的。辦得到嗎？現在我就克服，老是假的！不老！眞不老嗎？跟年輕的就是不同了，人家拿得動的，你拿不動了；人家看得見的，你看不見了；人家聽得到的，你聽不到了，這是眞的。諦閑老法師他害病的時候很苦，他就出聲音哼哼。侍者就跟他說：「老法師，天天講假觀，假了它吧！」老法師就笑了：「觀是假的，痛是眞的，痛起來還是眞的，假不了了。」這叫業，懂得吧？你若把業轉了，你才假得了。

眞眞假假，虛虛實實，我們都被假的騙了，你自己還在作假，還在騙別人？就是這樣，你假的騙我，我假的又騙他，大家互相欺騙。那麼，學佛者就揭發出來了：「假的啦！」大家認識它，假的就是假的，假的眞不了，眞的不死不生不滅。不是假的嗎？假的當然要死了。病的時候你痛苦，因爲你沒有觀成假，假的還痛嗎？誰在痛？你觀感覺痛那個覺，你平常用用，痛會減輕很多，雖然觀沒成功，但是效果很好。當你痛的時候你觀，誰覺得痛？我平常爲什麼不覺得痛？怎麼現在覺得痛？你把注意力轉移了，找不到啊！誰在覺？覺在哪？你這方面一注意了，那痛就減輕了，眞正減輕了，你試試看吧！

現在我們講「了達諸佛希有廣大秘密之境」，這是約佛的果法而講的。

我們怎麼來觀諸佛秘密之境呢？佛能善知一切諸法平等，達到了圓滿究竟，入了普光明地，能隨處現身，只要有緣就現。什麼是諸佛秘密之境？諸佛的身口意是廣大秘密。我們的身口意呢？每一位都可以觀察觀察自己的身口意。

佛的身不是色身，非色現色，這是秘密；佛的言說，有時候佛用放光表說法，有時候佛說的時候，說即無說。佛所說法只是顯示而已，佛沒有說法，若認爲佛說法，這是謗佛。在《金剛經》裡佛跟須菩提說：「知我說法，如筏諭者，法尚應捨，何況非法？」這是口業；佛的意業呢？那證得無量三昧了，不是我們所能理解的，所以，佛的身口意都是我們不能理解的。

我們見著化身佛釋迦牟尼，報身佛我們就沒有這個因緣，也沒有這個福德。主要是報化，法身呢？平等平等，我們跟諸佛一樣的，這對我們來說也是秘密吧？我們每個人都有秘密，有秘密不對人家說，人家就不知道，我們自己也不知道自己身的祕密，我們不自知，佛是都知道的。

「了達諸佛希有廣大秘密之境」，這個境是境界相，這個境界相是沒有的。秘密境界相怎麼能知道呢？約佛與佛說，諸佛佛法道同，佛佛道同。這個到佛的究竟果位了，才瞭解的平等法，才瞭解衆生跟佛平等。我們也是諸佛，不過沒有開光、沒有修證，只是本具佛性，毗盧遮那跟我們平等平等，但是毗盧遮那具足無量性功德。他法以報化，他的妙用、德行怎麼顯現呢？在報身、化身顯現，報身、化身即是佛的法身。

我們的秘密是什麼呢？誰也不認識自己，秘密到這個程度。自己不認識自己，相信嗎？我說這話大家可能發笑，自己還不認識自己？就是自己不認識自己；若能自己認識自己了，你也能修行得有點靈氣了，修得差不多了，能夠知道自己。我們自己不知道自己的業障，你說我們的父母，說報父母恩，有的父母是冤家，你來討債、來報仇來了，不是報恩來了。這個涵義我們知道嗎？不知道。爲什麼有些不孝順的？對父母非常牴觸，因爲我們不知道三世的業，沒有智慧。我們用佛的境界來跟衆生的境界對照，沒有秘密。有什麼叫秘密呀？這個「秘密」所說的秘密，是因爲我們不知道，沒有智慧就都成了秘密。

希有的、廣大的、秘密的境界相，我們不知道。佛能知道一切諸佛都是平等的，能夠了達一切諸佛秘密之境。阿彌陀佛有阿彌陀佛的功行，他有他的願力，佛佛道同，這個道同是指理性上說的，我們現在講的純粹都是理性上的事。祕密境是無境界的相，都是說的佛的三業，佛的三業秘密我們不知道，我們連自己的秘密也不知道。我們的業、現在所受的報，現在我們又要造，造了果又變成因了，未來的果又不知道了，我們自己的秘密事也有很多啊！用這個義你去比喻，想諸佛的境界，不是我們能想得到的，想不到的就成秘密了。「嗡阿吽」就是佛的身口意，我們把我們的身口意轉成佛的身口意，不但念，還要去做。

像這種果的境界相，在我學習的時候，慈舟老法師就告訴我說：「你觀想就是了，念念經文就好了。」還有下文佛的海會衆，我們看見他是個鬼王，或者看他是個天子，實際不是的，這也是秘密。有些佛的常隨衆，經常隨著佛的，這些常隨衆是諸大菩薩。須菩提、目犍連他們經常在佛的身邊的，但不知道，他們也是常隨衆，是化身的常隨衆，報身的、法身的常隨衆，沒法瞭解了。我們只能從文字上的、意念上的，大家生起一種信心而已，相信佛已成就的果德，跟我們自己本身所具足的法身平等平等，在修爲上就不平等了。

我們現在是不知道，等你究竟成了佛，你才知道跟一切諸佛平等法，平等法是平等的法身。如來的光明、普光明，這是他的智身，入於三昧海門是佛的定身，是寂靜身，智就是教化衆生的智慧身，在一切處、一切時，佛是永遠現身的，不見是我們的業障。

佛能知道世間無量衆生的世俗一切事情，但是他是以理知的，知一切法，持無量義，這叫總持，總持一切法，持無量義。「集衆法海，辯才善巧，轉不退輪。」集衆就是要說法了，有兩種，一種是佛的演音、說法，像海一樣深，像海一樣廣，而且到法會來的大衆也是如海那麼深，如海那麼廣，這是指著法。佛以無礙的辯才轉不退轉的法輪，說法度衆生都是說究竟法義。

但是衆生不同了，怎麼不同了呢？舉兩個例子，一個是目犍連想找佛的音聲，這屬於口業；一個是舍利弗面對佛說法，他身在會場之中，不見佛、不聞法，如聾如啞。這是什麼涵義呢？有時候又說目犍連、舍利弗都是大權示現的，示現的就得像個示現的樣子，這說不知道的時候是裝瘋賣傻，另一種呢？確實也眞是不知道，那他示現的是不知道的聲聞身。

聲聞身是沒辦法瞭解佛的境界，二乘所不瞭解的，乃至於等覺菩薩所不瞭解的，這就是佛的祕密身口意。善知一切法，知一切平等法。善知就能夠知道諸佛的體性是平等的，法身是無二的。一切智慧佛佛道同，佛是平等的，佛的修德、具德，兩個都是平等平等的，一個是顯，一個是隱，隱的時候就叫秘密，顯的時候就是度衆生，度衆生是平等的，但是衆生的因緣、衆生的根機不同了。

諸佛自己的發願，他要成就哪一類衆生，跟他有緣者，就示現一個佛國土，他修行成就一個佛國土。阿彌陀佛化身示現的，跟釋迦牟尼佛示現的化身就不同，乃至藥師琉璃光如來，所有十方諸佛的化身都不同。因爲衆生的根機、衆生的愛好不同，衆生的過去因緣不同，就顯著諸佛有差別。阿彌陀佛跟釋迦牟尼佛就有差別，極樂世界跟娑婆世界就有差別，南贍部洲的跟北俱盧洲的就有差別。這一南一北，北俱盧洲聞不到佛法，他沒有那個緣，無緣佛沒辦法度，佛門廣大，難度無緣者，無緣度不了的。

緣有深有淺，有大有小，都是有差別的。約理法界上說沒有差別；約事法界上說，差別非常之大的。佛沒有秘密，眾生不知道的，就是佛的秘密了。因爲我們自己不認識自己，自己對自己還有秘密嗎？自己對著自己有沒有秘密？有沒有密意？你沒有這個智慧，不知道的事，那就自己對自己有秘密。你不曉得前生造了什麼業，今生受的這麼個果。我們一說到業字，大家就會到業障去了。業是造作義，你造作的有善業、有惡業。到究竟修道的時候，善業、惡業都不要了；善是對著惡說的，因爲善是對著惡的，惡是對著善說的，失掉一邊，另一邊就沒有了。

佛到成了佛，沒有惡也沒有善。佛的智慧能認識到，諸佛的體性是平等的，知道法身是無二的，智慧也是平等的，沒增沒減的，這是他的內證，外邊度眾生就不同了。諸佛的悲願不同，都是大悲普濟，他用這個方式度眾生。藥師佛就專治眾生病，他的願力不同；但是智慧平等，願力平等，德行平等。普應眾生之機，哪一類根機跟他有緣，他就度哪一類眾生。

在我們眾生看著好像不平等，實際諸佛菩薩是平等平等的；在佛菩薩眼光看我們，沒有什麼好的，也沒有什麼壞的，也沒有什麼可以救度的，沒有什麼不可以救度的。只看你有緣沒緣來分。有緣沒有？我們認爲這個人很好，在人間很好的，但是他不入佛門；我認爲這個眾生很壞，無惡不作的，但是他過去無量生跟佛有緣，度了他，他就成道了。壞人可以變好人，好人可以變壞人，好壞沒得標準的，隨著心念上的轉化而已。什麼是好人？什麼是壞人？什麼是可度的？什麼是不可度的？只是緣上起分別而已。佛門廣大，難度無緣之人，沒有緣沒辦法的。

我們就看念經、讀經，看我們諸位道友，你體會得到。他一念《藥師經》，非常地高興；念《彌陀經》，他簡直無緣，不想念。但是《阿彌陀經》也好，《藥師經》也好，都是釋迦牟尼佛說的。念阿彌陀佛的人，說阿彌陀佛好，有人跟我這樣講：「釋迦牟尼佛的這個世界不好。」我問他：「要不是釋迦牟尼佛說《阿彌陀佛經》，否則的話，你能知道極樂世界嗎？」

究竟說來，你是釋迦牟尼佛的弟子，念經要先念「南無本師釋迦牟尼佛」。釋迦牟尼佛加個本師，阿彌陀佛沒加，藥師佛也沒加，爲什麼？你是因著釋迦牟尼佛說法得度的，那你的緣呢？是跟釋迦牟尼佛緣深。釋迦牟尼佛給你介紹，能夠知道阿彌陀佛了，認知有個阿彌陀佛，認知有藥師琉璃光如來，沒經過釋迦牟尼佛說法你知道嗎？因此，你要知道一切法都是因緣生的，因緣生的又因緣滅。你過去所種的因，今生你入了佛法之門，最初是經過釋迦牟尼佛來度的。千佛出世、萬佛助化，一佛出世，多方佛來助化，就是幫助他來度化衆生，佛佛都如是。我們是沒聽到阿彌陀佛說法，如果你到極樂世界聽到了，阿彌陀佛又會勸你，你若想度衆生，到娑婆世界去，那個衆生最苦了。

這是我們的理解，經上沒有這樣說，我的理解是：想成佛必須得度眾生，不度眾生成不到佛。普賢菩薩的普賢行，〈普賢行願品〉就告訴我們了，眾生是菩提樹的根，根若是得了水，得了大悲水灌溉，才能滋生、成長。若沒有眾生，就沒有諸佛，眾生跟佛平等的性，平等的法身，佛跟佛更是佛佛道同了。他們的德行沒增沒減，所以叫善知。

我剛才講的這些，都是約善知而言。這個善知不容易，現在我們就學，學什麼呢？學善知。必須得有智慧，有智慧你才理解到，「善知一切佛平等法，已踐如來普光明地。」踐是實踐、親證、親自得到了。得到什麼？知道一切佛都是平等，這叫入平等地。跟諸佛的體性平等了，法身平等了，智慧平等了，修德平等了，佛的大用，妙用無窮的內用平等了。

應化眾生的方式呢？各隨各的願了。踐，就是成就、實踐，證得佛的地位了。我們知道十地菩薩，佛也有十地。在《大乘同性經》裏面說，佛的智慧、德行甚深難知；十佛地就表佛的智慧、本體、利生的事業，跟十方諸佛都是同的。

現在我們這個經文中講普光明，入於普光明地，「踐」就是證得了，實踐是實際證得。普光明地是約智說的，無量三昧海門是約定說的，在一切時、一切處都現身，這是約依報說的。凡是世間法所做的事，佛全能知道。佛所做的事，世間法都不能知道。那就是說，佛在世間利益眾生的時候，總持一切法了。總一切法、持無量義，法都有法的涵義。乃至所有來的有情衆生，「集衆法海」，說來這聞法的、聽法的，那大海是形容詞，非常之多。「辯才善巧」又指佛說的。佛說法「轉不退輪」，聞到這個法你再不退墮了，聞到法可能進入了，入佛的境界，這才能入佛的境界。

清涼國師一個字一個字解釋「善知」這一段的經文。「已踐」以下這一段，我剛才講的這個義理，是根據清涼國師的〈疏鈔〉講的，這樣分別去解釋。證到佛的三昧，得到海印等定，這些都是約法門來說，怎麼樣能達到理體的實際？怎麼樣能證到一眞法界？

這段經文是佛的身業、佛的口業、佛的意業，用三句話就解決了。所以他的智慧「普光明」，就是徧於一切世間攝受衆生，就是知一切世間法；佛的身體是示現化身，不只示現佛身，化現無量的身，乃至化現器世間的身，化山、化石、化水，衆生不理解佛的示現，這是佛的身業。佛的意業呢？總持大法就是體法，總無量法，持無量義。佛的語業呢？轉法輪說法度衆生。佛證得究竟了，永遠沒有改變了，性體不變。我們的性體跟佛體一樣的，我們的身口意隨時在變，這個大家都知道了，我們的身口意在變，自己都理解到了。

佛成就究竟佛果了，有四種不退。稱理，所有都稱理法界，因理法界而起事法界；在理上不會退墮到二乘，也不會退墮到菩薩，也不會退墮到衆生。佛所說的法，沒有變動的、永遠不變的，叫常法，佛對一切衆生說法，應機說法都是有目的的，都是稱實的，沒有說空話的。清涼國師給定的，應機不退就是無虛發，無虛發就是對有機的衆生，只要是有緣，一接觸到佛了，一定能夠解脫、斷煩惱，沒有虛發的、都落實的；聞到佛法一定得到利益，叫利益不退。理不退、機不退、利益不退，制伏天魔外道不退。

在教義上講信、位、證、念，也是四不退。現在這究竟了，指的是信、位、證、念不退，這又屬於教理的了。

《華嚴經》說的是甚深的，牽涉的面非常廣。他說證不退，得你從發心開始起。有了信心，依著這個信心發願、聞法、修行，才有位不退。位不退的意思，說你發心了，這個靠不住，還要退的，又退回來、不信了。必須進了定位，到了初住。初住叫發心住，得到了七住，七住就稱爲不退位，再不會退回二乘，再不會退回凡夫。位不退，說你證得的不退。證得的不退得到初地，但在《華嚴經》講，得到八地以上。八地以上不但證不退，念也不退。現在佛是念不退。我們前頭講了剎那際，一念之間就有九十剎那，剎那際定不退了，就是四種不退。利益衆生不再退了，無論衆生怎麼難度，從來不退佛度衆生的意念。知道佛是煩惱斷盡的，衆生多不順教，若是無緣的沒辦法，有緣的、能遇見佛的，他一定度你解脫。

怎麼樣理解見佛聞法呢？你聞了法，見了佛，還退不退呢？我們爲什麼稱爲毛道凡夫？凡夫還加個毛道，意思就是隨風飄的，小風都給你吹動了，遇著一點事，就把你吹動、動搖了。

你出家之後本來是定了，但是還不一定。家庭的事、社會的事，或者遇著障礙事來了，還俗了。為什麼？你那個業發現了，發現了障你的道，讓你退墮了。說放下、看破，這不是一句話，你做起來得經過好長的時間，不是千年、萬年就能辦得到的，十萬年、百萬年做就辦得到的，經過無量億萬年你才能定，這是事，這不是理。

今生出家了，你再轉個面目，還能不能出家？還能入道不能入道了？生到天上去光享福，你出家有功德，死了之後沒下地獄升天堂去了。天堂那種境界可不是世間境界了，光是樂沒苦，到要死了，五衰相現的時候，花冠萎落，這個業完了，另一個業成熟了，你該轉了，一轉就退了，再重頭做起。今生出家修道有一定功力；但這一轉變，又不曉得經過好長時間才能再恢復。

為什麼修行成佛要經過那麼長的時間呢？三大阿僧祇劫，中間經常起變化。這一退，多少劫、多少年又不知道了，等你善根成熟再來。就這麼著反反覆覆的退，我們的信心還沒有建立，還在飄搖當中。

講〈大乘起信論〉時就講這個信。我們能把個信定位，入了信位究竟了，到了發心住，那不會再退凡夫了。但是，有時候業障太重還是轉化，到第七住，叫位不退，不退住位，不再退回凡夫，也不會再退回二乘。我們講的佛果，佛不但信、位、證、念不退，而且還度化眾生，讓眾生也能信、位、證、念不退。自己修行不退，這還比較容易點，要度別人讓別人不退這個就難了。自度容易，度他就非常難。

初地的菩薩證眞如了，他對眞理是親知了，那個菩提心，他再發菩提心十地初住，初地菩薩跟初住菩薩的發菩提心又完全不同了，他是正發菩提，初住的是相似發菩提心。我們現在發菩提心，是欣樂心發的菩提心，是會退的。初地發菩提心的時候，信這理法界，他相信眞如理體的時候，他證得一分了，當然不退了，念不退可就難了，我們就是剎那際那一念，念不退那就難了。念念入剎那際定，念念趣向寂滅，趣向眞如十地，所以他不退了，一直到佛果。如果我們自己行道堅定，就是可靠性，自己相信自己還可以，說幫助別人，兩個道友打同參，這就難了。

但是，佛菩薩就得度眾生，度眾生成道了，然後你才能成道，沒有不度眾生的菩薩。既然是菩薩，就發大道心，發大道心就是度化眾生。我們看《地藏經》第一品佛讚歎地藏菩薩，他所度成佛、成大菩薩跟他相等的，不可知數，度的這麼多人；但是他自己是菩薩，還沒有成佛果。能度別人成佛果，他不是不能成，他的願力持著他。這用兩種意義理解，依著《華嚴經》理解，他是果後的普賢。但是他能度很多人成佛，還有很多人他度不了的。

《地藏經》第八品，閻羅天子就問佛：地藏菩薩那麼大神通、那麼大智慧，我看他度的衆生，出去了又回來了。把他度了、出了地獄，在地獄度了，那衆生沒隔好久又回來了，以他的神力，應當度了就是度了，還沒度完怎麼又回來了？

度衆生非常之難，自己還沒有完全度乾淨。對我們來說，怎麼能度衆生？不要把這個衆生都看成指著別人說，你自己本身就是衆生的一份子。你若成道了，一成一切成，你身上住的這些衆生也都成了。

在《華嚴經》，佛的座、佛的宮殿、佛的身體、佛的白毫相光，都出來無窮無盡的等覺菩薩。不止宮殿、佛的師子座、佛的身體，一成一切成，是這個涵義。到了證得念不退的時候，佛都成就了，念不退了，這是果極，果成就到極點，就有這種功力。

你懂得這個道理了，當你念經、念咒的時候，咒語不一定求解釋，這是密，你行就行了，一定有好處的，不要知道，你也知不到的，天天念「嗡嘛呢叭咪吽」，或者念「嗡阿吽」、「嗡阿吽」，你念念身口意隨著轉了。念經也是有這個涵義，念不懂，念不懂你天天念，光文字順了就行了，念上十年、八年你就懂了，不要請老師給你講，你自己也懂了。

我們好多不識字的道友，他會念《心經》，念念他就明白了，這個道理就是這裏含有加持義，我們不是求加持嗎？那是秘密，秘密就是讓你不必去求解，行就好了。行了之後，行中所得的解，那個解、那個智慧是眞正證得的，那是眞正的解。學來的解不是眞正的，它會退失的，等你眞正的、行中所得的解，那才眞正的解悟、明白。得行解，不是學解，學的解是明白，靠不住的，因爲你不去做，等於沒學。等你行的解悟、明白，那你越行越往前進，那個覺悟才是眞的，才是不退的。

在修行當中的明白跟你學來的明白，這兩個是不一樣的。這個明白是證得，行而證那就是開智慧；學來的能失掉，修行得來的不會失掉的，不但今生不失掉，生生世世都不失掉。迷了，又遇了緣了，你的宿業就發現了。我們現在講的是佛的果德，我講這些話還是因上講，使我們相信這個果，確實是如是的。現在只要我們相信佛的果德。

二行無礙德

一切如來功德大海。咸入其身。一切諸佛所在國土。皆隨願往。已曾供養一切諸佛。無邊際劫。歡喜無倦。一切如來得菩提處。常在其中親近不捨。恆以所得普賢願海。令一切眾生智身具足。成就如是無量功德。

這是講佛德的，先說佛德怎麼來的？修行得來的，行所做，做得來的。在你做的時候，十方諸佛加持力，使你儘快的成佛，儘快跟他們平等。佛菩薩沒有嫉妒心，沒有障礙心。人跟人就不同了，你若好了，他生起障礙，人跟人、國跟國都有這種的現相。你的國家若發展好了，他嫉妒障礙，想法破壞，讓你的國家永遠衰弱，不要好、不要強大，怕別的國家強大。人跟人之間的嫉妒障礙，佛跟佛可就不同了，希望度一切衆生，願一切衆生都成佛。就像我們佛門弟子，無論比丘、比丘尼、優婆塞、優婆夷，他願一切人都行善，都要做好事，做好事就是衆善奉行，莫作惡是諸惡莫作。

佛門弟子有沒有嫉妒障礙呢？根據我的經驗事實，佛學院的同學應該跟社會的學院、大學不同吧？不同點在哪裡呢？大家都是同學，願人人都沒煩惱，願人人都證得解脫，願人人都能過幸福的生活，應該是這樣子吧？但是事實上，他過去的業障促使他不能這樣子。比如說法師跟哪個同學多說幾句話，他生障礙了，爲什麼跟他說沒跟我說？障礙來了。我們佛學院也考試，他對前頭的同學生起障礙了，爲什麼他超過我？在我們這常住裏頭，爲什麼他當執事？爲什麼師父看上他？怎麼沒看上我？煩惱來了，這是衆生心。我們現在講佛的果德，佛的果德沒有這些障礙。但是佛怎麼修成的？就講他的修因，從因上來驗這果。

但是，我們的導師釋迦牟尼佛，他教導我們的，不要有嫉妒、障礙，願一切人都成佛。那些菩薩度衆生，觀世音菩薩他願人人都成觀世音。大家念《心經》的時候，「觀自在」這個名字好像是單指著觀世音菩薩說的，不是的。涵義是什麼呢？我們講這無礙德，說你修行無礙的德，說這個德是沒障礙的。德是修道得於心，跟社會上講的道德的德，涵義不同。說你修行的心裏有所得，改變你的想法，這就是心有所得。

觀什麼呢？那佛怎麼得的？怎麼成的佛？他是修因修的。修因怎麼樣修的呢？他是捨生命爲了人家的利益，從來沒想到他自己的利益。學佛的人都學過吧？看釋迦佛的化身，他說他過去無量劫的歷史怎麼樣做的。假使說現在我們這個現實世界，所有佛弟子、佛教徒，人人都能像佛這樣做，起碼在你周圍的環境上是平安的、是寂靜的、是沒熱惱的、是清涼的。

你們想過沒有？爲什麼我們能修這麼間廟？現在我們這四、五百人沒有一個是掙錢的、討生活的。那我們吃的糧食哪來的？我們吃的菜是哪來的？你生活的一切資助哪來的？這個事實也是不可思議的。人家求乃至奔波勞碌，還得不到溫飽，爲什麼我們坐在這兒什麼也沒動，你念佛、學經，那是你自己的事，是你的修行。他往廟裏頭供養師父們吃、穿、住、送錢修廟，爲什麼？現在很講究現實，不是光說說空話就行了，他有什麼危難，到寺廟裏一求，或求哪個師父，馬上就解決了，他就信了。

現在講事實，到你這兒磕頭燒香，之後什麼也得不到，不信了。但是你又拿什麼給人家？人家跟你求一碗水，你必須得有一大缸水，或者有一個水池。爲什麼？這個要一碗，你給了，那個來要你能不給嗎？一樣給，必須得有多。他問你一件事，那你知識得豐富，必須得知道十件事，由這個事情牽扯到那個事情，事情沒有孤立的，沒有單獨起來的，由很多的因、很多的緣促成的。

我們講的毗盧遮那佛，他在修因的時候成就他的果，除了自己修行之外，還有十方諸佛加持他。十方諸佛的功德如大海一樣，「咸入其身」，使他在修行當中不斷增長。他的智慧跟神通妙用，他能到十方諸佛國土去供養那些佛。我們念《彌陀經》，早晨吃飯的時候，極樂世界的衆生，能到十方國土供養完了佛，再回極樂世界吃早飯。這意思你怎麼理解？就是在修行的時候，攝到這個果，又加上十方諸佛的加持。

一個修道者，好多人幫助你修道，給你衣服穿、給你零用錢。你一個人修道，好多人資助你能成道。懂得這個涵義了，你就知道十方諸佛的功德加持你，讓你很快的成就。你出家之後，社會上的一切道友，都加持你、護持你，使你很快的成就，讓你吃、穿什麼都不愁，只要好好修行就好了，一切諸佛成就都是這麼成就的。我們護法的弟子，有在北京的，有在上海的，有在深圳的，到處都有。把最深的道理跟淺近現實的道理，這麼結合起來，你就懂了。

講個故事。兩個道友在終南山修道，大家知道陝西長安吧？長安有個終南山。

終南山一直延到新疆，延到四川，叫萬里終南，山脈非常之大。這個山裏經常有修行人，我們大家知道的，高旻寺來果老和尚、虛雲老和尚，四教的諦閑老法師，這些大德以前都在終南山的大茅蓬裏修道。大家把供養送到山裏，他們在山裏的吃、穿、用，都不用發愁，有人會送去。你若問什麼因緣，那就是他的修行，這是第一個。

有兩個老修行在山裏修行，修了一、二十年了。其中有一位道友動了念：「修了這麼長時間，是不是搞錯了？修行的路子不對啊？下山到各各地方找找善知識，重新去問問方法。」修行也得有方法，也就是求師訪道，到處找老師。他那個道友功力就高一點，說：「你不要動心，一動心就麻煩了。」意思就是說修道障礙了，這個道友不聽。我們也是念頭一動，再想停下來，很難，停不下來。他停不下來就走了，後來他到了陝西潼關一個鄉間地方，那地方也沒什麼廟，天很晚了，就住在一個客房裏。他在山上修的功力還是有。走得很累了，他這一靜坐就入定了，店老闆不知道。第二天，老闆看那和尚還是在那坐著，動也不動，可能太疲勞了，就沒有管他。

隔了一天一夜，還是那麼坐著，店老闆想：那人怎麼啦？就拿手試試他有氣沒氣。沒氣了！哎呀，他死了！老和尚也沒有六親眷屬，找誰去？哪來的也不知道？那時候也沒人管，就抬出去把他燒了。這一燒了，可就麻煩了，也就是我們所說的鬧鬼吧！天天晚上一到人靜了，就來喊：「我在哪裡？」找他的屍體，他的定回來了。定是神識，神識出去了再回來，再回來肉體卻沒有了，給他燒了、火化了。天天這麼喊，這店誰還敢住？沒人敢住了。潼關離終南山還是不遠，大家都知道店裏死了個和尚，這和尚死了之後，天天在這周圍鬧，也沒害人，就是天天在這兒喊：「我在哪裡？」

他那住山上的道友一聽說就知道了，他說：「哎呀！我道友遇難了。遇難身體被人燒了，不是人家害的。」就下來找他，也到這個店裏頭，找到店頭跟店老闆說：「聽說你店裏頭有個和尚住著，爲什麼你把他給燒了？」他說：「死了，不能不燒他呀！」「他沒死呀！那是和尚用功夫，他入定了，你不該把他燒了。」「已經燒了，那怎麼辦？」他說：「我不是告你，也不是跟你打官司，但是我們有個條件。你給我預備個大缸，裝上一缸水，還要預備一堆木材，給我堆那兒，等到了晚上，我叫你怎麼做，你就怎麼做。我若把這鬼給收了，你生意還可以照樣做，鬼就不鬧了。」店老闆很高興，就答應他這些條件。

一到夜間，人靜了。他說：「你把那堆木材給我點著！」也就是燒起一個大火堆！夜裏，他那同參又來鬧了，他又喊：「我在哪裡？」他那道友說：「在大水裏頭。」他到水裏去了。「哎？沒有啊？」「在火堆裏頭。」他又到火堆裏去找，「還是沒有啊！」他說：「你入水不淹，到水裏淹不到你，到火裏不燒，入火不焚，你要我做什麼呢？」他那道友就開悟了。入水不淹，入火不焚，我們修道者現生修成的，「無我」，在你修因的時候能這樣修，到你感果的時候自然無障礙。

我們講成佛，一成一切成，肉身即是法身，法、報、化，三身一體。雖然是化身，我們這是業報身，但是業報身也是化身，你修行時候只要六個字就解決問題：「看破、放下、自在」。你若看破了，看破什麼？看這一切諸法無常、諸法無我，這是看破的表現，一切法沒有我。我們是以我爲主，在任何時候都是把「我」字當頭。如果把我看破了，無我了，你就自在了。

《心經》上觀自在，誰能看得破？怎麼能看得破呢？「觀」。第一個字就是觀，觀一切無常的。有人說現在這社會生活好了，有活一百多歲的，一百多歲他還是得死，兩百多歲他還是得死。大家看看那老人，活著有什麼用處呢？還得找別人照顧，如果生活不能自理，那叫活受罪，活不如死，如果長期健康的活著，那你就活吧！現在很少，現在我們找一個兩百歲的人，有嗎？我們感覺著兩百多年，好像很長似的，其實過去了就是很短了，時間是無常。

一九三幾年我來五臺山的時候，五臺山是大森林，現在的五臺山是荒涼的，這是我們看。在聖者看，《華嚴經》講到〈諸菩薩住處品〉：「東方有國名曰震旦，其土有山號曰清涼。」我們看見黛螺頂吧？每天有一萬菩薩繞清涼，我們看見了嗎？每天早晨一萬菩薩在那兒轉呢！你看見了嗎？來朝禮妙吉祥菩薩，也是我們說的文殊師利菩薩。我們看見了嗎？當你們每年去拜黛螺頂的時候，看見了嗎？你們在這兒看到什麼聖境了？每天這個五臺山，一萬盞光明智慧燈，晝夜永遠如是照。

我們看見了嗎？因爲你跟他不相應。因爲你的心是煩惱、苦；你的貪、障礙、嫉妒，貪瞋癡具足的；身、邊、戒、見、邪具足的；十惡具足的，你見不到，看見的是沙石。爬黛螺頂爬的一身汗；朝北台，現在坐汽車上去還好一點，你走到北台，試試看吧！北台那風很大的，我們看見的是沙木土石，而文殊師利菩薩在這兒住的是清涼寶山。經上說這是黃金地帶，是金色世界，我們見到的不是了。這就是我們的我見未除，見思煩惱沒斷，聖境到我們這兒，變成凡夫的境界了。聖人看我們這凡夫境地，剛才講佛的果德，這是華藏世界。等講到〈世界成就品〉的時候，你就知道了這個世界是怎麼構成的，五臺山是怎麼構成的。大三災壞，五臺山不壞，這能理解嗎？這就靠你觀，觀就是思惟修，思惟修就是你得想，你　天在想什麼？你一天想到的就是鼻子下的我，就想到我，一切都爲我出發，就是看不破，看不破那對這個世界上任何事，你還放得下嗎？煩惱就無盡了。看破了，放下了，你才自在，這就是觀自在，這就是觀世音菩薩。但是你若這樣觀、這樣看、這樣想，那你就自在了。

等你自在的時候，再看這個世界，變了，不是我們所看見的草、木、沙、石。華藏世界是以黃金爲地的，看看我們這個華藏世界是怎麼樣的吧？爲什麼我們見到的不是呢？你有什麼業，就看到什麼境界，你沒那個業，沒那個聖業，你看不到聖境，沒那個煩惱業，你也惹不上那個煩惱。

像我們道友們清清淨淨的，知道外邊世界是什麼樣子嗎？現在全世界缺水。以前我在美國時候，有人說現在全世界一年是八萬次地震，再過二十年，一年就是四十萬次地震。有些你能知道，有些你不知道，海裏的地震，邊遠地區的地震。我在拉薩的時候，西藏地區發生好多次地震，知道嗎？不登報，誰也不知道，那裏沒有人煙。

西里古里（編者按：Siligri）是印度、西藏經過錫金的地段，沒人管理那個森林。森林燒了幾個月，沒誰知道，一直燒到邊上才知道，等燒到邊上火也熄了，沒樹林了，它還不熄嗎？再過十年，茂密的樹林又長出來了，又變成肥料了，長的非常之快。這些變化，有時候因爲智力有限，你不能理解、不知道。

現在如果你看報紙、看電視，我們地球是什麼狀況？人的災害是一個什麼樣的狀況？那你就知道了，用你現在學佛的這個心給他迴向，不要貪戀你所得的功德、你的福報，讓這個地球別再苦難重重。

這是什麼原因呢？我剛才提到這麼一句話：互相的爭，無緣無故的爭，總怕你好、總想讓你壞、讓你倒楣，只許我好，不許你好；只許我強大，不許你強大。這個世界所說的講理，講眞理、講民主，不可靠。

在佛教講平等，看一切衆生平等，一切衆生也都是佛，一切衆生也都能成佛。我一再跟我們道友說，相信自己是佛，相信自己是毗盧遮那，佛跟衆生是平等平等的，我們這師父徒弟都是道友，平等平等。我們這裏有壓迫嗎？有欺騙嗎？有敲詐嗎？我們好多道友都持金錢戒，有飯吃就行了，一天安安靜靜的修行，你說他還有什麼用處？我們這裏生活所用的，非常的少，我們沒有什麼特別的娛樂，上殿、念經這就是我們的娛樂，另外還有什麼？無求，無求是因爲我們無貪。無求、無貪，所以我們才平靜。

如果大家不這樣，我們這幾百人一天吵嘴鬧架，甚至打起來，那事情就多了。若一爭，什麼都沒有了，你一爭外邊護法還給你送呀？自己都吵得不得了，他就不給你送了。你不爭，無爭、無求、無貪，我們得到沒有？無所得，得即無得，只求溫飽修道而已，其他無所求。能達到這步田地，能這樣做，這是極初步的初步，只是入了佛門，懂得佛所教授的一點道理，在這個上起修，修無我、修無常。

我們現在入法界了，與佛平等平等。我們知道這個道理了還不行，要把我們所學到的貢獻給其他的一些衆生。如果人人都懂得這個道理，世界上還有戰爭嗎？還有貪求嗎？

去年我在浙江雁蕩山能仁寺，突然間沒水吃，我就感覺奇怪了。浙江是水鄉，到處都是水，一九三幾年我到浙江，家家都有小船，到哪去不用開汽車，七八歲小孩都會搖船。大家不是看到五十年代唱的那個歌：「搖啊！搖啊！搖到外婆橋！」就是這樣，小孩到他外婆那兒，可以自己搖船。現在浙江會斷水，生活用水非常困難，被工廠破壞了污染了，有水不能用，連衣服都不能洗，地下水也沒有；我們那是接山上的泉水，幾個月不下雨，泉水也沒有了。

中國缺水還不嚴重，現在非洲好多人沒有水吃。我在舊金山，突然間斷水斷電，雖然時間不長，也夠受的了。那個地方完全靠電力，做飯都是電爐，如果一停電，生活沒辦法了，別說你做生意什麼的，吃飯都沒法吃，爐灶都是電的，沒電了，你還怎麼做飯？水庫沒水了，什麼原因呢？當然他們是靠買水買電，人家要漲價，漲價不給人家，人家給你斷了。

說這些問題是讓你知道這個世界的構成，知道人心的所向。物質是根據人心的所向，物質是由人來生產、支配的，現在人心太壞了，地下水取得太多了，我們這個地球是不會長的了，每天在地殼裏取了好多東西，光煤炭一項，我們山西取了好多，不再長了，你取了，它不空了嗎？空了不震嗎？空了，不要填上嗎？美國有二、三百個科學家，當然不止美國一國，就說明大氣層的變化、氣候暖化對人類的災害，我們知道這個之後，才知道一切世界的成就。

後面的經文會講到世界成就是怎麼成就的？怎麼破壞的？怎麼毀滅的？毀滅了之後又成長，成長了之後又毀滅，往返迅速，生滅無常。

「一切如來功德大海。咸入其身。一切諸佛所在國土。皆隨願往。已曾供養一切諸佛。無邊際劫。歡喜無倦。一切如來得菩提處。常在其中親近不捨。恆以所得普賢願海。令一切衆生智身具足。成就如是無量功德。」這一段經文是講普賢菩薩以下的諸大菩薩。

這個數字有好多呢?有十佛世界微塵數菩薩。每一位菩薩都具足了如來的功德大海。一切諸佛的功德,這些菩薩都具足。這一切諸佛所在的國土,宣揚正法的時候,所依的處所就是國土,這些常隨的大衆菩薩,皆隨願往。他往昔的願力,因爲以前供養過一切諸佛,供養諸佛的時間,無邊際劫,永遠沒有懈怠,沒有疲倦。一切諸佛最初修道的時候,所修道的菩提處,這些菩薩常在其中親近不捨。常常以自己的普賢願海,就是上求一切諸佛,下化一切衆生,令一切衆生的智身都能夠具足佛的智慧,成就如是無量功德。

我們前頭講的「普」者是指十普菩薩說的,經文當中所說的普賢行衆,這是果後普賢。果後普賢的意思是過去諸佛、現在諸佛都是行普賢行的,行普賢的行願而得成就。現在這些大菩薩,十佛世界微塵數這些大菩薩,他們常隨如來,自己修行十波羅蜜,利益一切衆生,以四無量而攝受衆生、度衆生。

除此普賢衆以下,三十二天的天王,三十三天王並不是有三十三個,每一天王統領八部鬼神衆,四天王,四八三十二,再加一個忉利天,就是帝釋天,加起來總共三十三天。三十三天王其實就是四大天王，都是鬼神衆的。隨他們地位的不同，分爲五類，「隨位復分爲五」。這些普賢衆是佛依著這些普賢行而證得的果，這是佛行的果，舉普賢菩薩。

如來所居的淨土是報佛的淨土，是報佛的果，叫華藏淨土，華藏世界是果報的土。如來所證得的果德就是一切衆生所具足的自己佛性。假如來的修因契果所行的普賢法門，「舉果勸樂生信分」，這都還在這個生信分當中。舉佛的果德，講佛的功德，讓一切衆生生起欣樂心，生起信心，所以要講佛的果德。

講佛的果德是講佛怎麼修行的，佛是修行普賢行的。佛所依的處所是華藏淨土。讓一切衆生生起信心，要是不講佛的果德，信心從何生起呢？讓一切衆生生起信心，以這種的道理，以這種的意願，從第一會〈世主妙嚴品〉到第二會〈賢首品〉，一共有十二品經文，這是「舉果勸樂生信分」。生起信心了，得要修行。佛就是依著普賢行這樣修行的，我們就向佛學習。

舉起普賢菩薩，十普菩薩，所修行的法門，就是毗盧遮那成就的果德。我們只相信自己是毗盧遮那，這只是一個信心而已。其次，就要修行，看看諸大菩薩是怎麼利益衆生的。對衆生說愛語，示現同行，完了利益他，讓他生歡喜心，完了再以慈悲喜捨攝受衆生的。〈賢首品〉之前的十二品經文，全是舉果勸修生信。到這個時候，信心成到究竟了，到了住位，信心才不退。這是在經文裏頭，從「爾時世尊處於此座成等正覺」以下十普菩薩。第二，從海月光大明菩薩以下的菩薩衆，乃至一切執金剛神，九種的諸神，這叫十住因果。

前頭是十信因果，以下是十住因果。

海月光大明菩薩，他們的功德、願力、所修的行願跟普賢菩薩、十普菩薩相等，同是究竟位的菩薩，菩薩位已經究竟了。這就是說，在他們修到這個時候才眞正悟得了。佛的果是怎麼成就的呢？是依著普賢的行門修行而得到成就的。成就了，完了入於世諦，就是俗諦了，入世間利益衆生，因爲利益衆生，果位的菩薩行普賢行，又回來利益衆生，還是舊的度生方法，一樣的。以四義故，所以說果德的時候還說普賢行，還說海月光菩薩；這個時候是從信心滿心了，從凡夫地修學了十信心，眞正相信諸佛正覺果德跟自己的自心無二無別，本性清淨如諸佛性。

我們的本性跟佛的佛性是清淨的，這是在本性上講清淨。這個智慧叫無一住智，什麼叫無一住智呢？《金剛經》上，須菩提請問佛，「云何應住？云何降伏其心？」能夠無一住了，無一就是無生、無住，這是一切諸佛的根本智。在此經上說，以刹那際定來印證，在一切般若法門說，以禪波羅蜜，無住的意思來印證。《金剛經》須菩提請問佛說，「云何應住？云何降伏其心？」佛就給他指示說，應無所住而生其心。無住生心，就是不住衆生一切相，無我相、無人相、無衆生相、無壽者相，這樣地住心。終日度衆生，不見衆生相，這是法界性自然得到的。

從十信滿心到十住發心修行的時候，全都是普賢行。普賢行是什麼行呢？十大願王說的不錯，那就是普賢行。但是我們將初入的時候，就是須菩提請問佛，云何住心？云何降伏其心？怎麼樣住？怎麼樣降？無一住，無住。禪那波羅蜜就是般若的智空，照你法界本體的理性。智是照，定是寂，動靜無二，所以佛在轉法輪，應當認得佛的無法可說。無法可說的轉法輪，說什麼呢？衆生冥心契合他的本體，十方諸佛都如是，十方的佛智如是。

這樣所修、所行的全是普賢的行願。動，利益衆生的事業；靜，從根本的智慧，根本智是寂的，就是如如智，如如的性而生的如如智。這樣修行跟十方諸佛的佛智相契合、同體。最初修行不大習慣，修久了，習慣了，那個正覺的永遠不再移動了，這就叫剎那際定，跟一切諸佛的根本智相合，這是十普菩薩，顯示佛的果德，顯示修因契果。因爲這樣修因契果生起覺悟。你所有的一切言語、行爲、思惟，每一行的法門都是普賢行。

在普賢菩薩大衆之內，還有異名的菩薩。異名的菩薩，名字不同，所證得的、所修得的相等，就是海月光等異名的菩薩。

寄什麼位呢？十住的初心住，就是初發心住。初發心住又重新發菩提心，所以初住的菩薩叫發心住的菩薩。十住的初心也沒有離開普賢行願的法界智，這就是修因契果，生起覺悟，所以初發心時便成正覺。下文所說的一些主藥神，所有一切諸神，有九衆諸神，都是初發心便成正覺來輔導一切衆生，就是做度衆生的事業能夠自在了，這就是寄位的菩薩。

什麼叫寄位的菩薩呢？他本來不是這個位置，成就很高很深的，成就跟普賢相等的，他證到初住位，初住才初發菩提心，相似發菩提心，這是示現的，叫寄位菩薩。引一切衆生能夠發菩提心，相信自己本具的佛性理體，一步一步恢復舊有的。

這些神都是大菩薩，不是世間的鬼神。雖然也示現名字叫天龍八部，但不是天龍八部。因爲他在利益衆生時，是自在的，不受衆生的煩惱干擾，隨順衆生，他不是衆生，只是隨緣，性空緣起，隨衆生的緣，不是世間的鬼神。他們的心已經達到跟毗盧遮那佛所證得的相吻合了。他的心已經證得了，跟一眞法界相契合了，永遠不會再與妄相合。他的智慧通達神變無礙的，所以叫神。這是自然的心體生起的慧。慧是什麼呢？慧性就是通，心體跟所修行得到的，兩個結合，叫神通。自然的心體跟你利益衆生的智慧，就是善巧方便智，兩個相合了，就叫神通。

因爲這些大菩薩，十普菩薩也好，海月光諸菩薩也好，乃至於所示現的八部鬼神，他從十住、十行、十迴向、十地、十一地五位，示現寄五位，而後善財童子五十三參的時候，就跟這些善知識參。沒有行相的、沒有次第的法門，在你修行過程當中必須有個規則。心法的樣式跟別的樣式不同，所以後來學的人，要善知因果。前位是因，後位是果，後位又變成因，後後位又變成果，直至成佛，這是大概的總說。

下文的主稼神，是管五穀的生長。主晝神，白天有白天的神，夜間有夜間的神。這明著十住位、十行位，都叫利生法門的因果，利益眾生的因果。再次，從三十三天以下，至大自在天王，於中有十大天王，這就高深了，明十地的利生因果。

這以上的是五眾，叫佛果的五位行門因果。因爲要利益眾生，顯法門的殊勝，寄位顯法，寄位入法也好，給眾生做修法、聞法、證法的樣子，目的是讓眾生修、證。同時，還有從如來座內眾，到如來的眉間白毫相光，這些眾菩薩一共有四種，就是佛的周邊常隨眾。這個座內眾表現如來往昔自己所修行的法門，現在成佛果了，這些常隨眾也照佛那樣修，照佛那樣證。這些寄位的菩薩是表現的因，因爲從這個因才顯到毗盧遮那的果德。

第二種，十方的菩薩是來行供養的。而且來的菩薩每個毛孔都放光明，這叫光明眾，顯示法界的性體無障礙。十佛剎微塵數，相當的多，一多無礙自在門。還有異性的、同性的一切都自在。這些大菩薩來的都是大悲無盡的不可思議眾；顯示華嚴法界門，法爾如是，這就是自然義。

我們現在本具的理體跟諸佛所成就的果德，如是如是，也就是無二平等的意思。修法的時候，依報是你所依止的處所，正報是你的身體，依報即是正報，正報即是依報，重重無礙。在法界的智慧境上，從身上說，舉普賢菩薩爲一身，每個毛孔具足無邊無量佛刹。善財童子在普賢菩薩的一個毛孔，親近無量諸佛，無量菩薩，法身跟他自身，心跟境，一和多，法爾如是，自然的相融無礙。

同時如來眉間白毫相光所出的眾，果成了，以果示因。這是怎麼來的？爲什麼得到這個果位？是修行得來的，讓一切眾生相信。一切眾生相信了，因成熟了，有是因必有如是果，初發心時便成正覺。初發心時就是因，你生起信心，完了發菩提心，一定成就果德。以這個法理顯示與眾生，讓眾生都能成佛。

從十信到十住、十行、十迴向、十地、十一地，偏法界的。從菩薩乃至到一切諸神，這都是眾生相。每個菩薩都說說他自修的因果，令後來的學者，仿效他去進修，配位進修。你修到什麼位？自己不知道。在經上佛告訴你，這個位置怎麼修？怎麼得的？下一位是怎麼來的？你要怎麼修？在這段經文當中，一共有十一眾，十一個位置。隨位別配，隨這個住、行、向、地、十一地，有四十七眾。

在五位之因當中，把十普算一眾。同時，每一眾又含十，十十部類。底下海月光大明菩薩眾又有神、天，表示十住、十行、十迴向、十地。每一個位置各個都有十種，這就四十眾了。在菩提樹內流光眾、如來所居的宮殿眾、如來的座內眾、十方如來的菩薩眾、菩薩的毛孔眾、如來眉間毫光眾，總加起來有四十七眾。這是舉法會的一部分。還有菩提樹內眾、如來宮殿眾，這大概都是同類的。

〈疏鈔〉解釋的第二類叫異生眾，異生眾有三十九眾。雜類的諸神、阿修羅、八部四王、三十三天。欲色諸天眾，欲界、色界一切諸天。最初十九眾都叫神。他們的靈祇深不可測，都叫神。又分三階段，辨別他的種類。把他的名字列出來，有好多數量。都是攝德圓滿的，所說的德跟這些大菩薩都相同，圓滿就是成就了。以下這些神的名字，只是念念名號，古德從來也作沒有解釋。

◎異生眾：雜類諸神眾

金剛神眾

復有佛世界微塵數執金剛神。所謂妙色那羅延執金剛神。日輪速疾幢執金剛神。須彌華光執金剛神。清淨雲音執金剛神。諸根美妙執金剛神。可愛樂光明執金剛神。大樹雷音執金剛神。師子王光明執金剛神。密燄勝目執金剛神。蓮華光摩尼髻執金剛神。如是等而為上首。有佛世界微塵數。皆於往昔無量劫中。恆發大願。願常親近供養諸佛。隨願所行已得圓滿。到於彼岸。積集無邊清淨福業。於諸三昧所行之境。悉已明達。獲神通力。隨如來住。入不思議解脫境界。處於眾會。威光特達。隨諸眾生所應現身而示調伏。一切諸佛化形所在。

皆隨化往。一切如來所住之處。常勤守護。

在〈世主妙嚴品〉這段經文裏只辨別它的類別，前頭剛才說的是大意。隨文的時候，每個神的名字不作解釋。除非要突出因的時候，才單作解釋。像《地藏經》的堅牢地神，也叫主地神。在個別的經當中，舉一個神說他的功德，說他的福德。可是在這個總的名詞裏，念念金剛神眾名字而已。

第一是金剛神眾。

每一個上首有很多同類的，有好多呢？有三千大千世界佛微塵數那麼多。一個佛世界是三千大千世界。像這樣同類的執金剛神，有佛世界微塵數那麼多。他們都是於往昔無量劫中，恆發大願，發什麼大願呢？願常親近供養諸佛，守護佛，供養佛。

於他所發的大願，「隨願所作」，就是所行，行就是作，都成就了，圓滿到彼岸，成佛了。度生死海了，這個度生死海，二種生死海都度了，一個分段生死，一個變異生死，兩種都度了。因為常願親近諸佛故，所以佛出世他們就隨順諸佛，每個佛都如是。

他們的神通力不可思議，隨如來住，都是入了不思議解脫境界。我們肉眼見不到，天眼也見不到。慧眼見得到、法眼見得到、佛眼就見得到，凡夫天人是見不到的。於諸佛三昧所行之境，他們都明白通達，獲得的神通力，這樣才是如來住。如來在什麼地方，他們就在什麼地方，入了不思議境界。

他們修行的德或者所證的德，威光特達。隨衆生的緣應以何身得度，他們就現何身。現在他們現的是金剛神，護法身。大家都知道執金剛神是護持佛法的，調伏一切諸惡鬼神，護持正法。

一切諸佛的化身佛，像釋迦牟尼佛是化身佛。這些金剛也是化身的金剛，他們也隨著化往。一切諸佛所住的地方，常有金剛神守護。他們的兵器是金剛杵，守護佛，能降魔怨。他們的神通無礙，神通就表示他的心。心無礙故，證得無礙境界。

這些守護神大多數都以海來形容，以德行來形容。「那羅延」就是堅固的意思，解釋佛的妙色身不可壞，這一切執金剛神也不可壞。什麼不可壞？所證得的法身體，所證的理。無相故還壞什麼呢？正因爲無相，能示現一切相。有相就局於此相，就不能現彼相了。因爲無相故而現一切相。這些執金剛神能夠證得見到佛的色身，解脫了。解脫了就自在了。自在是無相，無相故才任何相都能示現，無相故無所不相。所以，文殊師利菩薩唱個偈子，「應觀法王法，法王法如是，色相無有邊，普現於世間。」

佛的法身是無相的，我們學佛者，應當觀佛身，觀法王身。法王身是什麼樣子呢？無相故，空故。因爲空，沒有一定的色相，又能現一切的色相，色相沒有邊際。隨眾生的需要、隨眾生的緣，應以何身得度者，佛即現何身。

第二種，見佛的身毛。見佛全體的身，身上每一毛孔都放種種光明。每一個毛孔放的光明，拿日輪來形容，像日輪那樣的光明。現種種光，摧滅黑暗的障。大殿上供的幢幡寶蓋，這地方說的金剛幢，就是形容那個幢。幢是摧毀義，摧毀一切眾生的煩惱。佛所現的無量光明，就像清淨的太陽似的，沒有雲遮蓋，普照十方一切國度。

而且，佛所現的身光，映蔽一切。就像華開了，偏敷的意思。這是佛的身光。

佛說法的音聲是圓滿的、無礙的。怎麼圓滿呢？隨眾生生於這個國土，就有這一種語言，你生於這個地區又有這種語言。圓音，哪個眾生聽到，都是說他那個民族的語言，聞法就能得解，不要翻譯。佛的音聲是圓音的，「圓音一音演說法，眾生隨類各得解。」哪一類眾生就聞哪一種法，所以天跟人間不一樣，人間這個地區跟那個地區語言不同，無論多少種類，此方他方，都能聞到聲音。佛的聲音能夠消除一切眾生障礙，有人聞到佛的聲音如雷貫耳。

現在佛出世間就爲世間主，佛是第一個世間主。他所現的根（根就是六根），每一根都是美妙的，令一切眾生有緣見到佛，一見佛他能悟解，能種很深的善根。

佛說法有時用光明，眾生看見那種光明，又柔和，好像佛的聲音一樣的，他就得了歡樂，得了喜樂。

佛的三十二相八十種好，那是隨衆生所見的，這是阿羅漢的神通見到佛的三十二相八十種好，並不是一切衆生見到佛都是三十二相八十種好。菩薩見著佛，無量相莊嚴，無量相好，見到的是盧舍那佛了。所以佛處衆的時候，高於一切衆生。

我們有處衆畏，一個人威力不大，要是集了很多的人，威力就大了。有些處衆有畏，人多了，你在這裡說法的時候，感覺恐怖。這裏有賢人有聖人，聽衆超過自己，心裏自然就生恐怖。還有神的威德，他的火力非常之大，你就感覺著發熱、冒汗；如果六道來的衆生，下三塗來的衆生，他的陰寒很重，你感覺著很冷。能夠得到處衆不畏，對一切衆生說法或者對衆生講解的時候，無畏。這也是佛處於一切九界衆生之中，佛無所畏，形容著成佛的德。

還有佛看一切衆生，都是慈悲的，稱佛的眼睛爲吉祥目，一切衆生跟佛對對眼光，就解脫了。佛的神通出一種光，光中有燄，燄是秘密的。

如是等的大衆執金剛神，他們所有的功德智慧，一者是他修的，一者佛光加持的，都能得如是。「如是」什麼呢？跟佛相類似。這些神也好，菩薩也好，他們有往昔的願力，能夠參加這法會，永遠親侍，親侍者就是親近佛，伺候在佛的旁邊。因爲他們修行的德，所證得的智慧，所證得的法身，行滿了，果後行因，所以他能徧世。

怎麼叫徧世呢？釋迦牟尼佛有他在這裡護持，阿彌陀佛也有他在護持，藥師琉璃光也有他來護持，他的分身無數。

稱文殊師利菩薩爲諸佛之母，是智慧爲母，這就附帶著說一下子。我們都知道西藏密宗講雙身法，以爲是男女關係了，他不知道那個母姓的是文殊師利，是智慧，男姓的是普賢行。智慧母跟普賢行，智慧跟普賢的願行結合，才能成爲究竟的佛果。這種是即身成佛具足文殊普賢，文殊的大智，普賢的大行願。我們看供那個相認爲是男女關係，這個就麻煩了。

凡夫的思想，他所見的認爲是事實。我們經常說幻化空身即法身，那個相都是假相，不是眞實的。這些神他們的位置是跟佛齊等的，就是果後普賢，看著現執金剛神也好，現的這些神，那些神都也好，示現的不同，但是常隨佛住。因爲他們有十種德，他的福所集的清淨業，這是一種。

第二種，他的定、智慧，達到事即是定，定即是事，俗諦即是眞諦，眞諦即是俗諦。達到事與定合，達到這種境界。他在定中現的境界，就是現的眞如實相，不思議定。

什麼是他的境呢？一切無礙智慧爲其境，智照明達，永遠隨佛而住。大用是難思不可思議，處衆都是超群，超一切衆生。應物，應衆生之機，調伏衆生。隨佛化行，他也能現佛身，隨衆生機他也能現。護法的住處。爲什麼西藏稱爲密宗？這就是密。在我們《華嚴經》講是顯，他表現的就是密，這就是密義。

執金剛神，我們的俗眼把他當成神。韋馱菩薩，我們當他是天將，其實他是未來的佛，賢劫千佛最後一尊佛，他把這一千佛前面九百九十九都護著成佛，他才成佛。現在他是天將身，那是隨他的願力，就是神的身。

這種大衆，同生同名。有一個必有兩個，有兩個必有三個，三個以上就叫衆。這是指下文要講的身衆神。

第二是身衆神。

身衆神

復有佛世界微塵數身眾神。所謂華髻莊嚴身眾神。光照十方身眾神。海音調伏身眾神。淨華嚴髻身眾神。無量威儀身眾神。最上光嚴身眾神。淨光香雲身眾神。守護攝持身眾神。普現攝取身眾神。不動光明身眾神。如是等而為上首。有佛世界微塵數。皆於往昔成就大願。供養承事一切諸佛。

經裏頭都舉十個，十而後的一定加個有好多同類的，不能一一把名字都舉出來。要舉一個佛剎微塵數的這些身衆神，我們天天念佛剎微塵數身衆神，恐怕念這一輩子，一偏身衆神名字也念不完。一個佛微塵數就好多？太多了。都是往昔修行發大願供養承事諸佛。身是神的自身，衆就是同生、同名、同號、同修行、同身體。這類神的一身能變化多身。為什麼？他要護持一切佛的佛法。這個身就太多了，常隨佛的身邊，佛說法就有這麼多身衆神。我們見不到，阿羅漢也見不到，沒有這種境界見不到。

五臺山有一萬菩薩繞清涼，過去祖師大德說的就是黛螺頂。為什麼選那個地方供五文殊呢？因為有一萬菩薩大衆經常圍黛螺頂繞，我們看見了嗎？我們見那小土台，比東台頂都低。我們能見到那有一萬菩薩繞清涼嗎？身衆神常在佛的身邊，化身即是報身，報身即是化身，三身一體。這些菩薩就常隨著釋迦牟尼佛在身邊。下面還有足行神，我們見到了嗎？現在凡是有佛像的地方都有菩薩，都有身衆神，都有執金剛神，我們見到了嗎？

我們的眼睛是有障礙的，不是通的。「肉眼礙非通」，是障礙的不通的。「天眼通非礙」，但是它是世間相。「慧眼當觀俗」，「法眼了眞空」，「佛眼照一切」，這是五眼。佛是五眼圓明，我們只有一眼，「肉眼礙非通」，障礙住了，不是通達的。（按：或另有「五眼圓明」偈頌，或請參考〈現觀莊嚴論略釋〉。）

第三是足行神。

足行神

復有佛世界微塵數足行神。所謂寶印手足行神。蓮華光足行神。清淨華髻足行神。攝諸善見足行神。妙寶星幢足行神。樂吐妙音足行神。栴檀樹光足行神。蓮華光明足行神。微妙光明足行神。積集妙華足行神。如是等而為上首。有佛世界微塵數。皆於過去無量劫中。親近如來隨逐不捨。

什麼叫足行神呢？他是依止、守護足行的眾生。有時候持華承足，瞻仰如來。供養佛的鮮華、持佛的雙足。足行神就是專指持佛足，供養諸佛的，也就是持蓮華承佛足。這裡沒有說蓮華，而是說承華持佛足，這樣瞻仰如來。

又一種，足行神就是道路神。道路神是什麼呢？修菩提道的，修行故。佛所走過的、修行的地點，足行神照著佛走的路來修行。道路神就是佛走路時候護持佛，完了照佛所行的行，叫履佛所行故，這叫足行神。

還有道場神，凡是道場處所都有很多的神來護持，使道場安定。第四是道場神。

道場神

復有佛世界微塵數道場神。所謂淨莊嚴幢道場神。須彌寶光道場神。

雷音幢相道場神。雨華妙眼道場神。華纓光髻道場神。雨寶莊嚴道場神。勇猛香眼道場神。金剛彩雲道場神。蓮華光明道場神。妙光照耀道場神。如是等而為上首。有佛世界微塵數。皆於過去值無量佛。成就願力。廣興供養。

道場神，他依止道場、守護道場，因此而得名，就叫道場神。這個神是通達無障礙的。神就是心，自然的那個心。這些神他都證得了一眞法界，證得了自心。他開悟了、明心見性了，他又修成就了。道場呢？就是修道的處所、行道的處所、成道的處所。

既然成爲道場神，他的神通是無礙的。不是光護佛的道場，我們的道場他護不護呀？你有道、行道，這個地方有佛經、有佛像，他就護。他護不護修行者呢？你有道、有修、發菩提心，他就護。你沒有道、沒有行、沒有修，他就不護。既然是神，他有修行，修得的是什麼呢？有修行了就證得他那個心。

這些神都把他化成跟普賢菩薩一類的。寄位顯聖，別看他寄的是道場神的位置，都是等覺菩薩。凡是有莊嚴道場住，就有這些神在護持。我們說修行有萬行，那就有萬行的道場神。凡是有莊嚴的道場，行道、修道、學道都算。我們認爲這些神都是佛世界微塵數，不曉得比我們衆生多好多，不是單指人類，衆生界相當的多。有情的世間眾生有好多？人多螞蟻多？人多魚多？你可以比，眾生不是十佛剎，百佛剎，千佛剎，眾生無量數。這些道場神都是十佛剎微塵數，乃至於這些道場神，不是釋迦牟尼佛道場他才去護，所有諸佛的道場，凡是修道的道場、行道的道場，他都去護。要這樣理解。

第五是主城神。

主城神

復有佛世界微塵數主城神。所謂寶峯光耀主城神。妙嚴宮殿主城神。清淨喜寶主城神。離憂清淨主城神。華燈燄眼主城神。燄幢明現主城神。盛福光明主城神。清淨光明主城神。香髻莊嚴主城神。妙寶光明主城神。如是等而為上首。有佛世界微塵數。皆於無量不思議劫。嚴淨如來所居宮殿。

大家知道佛微塵數的道場神也好，主城神也好，金剛神也好，有這麼多佛世界主城神，每個主城神又有微塵數的這麼多眷屬，是他的同類。這個數量好像很多，眾生界無盡，眾生還比這多得多了。我們只是看見自己，地球太小了，我們現在這個世界，充其量才有六十五億人口。從現在的科學證明，地球在銀河系裏頭是很小很小的，比好多星球都小。那銀河系裏有好多個球，無窮無盡，不是我們智力所能達得到的。

要這樣的觀察。不要一聽著微塵數，好像很多，要回歸於一心，多即是一，一即是多，一多無礙。你學《華嚴經》，要理解這個。不理解，你沒辦法學。一多無礙，小大無礙，懂得這個涵義了，聽見再多的數字，也就是你的一念心。還有主城神，在《華嚴經》，你的一舉一動都是神。而且有佛剎微塵數，一個佛世界的微塵數，這都是說說名字而已。

佛所處的宮殿，有這些主城神來保護。佛一個宮殿就是一個城。這是表修行的德。城是防禦的意思，城是心城。不被內外賊煩惱所困擾，這些守城神就嚴護宮殿，你修行的得利處，就靠這些主城神來守護著，幫助你。

比如說我們學密宗，顯宗學完了，畢業了，到密宗院。有的顯宗二十年學完了，但是沒拿到畢業證書，也就是沒考上「拉然巴格西」。「格西」是什麼意思呢？翻譯成華言就是「學得成就」，考上博士學位了，才有資格進入密宗院。進入密宗院，頭五年，沒有資格灌頂學法。先學拿酥油，糌巴，拿酥油做垛馬。垛馬你得先做形式，得會做這些神，做成一個宮殿，做成一個道場，先自己做一個叫垛馬。垛馬就是做出來地藏王菩薩，或者觀音菩薩，或者文殊菩薩，或者普賢菩薩，會做八大金剛菩薩。完了，還得做些護法神，做完了，中間有個殿。

你要修這個法的時候，就觀想你的本尊是什麼？哪位是本尊？修文殊的，文殊師利是本尊。修地藏的，地藏菩薩是本尊。修金剛手的，金剛手菩薩是本尊。你修哪一部，就是哪個本尊。你得把你的本尊塑好。觀想你自己坐到這個壇城裏面，四大菩薩，八大金剛就守護你，你在裏頭修，什麼魔都進不來。這要學五年，當中有很多儀軌，受了灌頂必須得閉關，受什麼灌頂就閉關。

閉關，各各教不同，有的就閉關三年三個月，如果你成就了就不限了。如果你修一年，這個法成就了，就可以了。你受第二個灌頂，做第二個壇城，每個壇城是有變化的，它有樣子，密宗院是有圖，你照著圖來修。這是祖師一代一代留的，這是秘密。

你住密宗院，不經過這個過程是不會給你看那個圖，你必須得一個一個學，你受文殊灌頂，只會文殊灌頂這個壇城；你要修白度母，有白度母的壇城，修綠度母，有綠度母的壇城，每個壇城不一樣，你修哪一法就修哪一法的壇城。壇城就供在旁邊，你在邊上打坐，就觀想你在壇城裏頭。不是你身體在裏頭，你坐不下，那是酥油糌粑，一坐就化了，是你用思想意識觀想，把你的肉體沒了，觀想你的神在那個殿裏。這就叫密。這些神就是你自心的化現。《華嚴經》講一眞法界，「無不從此法界流。」無論好多，數字再多是一。

第六是主地神。

主地神

復有佛世界微塵數主地神。所謂普德淨華主地神。堅福莊嚴主地神。妙華嚴樹主地神。普散衆寶主地神。淨目觀時主地神。妙色勝眼主地神。香毛發光主地神。悅意音聲主地神。妙華旋髻主地神。金剛嚴體主地神。如是等而為上首。有佛世界微塵數。皆於往昔發深重願。願常親近諸佛如來。同修福業。

主地神是表你的深重大願，大地能荷負一切。我們這塊大地荷負了六十五億人，還有畜生，螞蟻、馬、牛、羊、雞、犬、獅，野生動物都算上。還要吃，大地得產生糧食。還要莊嚴，大地得產生華。人要喝水，大地還得供給水。人要燒煤炭保溫，大地還得產生煤礦。衣、食、住、行沒有一樣不是從大地出來的。荷負一切衆生，他過去發的大願，發的大願要滿願，滿願必須得修行，修行成就了，就得了。我們經書上所說的德有兩種涵義，比如福德，他還說你修行的德與心，修行成就了，心有所會。這叫行德，表你的心地。大地能持重、負擔，要依持大地，這叫主地神。主要是表示你的心地，依你的心地而建立一切。

第七是主山神。

主山神

復有無量主山神。所謂寶峯開華主山神。華林妙髻主山神。高幢普照主山神。離塵淨髻主山神。光照十方主山神。大力光明主山神。威光普勝主山神。微密光輪主山神。普眼現見主山神。金剛密眼主山神。如是等而為上首。其數無量皆於諸法得清淨眼。

山表示高，一說山，大家就知道山是高的。高表示人的德。經常說「德高望重」，表示萬德高聖的意思。萬德高聖從什麼地方得來的呢？從寂靜得來的，寂靜是定，不是動，山是不動的。

還有一種是表智慧。智慧高，超出一切，超出別人。所以，一個表智慧，一個表德。山是寂靜義，表不動的。

我們經常有句話「和尚要住山」，男眾、女眾都稱「和尚」，就是出家者，都是佛子，清淨出家者。清淨修行者都是住山，城市裏不可以住。不過從漢朝開始起，佛法傳到中國來，那些皇帝、大臣要親近和尚，要學佛，住太遠了沒法學。後來三武滅佛，和尚就入山了。從那以後，和尚就是山中的產物，在山裏才能修行，你跑到社會裏修行什麼？和尚要住山，山裏清淨，城市裏煩亂。過去的成道者，住山林的多。山是清淨義，山上一定有林，所以有主林神。

第八是主林神。

主林神

復有不可思議數主林神。所謂布華如雲主林神。擢榦舒光主林神。生芽發曜主林神。吉祥淨葉主林神。垂布燄藏主林神。清淨光明主林神。可意雷音主林神。光香普徧主林神。妙光迥曜主林神。華果光味主林神。如是等而為上首。不思議數。皆有無量可愛光明。

主林神是表現無漏智，無漏智不落於生死、不落於二乘、不落於衆生。

現在講到法會當中的諸神，第八主林神。

這一衆是主林神。我們看森林當中，也有神在那裡主持。這是以無漏的智慧引導他所修行的行門，行門很多、很茂密，就像森林一樣的。所有主林神都有光明的。大家怎麼理解這些神？這些名字都沒有解釋，這是由他的修行所得的，以德成名。現在有很多能夠意會，意會就叫神了。說這個人可神了，神的意思好像不是一般的行爲所能表現的。

我們講過，神是什麼呢？天心，神就是自然的心。這些神都是等覺位的菩薩，常隨著佛，只有在華嚴會上才有這麼多神，理解這個意思就好了。以下這二十多眾，一共有四十四部，主藥神、主城神都是神。所以在戒律上，你到森林去，不能隨地大小便，污染了，神會怪罪你的，你會得病的。一切處都有主宰的，不是很自由的。

第九是主藥神。說我們吃的藥，一切藥草都有主這個藥草的神。

主藥神

復有無量主藥神。所謂吉祥主藥神。栴檀林主藥神。清淨光明主藥神。名稱普聞主藥神。毛孔光明主藥神。普治清淨主藥神。大發吼聲主藥神。蔽日光幢主藥神。明見十方主藥神。益氣明目主藥神。如是等而為上首。其數無量。性皆離垢。仁慈祐物。

這些神都表現他修行的德。修行的時候有得於心，能夠伏他的一切業，伏他的心，再不迷惑了。藥是去除我們眾生的病，治癒你的身心。這個是治癒法身，不是肉體。這些神要利益眾生，他的身、口、意三業都是利益眾生的，就像藥一樣是治眾生病的。

這些主藥神也是來聞華嚴大法的，是佛的常隨眾弟子。他的性就是他的本體，也就是我們所具足的佛性。性是離垢，離垢就是伏惑、去一切眾生的病，惑就是

病，惑就是你心裏頭的意念，離開你的性體，就叫惑。「仁慈祐物」，藥都是治癒你的身心的。有的病是心病，有的病是身病。有時候藥物能治你的身病，身要是沒病了，心就能修道了，伏你的一切惑業，讓你進修道業，這叫藥。

神神雖然各別，分類的時候，這些都是主要的，而且大概都跟樹林相接近。還有些吉祥的，像香草，五臺山大概有五百種藥，這些藥都有神在主持。好多名貴的藥材，現在都隱了，少了。

大家知道神農嘗百草，百草都是藥，這是遠處的。近處的就說我們五臺山的「川七」，特別是東台頂的「川七」，你入藥裏頭必須有「川七」這種藥，加上這種藥效果非常大。在五臺山，文殊菩薩特別地靈，藥材的靈就不顯現了，沒聽說哪個靈，只有這個黃花，都是藥材，到了五、六月份，大家看五臺山滿地黃花，五臺山是金山啊！這個花是黃的，都是金的，「遍地黃花敷」。

很多的藥物，含著一種靈性的。像人蔘，七錢為蔘，八錢就為寶了，到一兩以上的野生人蔘，你見不到了。究竟有什麼效果呢？治病不一定好，只能提氣。還有中醫講究君臣佐使，一味藥是不行的。還得修福！有福的人，當你有病得到名貴的藥材。這些名貴的藥材，一般害病的人能得到嗎？想買一個山蔘，你能買得起嗎？我小時候在瀋陽，到藥店看看那玻璃瓶裝著，那時候就這麼大一點的小山蔘，還沒有成人形的，一兩以上的，要一萬個大洋！哪個家庭出得起一萬個大洋啊？你買一個小院子，也就幾百個大洋，這個藥要一萬個大洋，那不是普通人吃的。所以藥必須得有福，你的福德有了，山神會給你送。山神、地神他們都是通的，你沒得福報了，沒得智慧，什麼都沒有。

我們現在都講神。神的意思就是妙，他跟你的福報，跟你的智慧是相通的，你有智慧就神了！說那人很神，兩種，一種是他的福德，還有一種是神經病，也很神！你要是到了精神病院去看那些神，那也眞神了。要這樣理解。

聽了這些神，每一位神都是法身大士，這是表法的，隨著佛常時聽的。我們學了《華嚴經》，知道什麼都有人管，花草樹木都有神。

第十是主稼神，不只主藥，藥是不常吃的，糧食你非要常吃不可，人要是幾天不吃就餓死了，得有糧食吃，以下說主稼神。

主稼神

復有無量主稼神。所謂柔輭勝味主稼神。時華淨光主稼神。色力勇健主稼神。增長精氣主稼神。普生根果主稼神。妙嚴環髻主稼神。潤澤淨華主稼神。成就妙香主稼神。見者愛樂主稼神。離垢淨光主稼神。如是等而為上首。其數無量。莫不皆得大喜成就。

這是文字上說他所證得的，大喜是什麼呢？是他的德。大家知道慈悲喜捨吧？這是喜。自益益他，滿一切衆生願，讓他得到利益，生歡喜心。

當你肚皮餓的時候，有糧食吃是最歡喜的了，這也有神來管。這些都是表法的，《華嚴經》把你日常生活當中所需要的一切都說了，而且這些都有神在管理，神在支配，這顯示什麼呢？有福就得，沒福就失，失就是失掉了。看見很容易，我們吃飯、大米飯，乃至玉米，高粱米，很不容易，千萬莫浪費。我們佛弟子，說是「常住一粒米，重如須彌山；如若不了道，披毛戴角還。」你要變畜生去還債。福報來了，你吃著什麼都香，你都滿意，增長你的身心健康，增長你的體力。

唐朝有個「丟餃太歲」李林甫，爲什麼叫「丟餃太歲」呢？他吃餃子，只吃那個肚，邊邊都丟了，就隨著那個排水溝流出去了，這是他的福。後面住著個老和尙，老和尙就把他丟的撿起來，洗乾淨、晾乾，老和尙也不吃，這位老和尙很有道德的。

後來李林甫被貶的時候，沒辦法，肚子餓得要死，在他逃難要飯的時候，到老和尙那兒去了。老和尙請他到廟裏頭住，就給他煮他丟的那個餃子皮，他吃得香得不得了，他問這個老和尙：「這麼香，這是什麼啊？」老和尙說：「你當宰相，我在你水溝裏頭撿的，你丟出來的。」於是他就生起了大慚愧心。這個裏頭主持一切衆生的福德、智慧，你要惜福，知道這是不容易的了。

諸位想想，我們在這兒既不勞動又不付出，生活得還不錯，大米白麵都有，這是福報。什麼福報呢？是你修行的福報。釋迦牟尼佛留白毫相光的一份福德，給他末法的弟子享受。我們是享受佛的慈悲，因爲你是三寶弟子，一定都有的。以前有這麼句俗話，「凍不死蔥」，我們東北的大蔥，不論冬天雪有多厚，大蔥不死的，把它甕起來。還有一句，「餓不死僧」。沒有一個僧人會在道路餓死的。即使是冒充的和尚，現在假和尚很多，他們也沒餓死。只要你沾佛的邊，佛就慈悲。除了佛自己的大慈大悲之外，還有這些主稼神，管理糧食的這些神。這都是法身大士，證得法身的理體，這不是普通一般的菩薩。大菩薩，菩薩之中的摩訶薩。這些神不是一般社會那個神。

第十一是主河神。

主河神

復有無量主河神。所謂普發迅流主河神。普潔泉澗主河神。離塵淨眼主河神。十方偏吼主河神。救護眾生主河神。無熱淨光主河神。普生歡喜主河神。廣德勝幢主河神。光照普世主河神。海德光明主河神。如是等而為上首。有無量數。皆勤作意利益眾生。

河是表法的，佛的法像河一樣永遠流注，滋潤一切衆生。又者形容我們人生的生死就像瀑流一樣，就是急水，淹沒在這當中。這個神能普度一切衆生，經常救護衆生。現在這個河都污染了，河水喝不得。河神的神力沒有衆生的業力大。諸佛一切諸大菩薩，度不了無緣的、不信佛的，沒辦法。這些主河神想讓河水清淨，沒辦法的。在生死流當中他就做不了主了。

什麼力量最大？衆生的業力最大。我們要消業，就要觀想。怎麼樣觀想呢？業性本空，業是沒有體的！本來是空寂的，是你的心造的。這些法身大士證得了心，他們利益衆生，只能啓發衆生，讓衆生消業，回歸本來的自性本體。衆生不回，菩薩是沒辦法的。佛門廣大難度無緣之人，必須得有修，過去有這個因緣才能得到。這些諸神，他有神通妙用，知道你這個業緣，該掉到河裏淹死，他沒辦法，救不了你，得靠自救。

因此，學法的時候，一個發願、一個懺悔、一個迴向，這三種最重要了。自己的業自己了，佛菩薩不能代替。求菩薩的時候是你善念生起，你那業障就消了，跟佛的緣就結的深了，佛菩薩就救了你。另外，你經常要觀想，自己造的業，要自己消。願呢？要發願度一切衆生。我受這個業障障住了，一切衆生比我的痛苦更深。那我發願度他們，從佛法得到一點好處，我要發願給他們迴向。懺悔先消自己的業障，完了發願度衆生，讓衆生也消業障。完了把自己所修的、讀誦大乘、禮拜、懺悔、聞法，迴向給他們。對這些神都應當如是理解。

第十二是主海神。

主海神

復有無量主海神。所謂出現寶光主海神。成金剛幢主海神。遠離塵垢主海神。普水宮殿主海神。吉祥寶月主海神。妙華龍髻主海神。普持光味主海神。寶燄華光主海神。金剛妙髻主海神。海潮雷音主海神。如是等而為上首。其數無量。悉以如來功德大海。充滿其身。

這些都是管理海的。像我們說的東海、南海、北海，這是我們國境之內的，其他國家海的名稱太多了。每個海都有神在主持，這些神都具足一切德行，都是深廣不可思議的，斷煩惱、證菩提、遠離塵垢，使海裏清淨。垢就是垢染的煩惱，塵垢就是要遠離一切塵垢。心跟境，心就是你自己的自體，境就是一切外緣的境界相，你的心把境界相轉了，知道境界相是由心生的。

心生則種種法生，心滅境界相都沒有了。《楞嚴經》上說：「若能轉物，則同如來。」心能轉境即同如來，心被境轉即是衆生，我們就被色聲香味觸法轉變了，眼耳鼻舌身意六根一對上六塵，眞心就失掉了。了知這能覺所覺的，能覺的是你的心意識，所覺的是外頭的色聲香味觸法六塵境界，都是空的。境空、心空，境空心空歸於一眞法界的眞空，眞空不空現的這些妙有，這些神都是妙有。

我們知道外邊這些神，不知道自己的神。我自己的神是什麼神呢？神者變化義，通達義，無障礙義。我們的心是無障礙的，通達的。現在我們這個識，識也無障礙。境上有障礙，心無障礙。

例如你到上海、太原，假工具汽車，你也得經過幾個小時。但是你的心跟他無障礙，你一想太原哪一條街道，你就到了，這有障礙嗎？心跟境合了，如果你修成了，一作意，不但心到了身也到了，這叫神通。我們心能到，身到不了。如果你在這參禪，你的意念作意，你的心到了，心已經把境轉了。心到了，境就變了，境就不能給你做障礙了。他能給你的身做障礙，不能給你的心做障礙，到了你的身心都不做障礙了，那就成了。上面所念一切神的名字，都應當如是理解。現在你能斷煩惱就能離塵垢，就把塵垢離了。

第十三是主水神，海跟水是不一樣的。

主水神

復有無量主水神。所謂普興雲幢主水神。海潮雲音主水神。妙色輪髻主水神。善巧漩澓主水神。離垢香積主水神。福橋光音主水神。知足自在主水神。淨喜善音主水神。普現威光主水神。吼音徧海主水神。如是等而為上首。其數無量。常勤救護一切眾生而為利益。

無論江湖河海，乃至一個小溪流，都叫水。天上下雨了，早晨下霜了，下雪、下露，露也是水。你在露中時，衣服就打濕了，有時露水也是雨。

這些都是形容法水常流。法是什麼意思？佛教授我們的法，這個法是指性體來說，還歸於法性。雲雨是滋生萬物的，法性理體滋生你修菩提道的一切過程。

第十四是主火神。

主火神

復有無數主火神。所謂普光燄藏主火神。普集光幢主火神。大光普照主火神。眾妙宮殿主火神。無盡光髻主火神。種種燄眼主火神。十方宮殿如須彌山主火神。威光自在主火神。光明破暗主火神。雷音電光主火神。如是等而為上首。不可稱數。皆能示現種種光明。令諸眾生熱惱除滅。

火是熱的，人心裏一煩惱就發火，發火就屬於熱的。水屬於情，人一動了感情了就流眼淚，感情特重，愛流眼淚。情是往下墮的，火往上升的。冒火了，眼睛都紅了，就是這樣的涵義。水火既濟，水大了也不可以，火大了也不可以，這些都不可思議。這叫神了。

我們所說的這個火是表現智慧的火，能燒斷你一切的煩惱障。把它都變成善體，火是光明義，能破除黑暗的。但是他也做禍害，從有益方面，你的生活一切都離不了熱能，現在我們都吃熟食，不是吃生食。吃生米你辦不到，得煮熟了吃，什麼東西都不能吃生的，要煮熟了吃，它對人類的幫助很大。

火大了，或者失火了，房子燒了，使你片瓦無存，連住的地方都沒有了。這是損害的表現。智慧光明能祛除黑暗，除你一切的惑、業、苦。你煩惱了，發火了，火盛了，害病了。火大了，說話都說不出去了，喉嚨都發火了，這叫發炎。這有神管嗎？神就是你自己的心。這些神都是你的心，要你降伏你的心。這是講火神。

風、空，都有神。主風神，風是撈不著的，拴不住的。誰能把風抓住，沒有神能管理它，讓它大就大，讓它小就小。

第十五是主風神。

主風神

復有無量主風神。所謂無礙光明主風神。普現勇業主風神。飄擊雲幢主風神。淨光莊嚴主風神。力能竭水主風神。大聲徧吼主風神。樹杪垂髻主風神。所行無礙主風神。種種宮殿主風神。大光普照主風神。如是等而為上首。其數無量。皆勤散滅我慢之心。

這是表方便善巧的。方便善巧隨眾生緣，風是無住性的。方便善巧形容著利益眾生，摧滅眾生的一切煩惱。我們從風可以體會到一個問題，越是空的越沒有實體，力量越大。風能幫助火越燒越大，它也能把火吹滅。風能滅火，風也能滅水，風的力量特大，能把你的海水吹乾。

這裡所說的主風神，他是幫助眾生，把眾生我慢貢高的心都給你摧伏了，無所不摧。大菩薩跟他有善緣，他刮場風把你的煩惱都給摧掉了。主風神表示善巧方便慧的，叫你不住相，一切相都沒有。風，你是抓不著的，你沒辦法把風拴住，風不可繫，就是繫屬不到它，也看不見它，來了好像沒有形影。啊！樹梢動了，知道有風了，借他的形來表相。地、水、火，風，還沒有空的力量大，空了什麼都沒有了。

第十六是主空神。

主空神

復有無量主空神。所謂淨光普照主空神。普游深廣主空神。生吉祥風主空神。離障安住主空神。廣步妙髻主空神。無礙光燄主空神。無礙勝力主空神。離垢光明主空神。深遠妙音主空神。光徧十方主空神。如是等而為上首。其數無量。心皆離垢廣大明潔。

證得空義了，這就是《華嚴經》的眞空絕相觀。我們所依止的上師文殊師利菩薩，他示現爲杜順和尚，發明了華嚴三觀，第一觀是眞空絕相。每個主空神都如是，他證得空性了。證得空性，他不是偏執的空性，跟二乘的空性不同，他證得究竟的空性。究竟的空性是什麼樣子呢？這個眞空，眞空就是不空，不空就是妙有。所有我們這一切種種的相，都是妙有，妙有不是眞有，是幻化的。

從另一方面講，我們這個身體是假的、是空的、是幻化的。但是你要理解，理解了就是證得了。證得眞理，證得一眞法界之後，幻化空身即法身。幻化的這個空身，就是法身。因爲他無體無性，性空緣起。如果你明了「性空緣起」這四個字的涵義，明了是解悟，完了去行，行到證悟的時候，就達到眞空不礙妙有，妙有即是眞空。現在這些主空神都達到這種境界了，一切染垢都離了，空掉了。空掉染汙才能清淨無染，清淨無染才能徧及一切法都是妙有。妙有不是眞有，妙有非有，它就進入眞空的理體。

如果你能理解到我們這個肉體是妙有，那你就成了，你的神通自在無邊的妙用，就變了眞空。兩個是一個東西，眞空妙有，妙有眞空，眞空就是一切有，一切有非有，是指方便善巧之智慧的有，來利益衆生的有。衆生不理解這個有，菩薩就教化他，讓他知道這個有不是眞有，隨緣顯現的。

像海裏頭本來沒有水泡，風一吹，它有了，是緣助成的，這叫緣起。我們人類是怎麼緣起的呢？是你的業緣生起的。業緣生起還得假緣，假你父母的緣。

我們上面所說的這十五種神，都是緣起，哪一種你也離不開。從害的方面說是害，從利益方面說也有利。就說肉體，你現在的肉體沒有離開地水火風四大種。你身上的骨頭肉是地大；你一切的運動，胳膊能動，腿能動，這是風大，沒有風動不了了；你身上不能離開暖，那是火大；你也不能離開水，沒有水你還活的了，這四大種離開哪一樣你也活不了。

《楞嚴經》還加三個，空、根（見）、識。沒有識那是木頭，桌子也是四大種，一切上事物都是四大種，離不開的。人要加一個空根（見）識，你的五臟六腑每一個部位跟每一個部位中間是空的，不空，粘到一塊兒去還得了，腸子跟腸子粘到了，你都不能通了，你沒辦法了。它裏頭是空大，地、水、火、風、空，還有根，眼、耳、鼻、舌、身，意，完了還一個識，意就是識。所以《楞嚴經》說七大。在植物當中沒有空、根（見）、識，經上往往說的是四大種。只有《楞嚴經》

講識的時候加個七大種，七大種就是四大種，任何事物離不開四大種。四大種沒有，空是神所建立的。我們這裡所講的這個神、那個神，都是方便智所成的。

還有主方神：東、西、南、北、東南、西南、東北、西北，加上上下，一共有十方。

第十七是主方神。

主方神

復有無量主方神。所謂徧住一切主方神。普現光明主方神。光行莊嚴主方神。周行不礙主方神。永斷迷惑主方神。普遊淨空主方神。大雲幢音主方神。髻目無亂主方神。普觀世業主方神。周徧遊覽主方神。如是等而為上首。其數無量。能以方便普放光明。恆照十方。相續不絕。

我們是講五方的，東西南北中；道教則是講五帝，東方甲乙木，表色是青的，管東方就叫青帝。南方丙丁火，火是紅顏色的，色是赤的，叫赤帝。西方庚辛金，顏色是白色的，就爲白帝。北方壬癸水，是黑色的，就叫黑帝。中方戊巳土，因爲他是黃的，叫黃帝。

方，在《大集經》用十二個獸來形容。這是菩薩示跡，大菩薩摩訶薩示現利益衆生，表些什麼呢？摧邪顯正的。就連方都有主，世間沒有無主物，就是這樣說的。

《華嚴經》都是有主宰的，黑夜有黑夜的主神，白天有白天的主神。夜間叫主夜神，第十八是主夜神。

主夜神

復有無量主夜神。所謂普德淨光主夜神。喜眼觀世主夜神。護世精氣主夜神。寂靜海音主夜神。普現吉祥主夜神。普發樹華主夜神。平等護育主夜神。遊戲快樂主夜神。諸根常喜主夜神。出生淨福主夜神。如是等而為上首。其數無量。皆勤修習。以法為樂。

主夜神管什麼呢？破除黑暗，生死長夜、無明黑暗。引導你生起智慧的光明，走菩提道，行菩提路，這是他的責任，所以叫勤修。一切衆生常迷不悟的，使他轉變以法爲樂。這是主夜神利益衆生的善巧方便。

第十九是主晝神。

主晝神

復有無量主晝神。所謂示現宮殿主晝神。發起慧香主晝神。樂勝莊嚴主晝神。香華妙光主晝神。普集妙藥主晝神。樂作喜目主晝神。普現諸方主晝神。大悲光明主晝神。善根光照主晝神。妙華瓔珞主晝神。如是等而為上首。其數無量。皆於妙法能生信解。恆共精勤。嚴飾宮殿。

這是白天，前面那個主夜是黑夜。這個顯智慧光明，白天都是光明的。修行他自己所有的正解、正行、正願、正信。必須先信而後解，解而後才能行。如果只有信心沒有解，解就是解脫。學習的時候就叫解，修行成就的時候就叫解脫。光有解，沒有行，容易生邪知邪見。很聰明的人往往信邪教，不信正教，有解無信。有信，信是正因，而後生起解，解就是明白，學解。解完了之後，生起清淨的淨行。越明白，信心越堅定；信的堅定，解行也越成就，完了才能去做。這是晝的涵義。

以前所有的神，除了常隨眾執金剛神之外，剩下的全是女神。所有主晝、主空、主水、主火、主海，全是女神。什麼意思呢？表慈悲。女性慈悲，還有慈悲孕育一切眾生，女性是生長義，孕育義。所以菩薩現女身的非常之多，善財童子到了菩提場，參普賢菩薩，那些主晝神、主夜神，全是女性。大悲爲本，慈悲爲懷，就是慈悲、孕育，慈悲孕育一切衆生。

上面這十九種神大多數用器世間形容，不是有情世間，世間有器世間、有情世間、正覺世間，這裡大多數是形容器世間的。

以下解釋八部鬼神，都是稱王的。稱王就是主宰義，大概就是男性多了。以前有八段，全是雜類。現在是天王，四大天王，每個天王統領八部鬼衆。四八三十二，中天是忉利天，帝釋天主，通稱爲三十三天。三十三天是四大天王統領的，八部鬼神衆，每個天王統領八部，四八三十二，加上忉利天，通稱三十三天。這是有情世間。有情世間有好多類呢？以下一類一類的解說。

◎異生衆：八部四王衆

第一是阿修羅王。

阿修羅王

復有無量阿修羅王。所謂羅睺阿修羅王。毗摩質多羅阿修羅王。巧幻術阿修羅王。大眷屬阿修羅王。大力阿修羅王。徧照阿修羅王。堅固行妙莊嚴阿修羅王。廣大因慧阿修羅王。出現勝德阿修羅王。妙好音聲阿修羅王。如是等而為上首。其數無量。悉已精勤。摧伏我慢。及諸煩惱。

這個就代表精勤修菩薩行，摧伏我慢及諸煩惱。有的經本翻「阿修羅」爲「阿素洛」，有的翻「阿素羅」，這都是原音翻的，意譯叫「非天」。不是天而作爲阿修羅，「阿修羅」就翻「非天」，他生活跟三十三天同等的。但是有的經典解釋，有人阿修羅，有天阿修羅，有畜生阿修羅，有地獄阿修羅。有人說五道，天、人、阿修羅、地獄、鬼、畜生，阿修羅遍於五道。阿修羅這一道就取消了，因爲他是遍於五道。但是，這裡所說的阿修羅，是天道所攝的，跟天人是一樣的。但是他有一樣的毛病，有天人之福沒有天人之德。阿諛、奉承、諂媚，像這一類的大概是阿修羅來的。因爲他多諂媚，沒有天人的德。

鬼、畜生這兩種也有阿修羅。在《阿毗曇》上說，他屬於鬼趣。《正法念處經》說，鬼趣畜生道，都有阿修羅。又者，說一切有部主張阿修羅是師子之子，師子生，各個經說的不一樣。《伽陀經》說，天鬼畜生所攝的。惡人也是阿修羅，人道也有阿修羅，他是遍於五趣。

阿修羅好鬥爭，勝負的觀感特別重。大家可以從現實生活裏去體會，連螞蟻裏頭都有阿修羅。你要會觀察，你不觀察不知道。還有馬、牛都有阿修羅。這個我觀察過，因為到西藏去的時候，跟那騾幫走。那個騾幫的阿修羅，非常地厲害，非常地惡性。搖騾幫的就利用這個騾子，他們叫頭騾。騾子上腦殼帶個紅纓，底下帶個大鈴鐺，叮叮噹，叮叮噹。走路的時候牠走在前頭，如果其他的騾子往前走，牠就連踢帶咬，其他的騾子不能超過牠。牛也有，叫頭牛。如果牠一對一對走的時候，哪個牛超過牠，牠就拿犄角打你，牠的力量也特別大。

牠這個主人對牠特別好，搖騾幫的是騾夫，和搖牛幫的一樣，為什麼呢？牠能幫助你做事。一到地點了，剛一卸下來，騾夫就拿那個豌豆或者拿點什麼，先給牠兩把，讓牠吃了。別的騾子卸下來都休息了，牠的工作來了。那個騾子是一排一排的，一個繩子拴上一個鐵樁，釘到地下，那上頭一個帶子，把每個騾子的腳都拴上。這個頭騾，就是我說這個阿修羅騾不拴牠，牠就在這裏巡視。不論狼來了，豹子來了，牠就跟牠鬥去。牠一鬥，主人就曉得了，拿槍就出來了。牠什麼都不怕，哪個騾子不規矩了，頭騾就要咬牠，連踢帶咬，那個騾子就不敢不聽牠的話。牠非常的惡，這叫畜生的阿修羅。牛也如是。

本來騾子怕豹子、怕虎，這個頭騾牠不怕，牠來了牠就跟牠鬥，牠一鬥，主人就知道。搖騾子的就對牠特別好，這是我看見的騾子。

還有西藏的藏狗，西藏人不是定居的，是遊牧的，有個牛毛帳蓬，帳蓬為什麼要牛毛織呢？每個藏人的小孩最初就得學會織牛毛帳蓬。他們的帳蓬都是牛毛的，爲什麼要牛毛的？下雪天，雪就存在牛毛帳蓬上，滑下去，不往裏頭浸的。雨再大，隨著它那個牛毛帳蓬的毛流下去，風雨無侵。

如果把那簾子一關，幾條藏狗就放開了，不論虎豹狼，什麼土匪來了，牠一律不怕，藏狗很厲害，要是有兩三條狗，不得了。白天，人家要來了呢？那狗都是大鐵鏈子拴，那狗的力氣非常大，得拴上牠；不然牠把人傷了。你騎著馬來了，牠咬你。這也是畜生的阿修羅。

阿修羅轉到畜生的時候，牠能降伏其他的衆生。但是牠見到主人，諂媚的不得了，頭騾也好，牠往你身上蹭了，因爲你給牠糧食吃。給牠幾團糌粑吃，牠高興死了，牠聽你的，又給你搖尾巴。狗也如是。牠會諂媚，跟那阿修羅個性一樣。

阿修羅有天人之福，帝釋天娶的太太，大多是阿修羅的女人。男的很醜，女的很漂亮，女的願意嫁給天人，她不願意嫁給阿修羅，因此就爲這個爭。天人跟阿修羅經常打仗，就是爭女性。這是佛所說的故事。

我們現在念的這些阿修羅不同了，這是大菩薩寄位來度阿修羅的。他有好大本事呢？阿修羅跟天人打的時候，他把太陽遮住，把月亮遮住，沒有光明了。天人有時候跟他戰的時候，把太陽跟月亮光給遮住，他的煩惱比天人的煩惱重的多。他能用手隱敝日月，取頭髮絲，他能變現很多的幻境。幻作種種事故，生來就有這個本事。這是天阿修羅。

我們現在念的這些阿修羅是大權寄位，專門度眾生的，專門降伏阿修羅的，示現阿修羅身而度阿修羅。菩薩示現人身度人，示現畜生身度畜生。這非得登地的大菩薩。為利益哪一類的衆生，說這一類的衆生跟他有緣，這就是緣起諸法，有緣者他就去度，無緣者難度，怎麼解釋呢？

像我們出家在家的四衆弟子，比丘、比丘尼、優婆塞、優婆夷，指佛穿衣，賴佛吃飯，完了墮到阿修羅，或者墮到畜生道。但是，他不精進、不修行，懈怠破戒了，墮到三惡道去，以前他也拜過菩薩，或者跟觀世音菩薩特別有緣，或者跟地藏菩薩有緣，大菩薩就去度他。他墮到阿修羅道，大菩薩就示現阿修羅就去度他。無緣難度，不管他多墮落，不管他是假和尚、假比丘尼。有人問我：「老和尚您怎麼看這些冒充的和尚？」我說：「冒充的也好，總是種個善根。」

諸位大菩薩，你將來對待一切衆生，哪管他有一念善根，你就幫助他多增加一點，不要太固執，太保守了。他是壞人啊！我經常跟知客師談到這個問題，只要入到佛門都用慈悲心攝受他，好人還要你去度嗎？我們度的就是壞人。我不曉得諸位道友是不是這樣觀念？一定說他那個人很壞，不要理他，這是錯誤的。

我們學觀世音菩薩、普賢菩薩，他看一切衆生，縱使墮到地獄去，墮到三塗去，墮到阿修羅，墮到餓鬼道，只要有緣的，就跟他結個善緣，越結越深。為什麼地藏菩薩到地獄去度衆生？大家念〈普門品〉，只要有人念觀音菩薩，觀音菩薩只要聞到他的聲音就來度他。能念就是緣，不論他的罪惡多大，他那時候心裏還有個觀世音菩薩，他認為觀世音菩薩能救他，他念，觀世音菩薩就來救他。《地藏經》說，你稱地藏菩薩名號，一念他就來了。

這些阿修羅是大菩薩示現的。同類攝，你不跟他同類，他的語言你不通，你不跟他同類，他不跟你接近，你又怎麼度他呢？示現同類，還得跟他說好聽的話，讓他心裏高興，這屬於愛語攝。

有些人愛貪便宜，你是大菩薩，給他一點就結了緣了，他跟你多親近了。你說的話他就聽了。「先以欲鉤牽」，用五欲境界來引誘他，「漸令入佛道」，漸漸地把他引入佛道。不然度衆生怎麼度呀？這叫示現同類生。

所以《華嚴經》所說的常隨衆，不是一般的菩薩。前面舉的十普菩薩、海月光菩薩，而後面舉的這些雜類，有情的、無情的，都是大菩薩所度的對象，你要行菩薩道，對什麼人行菩薩道？明白這些道理了，你念的這些神都是大菩薩。他的名都是德行，是修德所感的，這不是眞實的，示現哪一類都不是眞實的。這裡示現的是阿修羅，八部鬼神衆之一。

迦樓羅王

第二是迦樓羅王。

復有不可思議數迦樓羅王。所謂大速疾力迦樓羅王。無能壞寶髻迦樓羅王。清淨速疾迦樓羅王。心不退轉迦樓羅王。大海處攝持力迦樓羅王。堅固淨光迦樓羅王。巧嚴冠髻迦樓羅王。普捷示現迦樓羅王。普觀海迦樓羅王。普音廣目迦樓羅王。如是等而為上首。不思議數。悉已成就大方便力。善能救攝一切眾生。

度眾生的善巧方便智都已具足了。「迦樓羅」又叫「金翅」，有的釋迦牟尼佛像上頭有一個鳥，那就是金翅鳥。或者翻譯「妙翅」，為什麼叫妙翅呢？因爲牠的翅膀上有好多寶色莊嚴，這是就牠的形狀來翻的。約敵對，此云「大嗉項」，牠常於龍宮吃龍，以龍爲食。龍就向佛求，請佛救護牠，佛就以佛的神力把大鵬金翅鳥治了。大鵬金翅鳥說：「如果不吃牠，我怎麼活呢？」佛說：「沒關係，讓我的弟子施食的時候，給你一分，那就有吃的了。」所以我們施食的時候，給大鵬金翅鳥一份。牠雖然也能吃人，現在佛把牠度了。度了以後，牠救度人，再不吃人了。

牠能化四種生：胎、卵、濕、化，四生都有。在《增一阿含經》裏說牠的力量非常大，「大鵬展翅恨天低」，實際上沒有天了，牠飛到空中去，是沒有天了。牠飛行速疾，龍則是變化的，龍能興雨、制雷，但龍鬥不贏金翅鳥。〈山海經〉裏說：「西方有大鵬鳥」，西方哪有！如果金翅鳥多了，把龍都吃盡了。這是不可能的，只是文獻上這麼說。牠住在金剛山樹岔上，入海取龍。牠到海裏取龍的時候，把龍吃了，又回到山上，海水還沒喝。

古來說：「大鵬展翅恨天低」。牠一飛、一展翅十萬八千里，比飛機快多了。大鵬一展翅十萬八千，什麼電力也沒牠快，這是業報，力氣非常大。佛給牠受了三歸，把牠抓住，牠飛不動了。佛的頭上不是有個大鵬金翅鳥，後來牠成了護法。所以在我們施食時給牠一份。

大家可能有疑問說，龍的肉體非常巨大，我們施食那麼一點飲食，牠能吃的飽嗎？這是你的看法。因爲我們有變食眞言，看你拿出幾粒米，一念咒，比須彌山還大呢！隨便你好多鬼神也吃不完的，神力不可思議。這就是佛的神力。

在《阿含經》上講，佛把大鵬金翅鳥逮住，給牠受三歸，受了三歸後牠給佛作護法。每個七寶宮殿上頭都塑個大鵬金翅鳥。在受如來的八關齋戒法中，這個鳥到海裏吃龍的時候，佛給這些龍王受八關齋戒，就吃不到龍了。牠找佛，佛也給牠受了三歸。歸依佛後不吃龍了。

華嚴法會，毗盧遮那佛常隨衆的八部鬼神衆，上回講的是十九種神衆，現在講第二部分，四王衆。四王衆有八段文，前四段說雜類的，後四段是能統領的天王，所統領的是八部。阿修羅、迦樓羅王，我們講過了。現在講第三衆緊那羅王。

佛的護法常隨衆緊那羅王，跟普通經論所說的緊那羅王不同的，名同涵義不同。他們的地位不同，他們是大菩薩寄位顯的，這些鬼神，我們把他看成跟文殊、普賢、觀音、地藏是同等的。華嚴法會大多數都是八地以上的菩薩，證得一眞法界。因此，雖然他是寄位鬼神衆，寄位不是實際受報。

第三是緊那羅王。

緊那羅王

復有無量緊那羅王。所謂善慧光明天緊那羅王。妙華幢緊那羅王。種種莊嚴緊那羅王。悅意吼聲緊那羅王。寶樹光明緊那羅王。見者欣樂緊那羅王。最勝光莊嚴緊那羅王。微妙華幢緊那羅王。動地力緊那羅王。攝伏惡衆緊那羅王。如是等而為上首。其數無量。皆勤精進。觀一切法。心恆快樂。自在遊戲。

「其數無量」，類似這些緊那羅王，他們的數量是無量的。「無量」，言其多，不能以數字來形容。

爲什麼叫緊那羅王呢？是就這個神的本位說，懷疑心很重，叫疑神。另一種，其他人看見他，懷疑究竟是人不是人，所以叫疑神。因爲他是人，頂上長個角。形狀像人，但是他的頭上長個角出來，就不是人，人的頭上沒有角。牛長角，又像獸類，但是他是人，相貌很端正。人見他生懷疑，說他是人呢？不是人呢？在佛經裏講雜生類，就是似人非人這一類。他屬於畜生道攝，不是人。

又者，他是帝釋天執法音樂的樂神，是四天王的眷屬。這一類的很多，寄位的大菩薩，以這個同類攝，示現一類來度這些衆生。這些菩薩示現的似衆生而非衆生，示現緊那羅王不是緊那羅王。因此，佛的常隨衆裏頭的鬼神衆，如果這部經是屬於小乘的、是屬於方等的，他就不是菩薩寄位了。但是在華嚴部裏頭，那不同了，全是寄位的菩薩。

小乘教義講，有這一類衆生。似人非人，屬於畜生道攝。儘管他有神通有自在，比人的神通大，他屬於天人，給帝釋天做樂，他比人大了，屬於天道攝，但是他是天道的畜生，是衆生而非衆生。

因爲寄位的緣故，他們用這個法來調戲自己，這是自在的遊戲。另外，他以樂器來攝受衆生，雖然是似人非人，他能現的比人的神通妙用大得很。不說寄位，就光說這些緊那羅王。知道這種形式，大家對這個神要有另一種的看法。我們經常說你疑神疑鬼的，就是這個涵義。

人間有狐、黃、柳、豆四種仙，這四種都是畜生。這種畜生屬於仙道攝，也就是我們人間所說的仙。狐狸能修成仙嗎？他是這一類，生到仙狐之類。像人，有人中的神仙、地仙，像寫小說，神通妙用，那些神仙，人中的地仙，他是另一類。對這個神得這樣看法。這都是修道者，或者念頭錯了，或者幹什麼錯了，他有福報又有修行，但是沒成道業，就墮落成這一類。

禪宗語錄有這麼一段故事。這天講經的時候，講完了都走了，有一個老者不走。百丈祖師就問他：「你還有什麼請問的嗎？」他說：「我請問祖師，修道者修成功之後，落不落因果？在這個因果當中受不受報？落不落因果？」

百丈祖師就問他：「你怎麼這樣問呢？」他說：「我過去是說法的大法師，有人請問我，歷代的大德們，他們在行菩薩道、利益衆生的時候，有示現做這些事，還落不落因果？」

百丈祖師就問：「你怎麼答覆的？」他說：「我答覆不落因果，他已經成道了，還落因果嗎？但是這樣答覆是錯誤的，因此我就墮了野狐身，五百世。死了又轉狐狸，死了又轉狐狸。我是化現的人身來這裡聞法的。」

百丈祖師就說：「你再請問我吧。」他就請問百丈祖師，他說：「這些大德已經成道了，他們還落不落因果？」百丈祖師答覆跟他答覆的不一樣：「不昧因果。」

「不落因果」跟「不昧因果」中間只錯一個字，一字之差。「不落因果」，再不受因果了。「不昧因果」，因果是清清楚楚的。「不昧」跟「不落」就是一字之差。還受不受報，還墮不墮？百丈祖師就說不昧，隨緣。佛成佛了，還受不受報呢？以前欠的照樣還。你入了佛門，出家了，你過去欠人的，歷世冤親，還報不報呢？依這個涵義，還是要還的。欠人家的一定得要還，但那是自在的還。（按：本則公案典出〈五燈會元〉卷三。）

再舉個例子。你過去欠人家一萬塊錢，隔了好多世。但是這一萬塊錢還有利息，我們說有驢打滾的利息，驢打個滾那錢就翻一倍，就是這個涵義。放高利貸，剝削人家，巧取豪奪，以後還不還人家呢？還。我們生生世世的因果緣起延續不斷，就是這個原因。那你怎麼解釋呢？

過去時你很窮，你欠人一萬塊錢，沒辦法還，還不起。又經過好多生，好多生又有利息了，這一萬塊錢可能變成十萬塊錢，再還就得還十萬塊錢，但是你現在已經成了十億，你還一萬塊錢，簡直是無所謂的，對你不痛不癢的。當你修成道了，你還報，甚至還他命債也無所謂了。在你是遊戲，是這個涵義。不是不還，一定要還。那時候是自然的，而且還很愉快的。

感到你今生受了委屈，冤枉。沒有冤枉的事，學佛的人知道，這叫因果報應，哪有冤枉的。現在好像你受害，別人把你陷害，你想到過去你陷害過他，他今天才陷害到你。不只個人，整體有整體的因緣，某個部分的部族跟另一個部族，冤冤不解的這樣打，這個國家跟那個國家永遠這樣打，沒完沒了，這是過去的。現在講的天道、鬼神，人間亂，天道先亂。

我們前頭講到阿修羅，阿修羅常時跟天人打。天上先開打了，人間才打，看哪個戰勝。如果這個社會邪知邪見很多，正義不能興，地水火風四大不調，天災人禍很多，你就知道了，這個時候天道也很亂，因果是不會錯的。

我們現在講《華嚴經》這些鬼神衆，那是大菩薩示現的。菩薩示現的衆生，不是跟這個衆生一樣的，示現人，這叫化現，不是實際。人有四生：胎、卵、濕、化。大家都看到孫悟空是化生的猴子，不是化生的人。大梵天，或者我們生到極樂世界去，化生的，不是胎生。這些八部鬼神衆，有的是化生的，有的是胎生的，各個不同。像我們前頭講的大鵬金翅鳥，牠是卵生的。

在這裏每個神都先講他的德行，德行是修道所成就的，那是德。他示現的這個種類，菩薩的德就隱了，因爲他示現衆生，得跟衆生一樣的。示現是畜生，你得跟畜生一樣的，他是度這個畜生，就跟他示現同類。前面跟大家講，那個騾子、牛，牠都有阿修羅，有那一類的，牠不是眞實、實在的。我們是人，是眞實、實在的。受報也是實在的，享福也是實在的，這都是實在的。

我們這個實在，在佛菩薩看是幻化的，如夢幻泡影。在我們身受者，幻化不了，我們把它當成實在的，受苦眞是苦。如果我們觀想成就了，當你靜坐的時候，不感覺是苦，受苦不苦了。這是總說，現在我們講的鬼神衆都是菩薩示現，懂得這個涵義，別把他當成平常所說的鬼神對待，那就不對了，這是跟佛聞法的，常時護法的。

第四種是摩睺羅伽王。

摩睺羅伽王

復有無量摩睺羅伽王。所謂善慧摩睺羅伽王。清淨威音摩睺羅伽王。勝慧莊嚴髻摩睺羅伽王。妙目主摩睺羅伽王。如燈幢為眾所歸摩睺羅伽王。最勝光明幢摩睺羅伽王。師子臆摩睺羅伽王。眾妙莊嚴音摩睺羅伽王。須彌堅固摩睺羅伽王。可愛樂光明摩睺羅伽王。如是等而為上首。其數無量。皆勤修習廣大方便。令諸眾生永割癡網。

每個摩睺羅伽王都統領很多眷屬，眷屬有多少呢？廣大無邊。他們都是修習廣大方便度這一類衆生，令這一類衆生永遠不再愚癡了。這種衆生非常地愚癡。什麼叫「摩睺羅伽」呢？叫「大腹行」。「大腹行」是指著什麼類說的呢？蟒、蛇之類的。菩薩爲了救度這一類衆生，示現跟牠同類，攝伏牠們那個呆癡。這類衆生不明事理，不但理上悟不得，事上也不知道。度牠們，讓牠們捨呆癡，這是蟒蛇之類的。菩薩度衆生的時候，「無類不現身」，每一類都有大菩薩在那救度。當然我們人類更多了，菩薩在人類示現人的菩薩，這個大家都能理解到了，不加解釋大家也知道，這是摩睺羅伽王。

第五是夜叉王。

夜叉王

復有無量夜叉王。所謂毗沙門夜叉王。自在音夜叉王。嚴持器仗夜叉王。大智慧夜叉王。燄眼主夜叉王。金剛眼夜叉王。勇健臂夜叉王。勇敵大軍夜叉王。富資財夜叉王。力壞高山夜叉王。如是等而為上首。其數無量。皆勤守護一切眾生。

「夜叉王」就是北方的天王，我們現在舉前頭這一句，無量摩睺羅伽王，王者就是主，統領以下的這個。爲什麼這些都加王呢？王者是自在義。他還統領好多好多眷屬，因爲他是王，一個國王統領一個國家，所舉這些都是王。每一王還有好多的臣民，加個王就是這個意思。

什麼叫「夜叉王」？就是北方天王，四大天王中的毘沙門天王。要從他所領攝的屬於天衆攝，這個天王都如是的。每個天王都有兩部。「夜叉」，翻「輕捷」，飛快速疾，還有名叫「苦活」。附屬於夜叉王的叫羅刹，翻「可畏」，看到他可怕。我們經常形容夜叉，夜叉是惡鬼一類的，最兇惡的、最殘暴的，但是這個是菩薩化現的。

北方天王，梵語叫「毗沙門」，華言叫「多聞」，他以福德、智慧得名的。「多聞」就聞四方，東西南北。他統領的都是夜叉，同是一天，他們分有九衆，十衆爲首的是王，其餘九衆是王所屬的，屬於天一類而非天，四大天王都如是。

夜叉王飛空啖人，在空中行走，吃人的。他吃人，不吃你的肉體，只吃你的心血，但是你必須是修道的人，不是修道人的心血，他不吃的，他吃你沒有加持。

以前我就遇見過。這是我們廟上的故事。那時我剛出家，我的師公元福老法師，這位老和尙道力非常地好，生活非常艱苦，有時候幾天吃不上飯；但是他攢一文錢，能買一塊磚就買一塊磚，他在修廟，這個廟在北京頤和園後邊，那叫清涼橋，這個廟現在沒有了。他專持《法華經》，能背《法華經》，但是他沒讀過一天書。你要他讀經他都認得，但是離開經，他就不認得了，這是特點。一面對經本，他能背又能念，你把經上的字抽出來問他，他不認識了，離開經，他就不認識了，照著經本能讀。他很修行，日中一食、夜不倒單，行苦行。

那時候我剛出家，不懂事。有一天夜裏，他到外頭去，寺廟裏的廁所離寺廟都很遠，寺廟和尙的大困難就是上廁所，而且是大廁所，大家共用的。他上廁所回來，穿的就是我們這個襯衫了，身上全是血。我們不曉得他受了什麼災害，問他，他一聲不吭，大家就給他洗洗身，把他的衣服給換了，他也不理你，一句話也不說，他就坐那兒。隔了三天，好了。

我們就問他怎麼回事？他說：「夜叉食我的血。」身上一點傷都沒有，但是渾身都是血。夜叉食修行人的心血，他遇見那個天夜叉吃他的血，因爲他是修道者。我後來看到夜叉吃人，不是吃你的肉體，不是每個人他都吃。看什麼樣的夜叉，他要找什麼樣的人吃，夜叉是食人的。這是故事了。

在清涼國師引證裏頭，《大般涅槃經》十一浮囊喻中，羅刹乞浮囊，要一個水囊，就是裝水的袋子。這種羅刹叫貪欲煩惱破戒，出家人貪欲心重、煩惱重，破戒了，但是他還有正確的知見，雖然破戒了，知見還正確，就墮落到羅刹道，叫愛羅刹，這是第一種。

還有一種知見不正，撥無因果，起諸邪見，不是斷見就是常見，這是第二種。因爲見破了，這個罪過就大了，這叫羅刹。羅刹專門引誘修道者，比丘尼、比丘要注意了，讓你破戒，讓你產生邪見，入邪見網，不是落於斷、就是落於常，總不能契合中道，斷、常二見不除。

破戒，懺悔還可以得度，破見了很難度的。他說：「我沒罪，只是看問題，看法跟正見是不一樣的，邪知邪見。」所以破戒，你懺悔，或者再補，好度。破見了，他執著得不得了。你讓他轉換看法，比什麼都難。往往吵嘴、鬧架了，就是知見不和。不破見的愛見羅刹，他對你的法身慧命是沒什麼傷害的。如果是破見的，對你的法身慧命就有傷害了。經常說的愛見大悲，你會墮羅刹的。有大悲心，但是愛見大悲。或你的情人，對你的六親眷屬，大悲心就有了。跟你沒關係的，大悲心沒有了，這不叫大悲，也不叫慈悲，這叫愛見。這個夜叉跟羅刹同一類，都是毗沙門所攝受的。

這個毗沙門是多聞天王，聞於四方。

第六是龍王。

龍王

復有無量諸大龍王。所謂毗樓博叉龍王。娑竭羅龍王。雲音妙幢龍王。燄口海光龍王。普高雲幢龍王。德叉迦龍王。無邊步龍王。清淨色龍王。普運大聲龍王。無熱惱龍王。如是等而為上首。其數無量。莫不勤力興雲布雨。令諸眾生熱惱消滅。

「龍王」就是四大天王像裏頭拿蛇的那個，是西方天王。這個龍王，相貌很醜陋。「毗」就是普遍的意思。「樓」，具足說「嚕波」，此云「色」。眼、耳、鼻、舌、身，有種種色。

他率領二部，一部是龍，一部是鬼。這個鬼叫什麼呢？「富單那」。「富單那」叫「熱病鬼」，人發高燒，或是中邪，可能中了熱病鬼。「娑竭羅」，此云「海」，翻漢言就是「大海」。晉譯華嚴，管他叫「多舌」，「多舌」是愛說話，又云「能害」，意義很多。

龍王有多種，不是都在海裏頭。他發瞋恨，被他的氣息熏習了，無論是人還是畜生都會死的，會得他的熱惱病。不過，在阿耨達池的龍王，他沒有熱惱病。龍有四種煩惱，四種熱惱，但是這些龍王就沒有了，〈大智度論〉說這些龍王都是七地以上的菩薩。《須彌藏經》上說，有象形的龍、蛇形的龍，以蛇形龍最多，馬形的龍、魚形的龍、還有蝦蟆、蝦子、螃蟹這類的龍，示現種種。象形的，以善住龍王爲主。蛇形的，以難陀龍王爲主。馬形的，以阿那婆達多龍王爲主。魚形的，以婆樓那龍王爲主。蝦蟆形的，以摩那斯龍王爲主。龍王還有很多，我們所看見的叫畜生的龍，跟魚差不多。

從經論的教義講「龍王」，清涼國師〈華嚴疏鈔〉引述《須彌藏經》下卷經文，功德天自己敘說。功德天是龍，這個佛就指著釋迦牟尼佛說的，往昔因陀羅幢相王佛所，我們共同發的誓願，現在釋迦牟尼佛願滿了，成佛了，心意滿足了，願也滿足了。所以現在如來出現於世，也住在功德之處，「我今雖復住在功德處，猶未圓滿昔本誓願。」由於過去發的願不同，願還沒滿。以是之故，這個處多有象龍，他是象龍一種。有的時候同類的，惱害衆生的，有一種惡龍，請佛除滅。

佛就告須彌藏龍仙菩薩說：「汝於往昔燃燈佛所，化度諸龍，起大勇猛，經四生龍。」胎、卵、濕、化四生都有。乃至於我們前頭的，或者現象形的，馬形的，驢形的，魚鱉蝦蟹形的都有。四生都有龍，惡毒的、毒氣的、見毒的、觸毒的、齧毒的、貪瞋癡毒的，「云何當令如法除滅呢？」

那個時候，彼菩薩答，這菩薩是龍身的，說「我入其宮」，入到其宮就是龍所住的地方。我們經常說龍宮是水，但這裡不是水。入深三昧，當降伏那個龍。我從阿僧祇劫以來，修行勇猛精進，能教化一切衆生，說這些衆生是此諸龍王。教化他們以華嚴大乘的法，精進修行。

這個叫善住龍王，示現一切象形的龍主。難陀龍王為一切蛇形的龍主，阿耨達龍王為一切馬形的龍主，婆樓那龍王為一切魚形的龍主，摩那蘇婆帝龍王為一切蝦蟆形的龍主。如是等諸大龍王，能與衆生，作諸衰惱，自餘諸龍，自力不堪，作上衰患。此五大龍，安住大乘，有大威德。是大龍王，各各於佛前，率諸眷屬，而不令起任何的災禍，都入了佛法僧三寶種性，久於世間，不令速滅，在世間化度衆生。這都是行菩薩道。

有時候說龍，興雲布雨，散諸災毒。說制病、災毒、流行疫發展、禽疫發展，不知道內在還有個原因，那是衆業所感的。但是以善法來消滅這些災害，消滅這些熱惱。夏天很熱惱的，下那個微細的小雨，感覺非常清涼。

除了經文上講的龍王，還有守藏龍。守藏龍是不沾水的，寶藏之中有龍在守。其實我們看見就是蛇，藏經樓上經常有小蛇，有時候有，有時候就見不到，有時候牠就出來了，趴在供桌上。有的寺廟有，那得這間廟的和尚有點修行。這叫守藏神。至於龍樹菩薩取《華嚴經》，他是在藏經樓收的，那是守藏龍，那個龍宮不是海裏的那個龍宮。取《華嚴經》，是在人間的樓裏頭，我們沒有神通力見不到。

就像太陽、月亮，這個月球跟佛經說的月球不一樣。神話的月球裏頭有嫦娥，嫦娥奔月，有吳剛造酒、還有玉兔，天晴了還有棵樹。美國飛機上了月球，把那石頭取下來一塊，在美國紐約博物裏面看，這些神話都破滅了。

佛教所說的月天子宮是在空中，不是月球上。四大天王我們沒見到，但是蛇我們見到了，這都是北方天王的部屬。佛所說的這個事實，跟社會所傳說的事實是兩回事。

第七是鳩槃荼王。

鳩槃荼王

復有無量鳩槃荼王。所謂增長鳩槃荼王。龍主鳩槃荼王。善莊嚴幢鳩槃荼王。普饒益行鳩槃荼王。甚可怖畏鳩槃荼王。美目端嚴鳩槃荼王。高峯慧鳩槃荼王。勇健臂鳩槃荼王。無邊淨華眼鳩槃荼王。廣大天面阿修羅眼鳩槃荼王。如是等而為上首。其數無量。皆勤修學無礙法門。放大光明。

這是南方天王，「毗樓勒叉」，也就是增長天王。南方增長，謂能令自他的善根增長。此王更領一部，叫「薜荔多」，也就是魘魅鬼。這一類的衆生障礙深重，菩薩示現到這裏頭來度這一類衆生，以智慧光學習權實諸法，使這類衆生都能得度。權就是示現的，實就是證得般若根本智的方便智，用方便智來利益衆生。

第八是乾闥婆王。

乾闥婆王

復有無量乾闥婆王。所謂持國乾闥婆王。樹光乾闥婆王。淨目乾闥婆王。華冠乾闥婆王。普音乾闥婆王。樂搖動妙目乾闥婆王。妙音師子幢乾闥婆王。普放寶光明乾闥婆王。金剛樹華幢乾闥婆王。樂普現莊嚴乾闥婆王。如是等而為上首。其數無量。皆於大法深生信解。歡喜愛重。勤修不倦。

這個大法是指《華嚴》，是指心法說的。「乾闥婆」，就叫「尋香」。喜歡玩樂的這一類人，說是諸樂兒，喜歡歡樂的、快樂的、不事生產的，不事生業的，但食飲食的香氣，他去求快活，食那個香氣。這類都喜歡奏樂，喜歡樂器，做音樂的器皿。三弦、五弦、七弦、笛子，這是樂器。以這個得名，但是他們吃的只是香氣。住的處所，就是十寶山間。只吃香味就行了，這是帝釋天的樂神，給帝釋天負責唱歌的，拉樂器的，彈琴的。這類天王是東方持國天王，護持國土，安眾生故。他領的眾叫「毗舍闍」，也就是「噉精氣」，噉有情和五穀的精氣。

「皆於大法深生信解，歡喜愛重。」這個大法是什麼大法呢？緣起法，性空緣起，一切法都是緣生的，緣生而生諸法。他非常的信解，不但信，而且還解，解而後行，行而後證。這是大菩薩了，深心愛重。

◎異生眾：欲界天眾

第一是月天子。

月天子

復有無量月天子。所謂月天子。華王髻光明天子。眾妙淨光明天子。

安樂世間心天子。樹王眼光明天子。示現清淨光天子。普遊不動光天子。星宿王自在天子。淨覺月天子。大威德光明天子。如是等而為上首。其數無量。皆勤顯發眾生心寶。

「第三，月天子下十二段，明欲色諸天衆。」前頭是講八部鬼神衆。第三，月天子以下有十二段，明欲界、色界這些天衆。天是什麼？是我們自然的心。我們講神通，神名天心。通呢？就是智慧的性，通名慧性。天是自在義，還有光明義，清淨義。天者就是清淨的意思。在〈大智度論〉裏頭講，天有三種：一者人天，就是帝王，人間的帝王。二者生天，就是欲界、色界諸天。三者，叫淨天，是佛菩薩寄居的，叫第一義天。天人壽命的長短，身體的大小，衣服的輕重，宮殿的勝劣，在〈俱舍論〉、〈瑜伽師地論〉、《起世經》裡說的非常多。這不是華嚴要說的義，此處就把他略了，只是舉這個諸天子略表一下。

現在先明色界天，後頭有五段都是解釋色界的諸天。說天，先從月天子說起，初明月天子。月亮有月亮的神衆，「復有無量月天子」，有無量的月亮，在三千大千世界一個佛教化的國土，無量個像我們這樣子的南贍部洲。「無量」就是不是一個，二個，三個，五個，一千，二千，一萬，二萬，無量。衆生無量，衆生寄居的處所世界也無量。這爲首的是月天子。

月天子是顯衆生的心寶，就是讓衆生回歸自己的本心。月者，缺也。月是虧缺的意思，日月加起來就是明，月就缺半邊。它是水精寶所成的，下面頗胝迦寶是水精所成的。有兩種作用，一種能冷，清涼義；能照，光明義。菩薩寄位到月天，得到清涼，清涼是慈悲。慈悲就是與樂，衆生熱惱很厲害，在熱惱當中一得到清涼，你就快樂了。光明就是在生死長夜流轉當中，清涼月等菩薩給你示現清涼，消除你的熱惱，就是這個涵義。

總解釋這個月天子，他所修行的德，能顯發衆生的心寶。你把一個光明的珠子放到水裏頭，那裏就現了月亮，流潤發光。

我們最初相信自己是毗盧遮那佛的清淨心，遇了外緣，被污染隱沒了，不能發光。遇到清淨的外緣，它就發光了。發什麼光呢？發慈悲的光，發智慧的光。要能生起，生起就是能發的意。生呢？是由你原來具足的性成就的，不是外邊入的。我們成佛不是外邊入的，成就了也是你本具的。遇著惡緣染汙了，使你蒙蔽了，你那個清淨月的光明，本具的心態發生不出來。若遇到慈悲的、引度的緣，遇到佛法三寶的緣，你的正因就顯現了，就生起了。這個生起不是外入的，是你性體本具的。生跟不生，不是兩個，是一個。說你發心，能發的及所發的，能發的還是你本具的才有。有了這個心才發菩提心。

菩提心叫覺。月的光明清涼，形容我們本體的心。發菩提心得具足三種心，三個都圓滿了叫發菩提心。一個厭離心。對於這個社會、這個世界，都生厭離，你心裏不貪戀。厭離心就是現在你生活當中，日常你所處理事務當中，生在這個地球上的都是苦惱，沒有快樂，因此你生起厭離心。生起厭離心，你自己就自度了。想生極樂世界也好，修禪定功夫也好，聞法修智慧也好，這就是覺心。

覺心當中，必須有大悲心。你厭離了，覺得這個世界上還有很多苦惱人，他不知道，不懂得、不明白。你聞到佛法明白了，勸他們也要生厭離心。這個心就是大悲心，大悲心就是利益一切衆生。

悲是什麼意思呢？我們剛才講慈，慈是給他快樂。悲是拔他的痛苦，痛苦給他除離了。慈能與樂，給他快樂；悲能拔苦，消除他的痛苦。但是若沒有智慧，大悲心容易落於愛見大悲，跟我有關係的，跟我是親屬的，我看見這個人就喜歡，前世無量劫的因緣，你生起大悲心願意度他。如果前生是你的仇人，一見他就生起恨心，無緣無故的，無論他相貌的醜惡，一見到他就生起煩惱，這說明冤家路窄又會到一起了。怎麼辦？最重要的是冤親平等，你把冤家度了，冤家不給你禍了，這種得有智慧。

第三個就是般若智慧。厭離世間生起大悲，大悲完了必須得具足般若智慧。三個合起來發起覺悟的心，這樣才能往覺悟道路上走，走到究竟成到佛果。菩提道證得菩提果。你從菩提道才能究竟證得阿耨多羅三藐三菩提，必須得有這三種心。

發起本心者，以三菩提心證得到菩提果，能顯發你本具的心。他示現月天子，大菩薩寄位的時候，度一切眾生，給眾生清涼，消除眾生的熱惱，恢復眾生的本來面目，這是月天子。

我們先講的是三十三天，帝釋天，忉利天，四天王天。四天王天每個天統理八部鬼神眾，四八三十二，加上帝釋天，統說叫三十三天。這三十三天又叫六欲天，他跟人間相似，夜摩天就不同了。

第二是日天子。

日天子

復有無量日天子。所謂日天子。光燄眼天子。須彌光可畏敬幢天子。離垢寶莊嚴天子。勇猛不退轉天子。妙華纓光明天子。最勝幢光明天子。寶髻普光明天子。光明眼天子。持勝德天子。普光明天子。如是等而為上首。其數無量。皆勤修習。利益眾生增其善根。

我們通常講日，就是太陽。日者，是充實的意思，實實在在的。怎麼成就的？他是火精所成就的，能熱能照，他發出熱能來，但是他要現出光明來，表菩薩的智慧，智照。前頭講月，月是陰德。這回講日，日是陽德。

太陽的功能，一能破黑暗，就是我們破根本的無明，破根本惑。二能清涼，就是消除衆生的熱惱，以這個利益衆生。一般在冬天盼望太陽能出來，太陽有個溫暖義。夏天又太熱了，生厭煩了；但是它照智，所照現的智慧都如是。你的身口意三輪清淨了，就叫解脫。不論破暗、照現、清淨，這三種都不離法界義，同是一法界。超出一切所辦的事業，就叫幢，形容著太陽是可敬的，是光明幢。做惡的壞人就怕光明，那叫畏日。但是五穀的生長，花草樹木一切的開花結果，都得靠著太陽。同樣的，我們要修行得增長善根。

第三是三十三天王。

三十三天王

復有無量三十三天王。所謂釋迦因陀羅天王。普稱滿音天王。慈目寶髻天王。寶光幢名稱天王。發生喜樂髻天王。可愛樂正念天王。須彌勝音天王。成就念天王。可愛樂淨華光天王。智日眼天王。自在光明能覺悟天王。如是等而為上首。其數無量。皆勤發起一切世間廣大之業。

在〈佛地論〉裏頭說，妙高山就是須彌山，它有四面，每一面都有八大天王，帝釋居中，所以叫三十三天，具足云「釋迦能」，爲什麼呢？因陀羅主，具足了，釋迦提桓因陀羅。提桓天叫能天主，釋迦翻「能」，釋迦牟尼佛翻「能仁寂默」。「能仁」就是仁慈的意思，就是智慧，「寂默」就是定。這個天跟釋迦牟尼佛同姓，就叫能天主。撫育勸善，大多數帝釋天都是菩薩寄位的。有的時候翻「鑠迦羅」，「鑠迦羅」就翻「帝」，《楞伽經》上，天帝名有一百零八個。我們取總的，「因陀羅」就是尊重的意思，三十三天共尊重的。三十二天共尊重的，他是三十三天，這叫釋迦。又者把它翻成「勇猛」，威德勇猛超過其他的諸天。又名「不蘭陀」。「不蘭陀」翻「降伏」，能降伏阿修羅，阿修羅跟帝釋天都是戰敗的。因爲在德中的語言，教化衆生，生起了廣大的業行，能令他所統領的修普賢行願。

這個天居於大地天的頂，屬於地，帝釋天跟大地的頂尖，他一共統領四洲，我們這是南贍部洲，北邊叫北俱盧洲，西邊是西牛賀洲，東邊的東勝身洲，就是四大部洲。四大部洲其他三洲講的很少，韋馱菩薩是三洲感應，從不到北俱盧洲。北俱盧洲不信佛，但是修福報。這一類的衆生就像我在美國看見很多的慈善家，他死後的財產不會給他子孫的。像美國鐵路大王，他修好多慈善醫院，把他所有財產貢獻做慈善事業。他有福，沒有智慧。帝釋天是福慧都具足，大多數都是菩薩寄位，寄位度衆生。他在天上感覺到，如果這世間上做惡的多了，生天的就少了，阿修羅道就勝了，要跟他打仗，阿修羅就厲害了，如果這世間做善的多，天道就勝了。這是經上說的，我們也能感覺到。

帝釋天跟四個天王所率領的鬼神，跟人間接觸最近，我們所見到的有鬼有神，不錯，他跟我們人間很混淆，他不像夜摩天、他化自在天、兜率天，他跟人間接觸的就遠了。大梵天、梵天、十八梵天，他跟人間就斷絕了，他是清淨的，特別是三十三天。他跟人間生活很相近，貪、瞋、癡也很重，比人的福報大一點，他能生天，可以做好多事，但是他有佛法的加持力就不同了。帝釋天的情況大概是這個樣子。

第四是須夜摩天王。

須夜摩天王

復有無量須夜摩天王。所謂善時分天王。可愛樂光明天王。無盡慧功德幢天王。善變化端嚴天王。總持大光明天王。不思議智慧天王。輪臍天王。光燄天王。光照天王。普觀察大名稱天王。如是等而為上首。其數無量。皆勤修習廣大善根。心常喜足。

須夜摩天，「須」就是善、妙，「夜摩」就是時候。善時分天，他們隨著時分而分天，隨著時分而受樂。《大集經》用蓮花的開敷定時分，蓮花開就是白天，蓮花合就是夜間。赤蓮花開就是白天，白蓮花開就是夜間，所以叫時分。隨著時間差別，受樂不同。但是他的心裏經常滿足，心恆喜足。

第五是兜率陀天王。

兜率陀天王

復有不可思議數兜率陀天王。所謂知足天王。喜樂海髻天王。最勝功德幢天王。寂靜光天王。可愛樂妙目天王。寶峯淨月天王。最勝勇健力天王。金剛妙光明天王。星宿莊嚴幢天王。可愛樂莊嚴天王。如是等而為上首。不思議數。皆勤念持一切諸佛所有名號。

這一天專念名號，不是只念阿彌陀佛，念一切諸佛。什麼是兜率陀天呢？就是歡喜，滿足了就喜足。彌勒菩薩現在住在這個天，叫內院。釋迦牟尼佛沒降生時也是住這個天，妙覺菩薩在此示現人間成佛，等覺菩薩也在這個世間示現成佛。心裏歡樂，意悅叫喜。什麼都無所求，滿足了，叫喜足。他一歡喜滿足了，現在環境他就過得了，不再求了，就是這個天的天人。一切諸佛成佛之前都在這個天，這個天修念佛三昧者多。他以念佛三昧感召佛的體爲體，以此爲名，叫喜足，歡喜滿足。

爲什麼這樣呢？諸佛同一體性。

兜率天分內院、外院，生在兜率天外院，不知內院的事，內院都是菩薩。彌勒菩薩要降生人間成佛的時候，現在就在那個天上說法。像無著菩薩，彌勒菩薩在天上給他說的〈瑜珈師地論〉，經常到天上聽彌勒菩薩講。例如隋代的智者大師、近代的虛雲老和尚、太虛大師，有些人說他們死後都生到兜率內院去了。凡是學唯識的，學法相的這一派，都是彌勒菩薩這一派。其實彌勒菩薩是全面的，但是我們學唯識的這一派，或者學〈瑜珈師地論〉的，他們發願生兜率內院。這些天主、護法到經文裏都要講的，前頭我們學的是聞法的大衆，這些天都來聞法。

第六是化樂天王。

化樂天王

復有無量化樂天王。所謂善變化天王。寂靜音光明天王。變化力光明天王。莊嚴主天王。念光天王。最上雲音天王。衆妙最勝光天王。妙髻光明天王。成就喜慧天王。華光髻天王。普見十方天王。如是等而為上首。其數無量。皆勤調伏一切衆生。令得解脫。

化樂天是樂自變化，化樂天跟他化自在天兩個不同，一者自己變化，以什麼變化呢？一切的音樂器具。二胡、三弦、古琴、箏，這些都是音樂器具。他自己受用所化的器具，不侵犯他人，名爲善化。用這個轉變、勸化一切衆生。把粗轉成微妙，在音樂裏頭，含有佛法，使他聞到音樂就得度轉化了。無中生有，沒有作意的，忽然間樂即現前，作個音樂。音樂中宣唱些什麼呢？出世間得解脫。

第七是他化自在天王。

他化自在天王

復有無數他化自在天王。所謂得自在天王。妙目主天王。妙冠幢天王。勇猛慧天王。妙音句天王。妙光幢天王。寂靜境界門天王。妙輪莊嚴幢天王。華蘂慧自在天王。因陀羅力妙莊嚴光明天王。如是等而為上首。其數無量。皆勤修習自在方便廣大法門。

這是六欲天的最高天。令他化作樂具，他化不是自己化，自己享受，顯自己自在。不用自己做，表示自在。在寂靜的環境當中，怎麼樣寂靜呢？入理。寂靜是說理，六根沒有躁動，所以就稱寂靜。根即是門，根就是六根。外邊的境界是空的，心裏是寂靜的，寂靜境空，根無躁動，所以叫寂靜。見外邊境界，一切都是空的。寂靜境界門，門是通達義。《央掘經》上這樣說：「明見來入門，具足無減修。」

德中物我自在，就是自在的廣大法門。六欲天到此就結束了。

◎異生衆：色界天衆

第一是大梵天王。

大梵天王

復有不可數大梵天王。所謂尸棄天王。慧光天王。善慧光明天王。普雲音天王。觀世言音自在天王。寂靜光明眼天王。光徧十方天王。變化音天王。光明照耀眼天王。悅意海音天王。如是等而為上首。不可稱數。皆具大慈憐愍眾生。舒光普照。令其快樂。

以下就是色界諸天。說明什麼呢？佛在說《華嚴經》的每類衆生，都有無量大菩薩寄位。寄位的不是這些天了，這些天子是大菩薩。這是六欲天，以下就講大梵天。來聞《華嚴經》的聽衆有好多？每類都有。但是這個天不是天，這個鬼也不是鬼，沒有人。爲什麼沒有人呢？凡夫到不了，聲聞、緣覺沒有。佛就寄現人間。文殊、普賢示現人間，那就是人。另外沒有說人類，沒有善男子、善女人。

爲什麼說這麼多種類，把諸天都形容了，這個華嚴法會不是一般的法會，不是其他經論的法會。佛初成道，先說《華嚴》，那時佛教還沒建立，還沒度人，先度天、先度其他的各類，這些都是八地以上的菩薩。佛說成佛的法門，讓這些八地菩薩儘快成佛。專度這些上上根的。而後開始到人間再說法，那就是人間的法門了。

從度憍陳如五比丘開始，那就說人天乘，說二乘的聲聞、緣覺乘，完了說通教的菩薩乘，最後說大菩薩，也就是終教。在《華嚴經》說的是終教，先說小、始，後說終，終完了說頓，頓就是禪宗，完了說《法華》《涅槃》。這些經論都是從《華嚴經》演義出來的。在《華嚴經》沒有密，要懂得這個道理。爲什麼《華嚴經》說這麼多衆，講了好久還沒聞到佛說法?只說聽衆。

在這個法會當中，集會海衆，拿海來形容集會之多。現在是色界諸天，色界諸天一共有五衆：初禪、二禪、三禪、四禪。四禪，有兩衆。那麼以下就講四禪、三禪、二禪，禪就是寂靜義。這些天人福報大，所生的依止處，不像欲界天那麼煩。清淨的，都翻成寂靜處。「梵」，具足說就是「梵摩」，此土翻譯成華言就叫「清潔寂靜」。

離開一切的貪欲，寂靜就叫「梵」。有時加個「摩」字叫「梵摩」，「梵摩」就是清淨寂靜。這些天人離了欲界人間、諸天的欲染，五欲境界，離開這些心裏寂靜，所以名叫清潔。這是四禪天，得了人間天上的禪定。定是對著雜亂說的，叫寂靜。

「尸棄」，翻成華言叫「持髻」。這個天王由於他的果報所感，他的頂髻是海螺形的，一轉一轉的。我們塑的這尊佛像，佛頂就是海螺形的。又名「火頂」，三災八難的火災到了這一天而止，火災至此而停息。天人的形狀都像童子似的，永遠不老。生到這一天的人，都是童子形的，身上是白銀色的，穿的衣服是金黃色的，他不要飲食，不要燒鍋做飯，以入定爲食，禪悅爲食。他一入寂靜定，心生歡喜，禪悅爲食。因爲他過去是修慈心，有慈心重的死後是得生梵天，他身上發出一種光輝，要遇見他這種光輝，身心愉悅。但是不是成道者，只是天人，他福報所感的。色界諸天的第一個是大梵天王。

第二是光音天。

光音天

復有無量光音天王。所謂可愛樂光明天王。清淨妙光天王。能自在音天王。最勝念智天王。可愛樂清淨妙音天王。善思惟音天王。普音徧照天王。甚深光音天王。無垢稱光明天王。最勝淨光天王。如是等而為上首。其數無量。皆住廣大寂靜喜樂無礙法門。

這是二禪的第三天，在《華嚴經》略提一下子，這些天王是地上的菩薩寄位到梵天。

為什麼叫光音？沒有言語，這些天人都不用語言說話的，他口裏發出清淨的光，光即是音。沒有言語，把光當成言語。光音，音是音聲，用光來表音聲，因此而叫光音。光就代表音聲，放光就是說話。因此我們知道，佛有時講經並沒有用言語說，放光召衆。放光時，光徧十方，十方衆生有緣者，見光來到法會。但是，這個梵天的光音在〈瑜伽師地論〉叫極光淨。因為他的淨光徧照自他處，在定中生出歡喜。在人間要思想，要尋伺，要去找，他斷了這種惑。他沒有躁動，捨動求靜。執著禪味的歡喜而不捨，不是無礙法，現在菩薩要寄這個位，他是動而寂靜，在動中就是靜，而成廣大無礙。這天是光音天。

第三是徧淨天。

徧淨天

復有無量徧淨天王。所謂清淨名稱天王。最勝見天王。寂靜德天王。須彌音天王。淨念眼天王。可愛樂最勝光照天王。世間自在主天王。光燄自在天王。樂思惟法變化天王。變化幢天王。星宿音妙莊嚴天王。如是等而為上首。其數無量。悉已安住廣大法門。於諸世間。勤作利益。

這一天又名離喜天，因爲他的身心是普徧清淨了。身心清淨，一切的物質世界跟他的內心世界，心即是物，物即是心，心物無礙，普於利益世間，安住廣大法門，加上「廣大」兩個字。

第四是廣果天。

廣果天

復有無量廣果天王。所謂愛樂法光明幢天王。清淨莊嚴海天王。最勝慧光明天王。自在智慧幢天王。樂寂靜天王。普智眼天王。樂旋慧天王。善種慧光明天王。無垢寂靜光天王。廣大清淨光天王。如是等而為上首。其數無量。莫不皆以寂靜之法。而為宮殿。安住其中。

這是廣果天，是第四天，這叫異生善果。

第五是大自在天。

大自在天

復有無數大自在天王。所謂妙燄海天王。自在名稱光天王。清淨功德眼天王。可愛樂大慧天王。不動光自在天王。妙莊嚴眼天王。善思惟光明天王。可愛樂大智天王。普音莊嚴幢天王。極精進名稱光天王。如是等而為上首。不可稱數。皆勤觀察無相之法。所行平等。

「大自在」是指「摩醯首羅天」，在三千大千世界中，他最自在了。這是天人的福報所感。他有八臂三目，他所騎乘的是白牛，執白拂，一動念，他能知大千世界的雨滴下了好多點。我們看見是不可思議的，下雨都知道有好多數；但是這個天寄位的菩薩是十住菩薩，就是三賢位的十住菩薩，住在這個天，叫淨居天。三乘菩薩報身所感的，住在這個天。另一種是十地菩薩到這個天，示現做大自在天王。這些天王多數都是菩薩示現來當這個天王的，叫寄位菩薩，菩薩寄天王之位。有時從義上講，從名字講，這些天王都是果。

〈世主妙嚴品〉第一卷經文結束了，現在我們開始講第二卷。

這都是集會，還沒有說到正文。毗盧遮那佛要說法的時候，大會之中都有哪些個人來聽啊？就有這麼多。菩薩諸天，就像我們現在來解釋，每個班，淨土班、華嚴班、小班、大班，不必說人的名字了。還有外來的居士，那是外來世界的，不是我們這個世界的，這是形容的意思，大家懂得就好了。

前頭所說的，所來的聽衆、說的諸天，是諸天修道者成就的，寄位在諸天，而不是那些天人。我們見的是現相，他們的本質都是大菩薩。我們前頭講的是信，信什麼呢？信《華嚴經》的法，這些大菩薩不管寄位到什麼，都來證明這部《大方廣佛華嚴經》。表面上說的是信衆，實際上是讚歎佛的佛德，佛的感召。我們按十分來說，上頭是六分，叫六分證信序，它是序品，證明這部經可信的，這樣一個涵義。下頭還有四分，就發起讚揚，發起什麼呢？發起佛的德。佛的德，不是一般的凡夫、菩薩所能比的。

前面先講佛的果德，現在講佛的妙用。上面多分談體，下面多分談用。大衆雲集成熟，大家都就座了。

◯稱揚讚德

◎總結威儀住

爾時如來道場眾海。悉已雲集。無邊品類。周帀徧滿。形色部從。各各差別。隨所來方。親近世尊。一心瞻仰。此諸眾會。已離一切煩惱心垢。及其餘習。摧重障山。見佛無礙。如是皆以毗盧遮那如來。往昔之時。於劫海中修菩薩行。以四攝事而曾攝受。一一佛所。種善根時。皆已善攝種種方便。教化成熟。令其安立一切智道。種無量善。獲眾大福。悉已入於方便願海。所行之行。具足清淨。於出離道。已能善出。常見於佛。分明照了。以勝解力。入於如來功德大海。得於諸佛解脫之門。遊戲神通。

這時候說法主，「爾時如來道場衆海，悉已雲集」，雲集的有好多類呢？天、八部鬼神、還有些非人，周帀徧滿在菩提場當中。佛說法的會場當中，現的各種各類、形形狀狀，各個差別，隨他從東方來的、南方來的、北方來的、隨所來方，來做什麼？親近世尊，一心瞻仰世尊。最初所結集的數字不可思議，來的人都具足了無量劫修來的功德，來的人不可數量，就像海一樣的，不是一個海、兩個海，而是衆海。

「爾時如來道場衆海」，深不可測，廣大無邊。怎麼能容得下？佛演說《大方廣佛華嚴經》這個道場，因爲是空的，所以能容無量大衆，身量再大，空中無障礙的，一重一重一重，重重包圍，像雲一樣。我們經常講「浮雲無心，龍雲則起」。龍一出現，風雨就隨著來了。菩薩無住，佛出世了，諸位大菩薩就現了。

這裏頭說的是無邊的品類，我們說哪個品種、哪一類，吃的、穿的、用的，品類的意思，這是形容詞。「無邊品類」，就是來集會大衆也是菩薩類，哪些菩薩類？他是化現的，有的是天人，有的是八部鬼神衆。相不同，那些品類，一品一類的，有所不同。你看天人，梵天的，六欲天的，八部鬼神衆的，品類雖然不同，由空故才能容納，才能周徧圍繞，大小形現，醜的美的。有的是率領的，我們說都是主，就是部主，或是天主。天主統率他那個天，無邊品類，相異，各有各的差別，是無邊品類，周匝徧布。

「隨所來方」，隨他所來的方。東方來的不都是同一類，有好多種類；南方來的，也是好多種類，都來見佛。他們看見佛都是對著他們說法，他沒看見佛是普徧對待。這一類看見佛就是對待他這一類，那一類看見佛又是對待那一類。佛是圓滿的。但是所來的，都是不可思議的大菩薩眾。打個比方說就像百川映月，也就是千江有水千江月，在水裏頭都可以看見月亮。這個認爲月亮在這現，那個也認爲月亮在那現，沒有雜念、沒有異念，他只有一念，一心。這叫什麼呢？在《華嚴經》說，叫法界身雲。那身是以法界爲身，像雲彩似的，徧滿虛空，在虛空中的。但是他修得的德行，所有來的這些部類，善根同故，同集善根，各各集因的不同，所顯現的不同。

每一個主帶來很多的伴，這個伴是跟他同修的，所以叫主伴圓融。都來共集佛所，這是顯佛的德，佛德的感召。有時候說攝受，佛的德所攝受的。有時候互相映取，就像一面鏡子似的，東面鏡子，西面鏡子，東面鏡子的影子射到西邊去，西面鏡子的影子射到東邊去，影影互攝。這些來到法會的大眾，正知正見，清淨的，得毗盧遮那佛的教化久遠了。根深，植根很深。德行，德就是他行道有得於心的圓備了，離諸二障，智慧之見得到清淨。

「此諸眾會，已離一切煩惱心垢，及其餘習，摧重障山，見佛無礙。」這是見法、報、化三身都無礙的，「一切煩惱」，煩惱障就把我們本具的法性跟毗盧遮那佛一樣的理體給障住了。心垢是所知障，把智慧給障住了，什麼都不知道了。所知障是障你所知。「已離一切煩惱心垢」，還加個「餘習」，「一切」是什麼呢？分別的俱生，種子和現行。「餘習」，就是煩惱障、所知障非常地粗重，煩惱障、所知障除掉了，還有個餘習，習氣不容易消除。

清涼國師在這裏講兩個小故事。第一個講畢陵伽婆蹉，他經常地患病，是眼睛痛。他走路到外邊求食的時候，經常要穿過恆河，到了恆河邊上，他叫那個恆河神，恒河神是個女性，他對這個女神說：「小婢！住，莫流水！」說，「妳停了吧！不要讓水流，我要過河。」住，不要動，斷，使水斷，讓他過去討飲食。

他經常如是說，這個女神就煩惱了，到了佛所，跟佛說：「您的弟子，有個叫畢陵伽婆蹉的，他常時罵我，叫我小婢！住，莫流水！」佛就叫畢陵伽婆蹉：「你來，過去謝謝恆河神。」畢陵伽婆蹉就合起掌來向河神求懺悔，他怎麼求懺悔呢？「小婢莫瞋！我今懺悔！我今謝汝！」他這麼一說，在場的大衆都笑起來了，他這是求懺悔？求懺悔，還叫人家是小婢。佛就跟這個恆河的女神說：「畢陵伽婆蹉他已向妳謝過了。」他過去五百世，生生世世都生在貴族家裏，輕賤別人的習氣，他雖然已經證得阿羅漢果了，習氣沒斷，他的心是沒有個驕慢心的，沒有輕視你的心。

第二個故事是迦葉尊者。迦葉尊者，在佛的弟子中定力是最高的，定力第一。舍利弗是智慧第一，目犍連尊者是神通第一，迦葉尊者定力最高深。他沒有出家之前，跟他太太結婚的時候，他們倆定個條約，結婚不是眞結婚，是假結婚，在這一間房子裏頭有個柱頭，這個爲界。有夫婦之名，沒有夫婦之實。後來他出家，就帶他太太一起出家。

他的定力很高深，但是過去無量生做什麼呢？喜音樂的，他定力這麼好，但是一聽到樂聲，他的毛病就來了，這叫習氣。他正打坐，就跳起舞來了，這也叫習氣，不自覺的。人家跳舞，或者聽到音樂，他就打上拍子，沒有現行，但是有習氣。這是什麼道理呢？在《維摩詰經》上講，習氣沒斷。在維摩詰道場裏頭，天女供養大衆散花；這花落到菩薩身上，自然脫落，菩薩無心。一落到羅漢身上，羅漢馬上感覺，這個壞了比丘戒。馬上用手來扒拉，越扒拉越扒拉不掉，粘得更緊了。所以維摩詰就跟他們說：「你的見思惑，八十八結全斷了，習氣沒除，還剩一點點沒有斷」，這就叫習氣沒斷。現在這些來會的大菩薩，不但把煩惱障、所知障斷了，習氣也都斷了。大智慧現前，一切情執全部都斷了，證得理了，事也就通達了，心鏡瑩淨。所以前頭叫已離煩惱障、所知障，再加上二障所有的習氣。因此一切障礙都沒有了，見佛無礙。這些大菩薩都隨時見佛。我們不但習氣，連理障、事障、煩惱障、所知障都沒斷，所以見不到佛。

還有兩種涵義，佛斷了障，究竟成就了。這些大菩薩也斷了障，成就了，見佛就沒有障礙了。因爲智慧的光明顯現了，你理上（理是說心的），一眞法界也就顯現了。一眞法界顯現了，就是見到法性身了，見到法性的體了。這是指著到法會裏頭這些觀衆、聞法者，能見到佛的智身，能見佛的法身，這叫理和智，就是一個身，無礙身。無礙身是什麼樣子呢？不生不滅，就是涅槃義。從你所見的，無礙，能見的，斷一切障，這才能見。這些來的法會大眾，不管天也好，人也好，八部鬼神也好，都是毗盧遮那佛往昔所教導的。

毗盧遮那在往昔劫海修菩薩行時，如是者是指斷障大眾說的。如是大眾在無量的時間之內，佛攝受這些無量大眾，不是一劫二劫，經過無量曠遠那麼長的時間，佛的教化，攝受成熟了，他們是已成熟者。現在我們聞《華嚴經》，還是未成熟者，前邊有這些大眾，包括了從菩薩到八部鬼神、諸天，他們是我們的前輩，得度者。現在我們按這個方向，我們也能得度，拿他來證明我們如是學、如是行，也能夠二障蠲除，連習氣也能頓脫。

毗盧遮那怎麼教導他們的呢？用四攝法。四攝就是布施、愛語、利行、同事。以這個結下的緣，再加上他的因，因緣和合了，果就成就了，因此參加這個法會。我們要照這樣子去學佛，學佛的目的是恢復我們本來自具的毗盧遮那。以布施攝受的緣來支持我們，也能成就。布施並不是說非要財物施，最主要的是法施，以法布施。

你自己感覺度人、說法的力量還沒有，人家不見得信你，那你就給畜生說法。經常看見螞蟻打仗，你見著螞蟻，牠們體積很小，你蹲那給那些螞蟻說法，「不要鬥了，不要鬥了，你們把瞋恨心放下吧。」你別認為牠不懂，你在那給牠說，牠沾著你說法的氣息，你也在布施，布施什麼呢？以法布施。最初你應該度人，因為沒有這個緣，那就多跟畜生結緣。

在法師的故事裏頭，有一個法師他學得很好，自己認為很了不得，到處度眾生，結果沒人聽。他垂頭喪氣的：「哎呀，我學了這麼多年，我說法說得這麼好，就是沒有緣，沒人聽。」他的同參說：「別著急，我給你想個辦法，你還有什麼東西，有沒有錢？」他說：「我沒有錢。」「衣單還有沒有啊？」「還有點好的袍子，準備說法的黃袍，或是大紅祖衣。」他說：「你把它賣了，去買小米，其他的雜類糧食也可以。」「幹什麼？」「你把它做了，完了我跟你說。」他就照著做。買完了，他說：「走，我們倆背著糧食，到山裏頭去。」

他們到了山上，普散糧食供養那些畜生，禽也好，獸也好，給牠們吃。他說：「你現在閉關修行，等二十年後你再說法。」他這個同參就接受，都做了。過了二十年了，他的同參又來找他，說：「現在你講經吧，保證緣份很好。」那他就講經去了，一講經，聽的人很多，都是二十歲左右，年紀大的沒有，為什麼呢？因為他施捨糧食的那些禽類、獸類轉成人來聽法，他度了眾生，法緣就結了。

印光老法師，大家都知道，他在普陀山閉關，閉了很長的時間，專門以書信來度眾生。誰想問什麼，給老法師寫信，老法師就用書信來答覆他。他自己專門勸你念佛，告訴你「老實念佛」，越老實越好。我們好多道友都認為這個太簡單，我感覺「老實」很難。

福建泉州的廣欽老和尚，他在閉關的時候，感應老虎來給他護關。大家知道泉州有個清涼山，那個離泉州只有十幾里，現在弘一法師的舍利也在清涼山。

以前我在福建南普陀寺的時候，我那些道友還都存在，還沒有往生，圓拙法師、妙蓮法師，一到清明節，就去給我們的弘一老法師掃墓，現在他們都走了，圓拙法師也走了，妙蓮和尚也走了，林子青也走了，這都是弘一法師的弟子。

這是什麼意思呢？在你布施的時候，不一定要物質，剛才我說的是你說法行方便。你如果到山裏頭，看著是沒有人，給鬼神說法。你安上法座講什麼經都可以，講小品的，不是大品的，大品很長，碰颳風下雨你得收攤子。小品的，乃至於勸他念佛，到那山林裏頭念「阿彌陀佛」、「阿彌陀佛」，這叫弘法度衆生，用法來布施衆生。

第二、愛語，四攝法的愛語。說好聽的話，別說傷害人的話，見誰都稱他菩薩。就像《法華經》的常不輕菩薩，「哎呀！你是未來諸佛，我可不敢輕慢你。」那時候人家還拿石頭打他，說他胡說八道，挖苦人。現在我想你不必跟人說，去跟畜生說，到山林裏頭，你膽子大點，夜間人靜了，人家睡覺了，你到山林去給鬼說佛法，勸人家信佛，說人家喜歡聽的話，不要說人家不愛聽的話，這叫愛語攝。總讚歎別人，再惡的人，他還是性上具有佛性，這叫愛語攝。

第三、同事，他幹什麼，你也幹什麼。大家在一塊，同一個勞動，同一個場所。示現同事，菩薩示現跟他做一件事，那就接近了，幫他多幹點吧！有什麼事多幫他忙，他容易聽你的。

第四、利行，做利益幫助別人的事。別人有困難了，或者幹什麼，你幫助他一下。他拿不動了，你幫他拿一拿，他有困難了，你救濟他一下，這叫布施、愛語、利行、同事。

這是四攝法，攝受幫助別人的方法。有什麼好處呢？你能接近衆生，你用這種方法度衆生。毗盧遮那佛在往昔的因中，對於上面諸天大衆那些菩薩衆，就用這種方法來攝受他。不論任何時候、任何處跟他共同種善根的，我們前面所讀的這些海會大衆，天、天龍八部、菩薩，一切衆生。爲什麼沒說到人？那些大菩薩都是人。這個是說毗盧遮那佛無量劫以前所度的。

佛說法只說了四十九年，他三十歲成道，八十歲入涅槃。《華嚴經》說完了，還有些能夠接受教化的有緣人，佛又說《阿含》、《方等》，說了這些年，最後說《法華》、《涅槃》。開始三七日說這些法，總結過去無量億劫所度的成就者，度完了，又從頭開始，接引初機，就是這四十九年所演的一切諸部經。八萬四千法門的經，將以何法得度者就示現什麼方法，教化他成熟。佛到涅槃時說了《法華》、《涅槃》，說圓滿了，這又是一個時期。

在印度的釋迦牟尼佛是入滅了嗎？這是衆生以世間法來看。從智者大師、道宣律師所證明的，釋迦牟尼佛沒入滅。在《地藏經》上，佛自己跟地藏王菩薩說的：「我不是光以佛身度眾生，應以何身得度者，我就現何身。」說明化身佛入涅槃之後，他又化成別的身去度眾生。說不定我們這裏頭就有釋迦牟尼佛的化身，哪位是啊？我們不認識，他也不能告訴你說：「我是化身佛，佛又來了。」要是說了，反倒不是了。有些人說我就是佛，那叫招搖撞騙，不是眞的，這是原理。在理上是如是，在事上就千差萬別了，就不如是了。

「種無量善，獲衆大福，悉已入於方便願海。所行之行，具足清淨。於出離道，已能善出。常見於佛，分明照了。以勝解力，入於如來功德大海。得於諸佛解脫之門，遊戲神通。」這是讚歎聽法者。如是劫海，說時間像海那麼深、那麼廣，像海那麼長，時間非常的遠。四攝是行法的方便法門，因此才來這個集會大衆，種了無量的善，獲了大福德，都能入方便善巧的願海當中，又去行化於衆生。所行之行門，都具足清淨了，於出離道，都能善出。

在西藏教義講「三要道」。怎麼樣才能出離？先要厭離，你對你所做的事厭離，才能捨棄。現在我們對於社會上爭名奪利、五欲境界厭離了，厭離了就現了清淨，清淨了是什麼呢？清淨是僧相。比丘、比丘尼現的就是清淨僧相。你現這個清淨僧相是從什麼來的啊？從你的厭離心來的。你沒厭離，肯發心嗎？厭離又從什麼來的呢？從你的信心。相信佛說的教法，再加你在現實的生活環境當中，你生厭離心。你一入佛門，得佛教導。清淨的佛子，信佛學佛。佛要利益眾生，你也要利益眾生。等你利益眾生將要成佛了，這些海會大眾才能入到華嚴的海會，才能聞佛說《華嚴經》。

這是頓，頓是從漸來的。先由厭離心開始，自己出離了。自己出離了不行，還要度你的六親眷屬，再開闊的話就是度一切眾生。佛就叫你做這個事。你不是佛子嗎？遵守佛制嗎？聽佛的話，佛就叫你利益眾生。自行厭離，讓一切眾生都厭離。要度一切眾生的時候，你必須要有大悲，沒大悲心不行。大悲可不是一般的悲。悲能拔苦，要拔一切眾生的痛苦；但是這裏得建一個關係，佛門廣大，無緣難度。

有些人到寺廟裏看看，旅遊的團隊都會到寺廟逛逛，前頭有個打小旗的導遊，領你轉一圈看一看，完了走了。算有緣啊？算無緣啊？無緣吧，他又能到裏頭看一圈。他現在才結緣，緣還沒成熟，看一圈就走了，他也不問你佛像，也不問你佛法。看著他還來評論，這個塑的好，那個塑的不好，他並沒有想到這是佛，這是菩薩，給我快樂，給我幸福，去除我的煩惱，去除我的苦惱。他沒有這種觀念。他的觀念就是旅遊。

像我們現的僧相，在中國的歷史上僧人在唐朝、宋朝、明朝，滿清是喇嘛相最多。那時候滿清的佛法已經進入衰微的時代，不過滿清的時代還有那麼多的大德，那麼多善知識！現在逐漸的凋謝了。我們又有一些大善知識，哪些就是諸位大眾。（不要笑，要承擔責任！）現在佛學院辦了不少，一批一批的。現在能給我們佛教撐持門面的，都是佛學院出來的，這就是我們的責任。我們告訴人家什麼？厭離，你才求出離。不但自己厭離，還願一切眾生都出離。這得有大悲心。

大悲心怎樣成長呢？諸位道友，你每天所學的、所做的，一個增長你的出離心，一個增長你的大悲心。用什麼來增長呢？你學什麼？學般若。你所讀的經論、聽的講課，都是學般若。般若就是智慧。爲什麼不翻成智慧呢？涵義不同。我們的智慧，變成世智辯聰了，眞智慧是什麼呢？了生死。鞏固你的大悲心度眾生，鞏固你的出離心。

有智慧者就像蓮花，出污泥而不染。我們是在污泥當中，在煩惱當中，你不煩惱。你不但不煩惱，還用佛所教授的方法，叫大家都不要煩惱。假的、空的、無相的，這叫智慧。智慧就是觀察、照了。三種和合起來，這叫出離道。西藏的教義叫「三要道」，這些法會的大眾也能出離了，不但能出離，還是善出。因此他才能常見於佛，障盡了，佛常在他跟前。

現在我們在五臺山，諸位道友有沒有見到文殊師利菩薩？常見。文殊菩薩在哪裡？就在你的心裏。你生活在文殊菩薩道場當中，文殊菩薩撫育你。我們這些道友都進過佛母洞吧？佛母是誰呀？進過佛母洞的就得承認文殊師利菩薩就是你的媽媽。不管你前生受生的媽媽是誰，現在你到五臺山朝過佛母洞，從佛母洞出來，文殊菩薩就是智慧的媽媽。你得了智慧，使你常見文殊菩薩。

只要在五臺山，你到哪個殿裏，都有文殊菩薩像。你到普陀山都有觀世音菩薩像，你到九華山都有地藏菩薩像，到峨嵋山都有普賢菩薩像。那個像，是眞的是假的？假的，顯示是眞的，因爲你見不到。爲什麼見不到？你的福報、智慧、學法的因緣，還沒有太深入，你只能見像。

見了像，你又怎麼樣求呢？你不要認爲是假的，打開經本，你就參加華嚴海會了。遇著《華嚴經》，念《華嚴經》，打開《華嚴經》經本，那些諸佛海會大菩薩全現前，這就是幻化空身即法身。幻化即是眞實，你當時見了眞實的，眞實也是幻化。但有言說，但有形相都是虛妄。沒有虛妄怎麼又能顯到眞實呢？沒有眞實的，又怎能顯到虛妄呢？二而不二。看著是二，不二。我們現在呢？不二而二，本來是不二。我的法性身跟佛的法性身是一個，但是，現在成了兩個了，法身是法身，我們這業報身是業報身。你要恢復原來的，二而不二，不二就是一。恢復我的身跟佛的身是一身，這叫出離道已能善出。這個見佛的，是佛的智慧，分明照了。

自己開了智慧，以勝解力融入於如來的功德大海，這就叫得入於佛的解脫之門。得入佛的解脫之門，你才知道所有度衆生一切的事業，都是神通遊戲，遊戲神通。遊戲不是眞的，神通不是眞的，神通就是心裏智慧所顯現的。所以，上頭所說的這些，海會雲集的大眾，他們的善根是無量的，超過殊勝七地菩薩的善根。

「悉已入於方便願海」以下這一段文，超過八地了，大願圓滿了。基本上華嚴海會的大眾，前頭所說的大眾，不論他現哪一類的身，都入了解脫門。這些海會大眾是顯誰的呢？顯佛的。這是佛所教化的，顯佛的功德無量。教化這些眾生都能成了八地以上的大菩薩。佛是總，那些海會大眾的菩薩是別，都得到解脫了。

佛的解脫是什麼樣子呢？海會大眾所得的法，從這個法就變成了通達之意，通達佛的解脫。他們也都能入到這個解脫。佛是果，度眾生是佛的用。這些眾生因佛的用而將近證得佛果，像門一樣，從這個門進入，就進入佛門。進入佛門是什麼門？覺門。空，是說法性身，空而無礙。

我們為什麼說修廟要先修三門？般若門、解脫門、空門。智德、斷德，入於法身。法身是空門，頓入空門。能入，就是我們從初發心到成就了，將進入佛果了。因跟果同時的，發因即證果，成果而驗因，因果同時。

又者，這些海會大眾所得的法，離開障礙，無障無礙，解脫自在，這才叫自在。自在了就叫解脫，解脫就是智慧入到法身的理體，由智慧證得佛果就通到解脫的門。從你現在發心，因解脫了，將來證果了，叫果解脫。從因入果也叫門，門就是通達之意。解脫就是門，解脫就是法，解脫就是自在。

但是現在所講的解脫，只是屬於佛，究竟解脫了。我們現在還在束縛當中。

這些大菩薩，他們都入了解脫之門。因望果，進入這個門，即將成就，總說是佛，別說是這些菩薩。因果交徹，重重無礙，這叫眞解脫門，這就是華嚴義。顯這些聽衆因的時候，正是顯佛的果德，讚歎因行的時候，就是讚佛的果德。八部鬼神，諸大菩薩，所有來的法會大衆，誰成就的？佛成就的。讚歎佛的果德。要是自己不修因，他入不了這個門。這是讚歎那些海會大衆，從普賢菩薩開始到八部鬼神，都算在內，平等平等。

我們經常說遊戲，這個可不要當成遊山玩水，乃至所有一切遊戲。他是自在的，所以諸佛菩薩現的神通就是遊戲，無有滯礙。我們以前講過，神就是你那個自然的心，神名天心。天者是自然義。我們這個自然的心就神了，不可測，你自己也莫名其妙。在這兒一靜下來，一思惟，不但五臺山全在你心中，乃至於你所到過的地方，一念頓現。你可以這樣去體會華嚴義。

如果你體會不到，坐這兒想，從出生地到你所走過的處所，頓現。這是什麼現的呢？找不出來，當第二念一起，沒有了，不現了。又到什麼地方去了呢？來無來因，去無去處，這就叫妙。你現前的心，所有觀察的，一切沒有障礙，這是我們的神通。從你記事的時候開始，到你現在，它可以頓現。從我五、六歲記事到九十歲，一念回想這九十年之間，它能頓現。你回想一下，我過去那些事，到什麼地方去了呢？去無去處。我來到這個世界上，是從哪來的呢？來無來處，去無去處，這也是妙。

一聽說微妙法門，你也弄不清楚，從你自己的觀感上都是妙。妙，叫不可思議。你想想，想不出來。你跟人家討論這是怎麼回事啊？莫名其妙。「莫名其」是問號，「妙」，就靠你想了。思想越複雜的，他越妙，妙完了是個什麼呢？什麼也沒有。有嗎？在你腦子裏頭？在腦子外邊？在心裏頭？在心外邊？在身內？在身外？妙。想你的父母，想你的弟兄姐妹，想你的親朋好友，想你的冤家、仇敵，一想頓現，這也是妙。但是，諸佛度衆生那個妙，跟你這個妙對照，兩個妙都是妙。妙就不可思議了。

現在來到這個法會的，前頭一共說四十衆，譯經者把它定爲序分。當時大衆所讚歎的，讚歎誰呢？讚歎佛，讚歎法會。總之是顯佛的果德無盡。這些大菩薩，各類都會歸爲總，都是佛德。就像海會菩薩讚歎佛，有個偈誦：「如來境界無有邊」，佛的境界無邊無際。「各隨解脫能觀見」，你若解脫了你能見，沒有解脫見不到。

在普賢菩薩十大願王都說十，十是無盡數。爲什麼普賢菩薩說十？我們念密咒，在西藏經論上說念七遍。爲什麼表七？爲什麼在〈普賢行願品〉裏表十？涵義不同。十是無盡。一者數之始，你數到十，十者數之終。你說我是一千，一千還得從一開始，一者十，再數十一、十二……到二十。加來加去都得加個十往前進位。

一者一切數之始，十者一切數之終。再說一千一萬一億，還得從一至十往前數。

◯得法讚佛

◎異生眾諸天

自在天十法

這個法會大眾，在清涼國師的〈疏鈔〉裏，重新分成三大類，先是異生眾，後是同生眾。異生眾分爲諸天、八部、諸神，諸天是初、八部是次、後是諸神，一切的鬼神都算上。諸天先是色天，後是欲天。清涼國師立了個表，色天有五種，首先是自在天，長行的有十種法。

所謂妙燄海大自在天王。得法界虛空界寂靜方便力解脫門。

舉這麼一個數。前頭別說，後頭又總說。第一說法界等，法界就是解脫。一切解脫法，舉法界虛空界。果德佛的妙用徧到什麼地方？法界虛空界。法界就是理，虛空界是事，這個事能顯理。用虛空來顯法界，沒辦法顯法界，講虛空作個比喻。法界你認識不到，認識虛空吧！法界就像虛空那樣，一切諸法沒有界限的。你在虛空劃個界限，劃不到的了。

但是這個空可不是理，是事空。用事空顯現法界的眞空。這是總說佛的果德，乃至海會雲集的大衆。從義理上講，有事有理。每講義的時候，那涵義裏也含著事含著理，不是偏於空。空分好多種，有內空有外空，有性空有事空，乘眞之理，叫眞空。眞空不空，偏於一切事。但是這個事能夠顯理，就是在有上能夠顯空，不能偏一邊。偏空就是斷滅，斷滅不可以，偏事就是生滅，事就是虛幻不實的。

在經文裏經常說法界，重重無盡，重重無盡是徧。空界能容一切，一切微塵、一切世界。空能容，乃至一切事物，凡是有形有相的，它建到什麼地方？建到空的地方。這種道理我們都要用腦筋思惟。當你學習的時候，多思惟。

我們把思惟說成觀，這是佛教的術語，依世俗說就是想。你在想什麼？用佛教語言說，觀什麼？觀空、觀色、觀一切衆生、觀自己的內心世界、觀自己的外面世界。同時你觀幻化的一切事物，幻化的空身就是法身。幻化的肉體叫眞所寄處。用對待法說，眞是對待假的，空是對待有的，是相對法。絕對法，沒有空也沒有有，空即是有，有即是空。知一切法不生，要能知一切法不生就解脫了。

菩薩度衆生的時候，無生可度。度衆生不見衆生相，就是解脫。我們不行，人家哭也跟著哭，人家悲哀，看見衆生苦，你度衆生，跟它一樣苦。你把苦當成眞的了，你不解脫。你不解脫，怎麼能叫他解脫？解脫不了。要知道一切法不生，知道不生了，就無不生。知道不生了，不生是體，無不生是用。體用結合了，內證眞理，外度群機。外度群機就是度一切眾生，內裏證得眞理了，終日度眾生，不見眾生相。這叫無功用行的度眾生。

現在講色天自在天王十法當中的第二個天王。

自在名稱光天王。得普觀一切法悉自在解脫門。

「普觀」的意思是什麼呢？普觀不是觀一法二法，普觀一切法。能觀者是他的智，所觀者是一切法。一切法分事法和理法。觀理而不壞事，這個道理是說我們觀心的時候，理是指心體說的，事是指境說的；觀理的時候，一切境宛然存在。不泯滅它，不破壞它，都叫不壞。不是觀理而壞事，觀事而壞理。每見一法就是一切法，這就是理事無礙。你觀一切法，這一法就全是理了，一切事在理中，理能成事，觀事的時候不礙理，觀理的時候也不礙事，就是在一法之中，見一切無礙。我們經常說「坐微塵裡轉大法輪」，這一微塵是事，把這事變成理了，這一微塵就是一眞法界。這是你整個的心體。理不礙事，事不礙理，所以叫無礙。在理上也好，在事上也好，得到自在無礙。這是「名稱光天」。

清淨功德眼天王。得知一切法不生不滅不來不去無功用行解脫門。

清淨功德眼天王，他知道一切法不生不滅，不來不去，無功用行解脫門。這是約理法上說。什麼法不來不去呢？你得先明心，悟得理體了，就是一眞法界的理體。理體是不生不滅的。理徧於一切事，徧於一切法，理是不生不滅，事亦不生不滅，這是理徧於事，不生不滅，不來不去。「不假修爲，何勞肯綮」，不必假修證，自然具足。這個涵義就是知一切法不生，是內證到眞理，證到法界理體了，能知道一切法不生。

「無功用行」，外度一切衆生，內證本體外示現度一切衆生。度一切衆生就給他說法，遇到什麼機緣，就給他說什麼法。一切法各個不同，兩種就攝受了，色法跟心法。心不是色，色也不是心，這是約他的自相。如果是心能成一切事，心能對一切境，心能對一切色法。那麼心不是色，色也不是心，各有各的自相。但是以無功用不生，這就解脫了。心不對境，境不對心。

再從理上來講，心即是境，境即是心，一切法無自體，依體而立。體是心性，依性而立的。約他自相說，一切法各個有各個的自相。融攝之後，依眞理來緣生這一法，明白這一切法是不生的。「心生則種種法，心滅則種種法滅。」心不生滅，一切法都不生，這樣才叫解脫。在裏頭講一個自相共相，一切法有自相，有共相。自相是指自體，共相是就他體來說。

我們現在在法堂裏，總說一個人是共相。各有各的名，各有各的體，這叫別相。但是總說起來，我們說法堂的聞法大衆是一個，聞法者一相，各各不同叫異相。懂得這種道理，你就知道應機說法時，是隨緣的、隨衆生機的。內證的眞理，它是不動，它是不生。不生故才能不滅。我們經常說「了生死」，生死怎麼了啊？你要不生就了了，不生就不死，不生就不滅。了事即理，這樣懂得之後，才知道生即不生，不生而生，這樣來說一切法不生。約自體說，這叫解脫。這叫自相解脫。

什麼不生呢？一切諸法自體本來就不生，這叫性空，但是隨緣，隨緣而起。緣起無自性，緣起無自性還是生即不生，不生而生。這種道理，從文字上講不能深入，要你自己觀察，用觀照的功夫。我們學佛法，就是明白方法。佛名大覺，我們現在都學成佛，怎麼學？學完了怎麼做？就是學覺悟的方法，達到覺悟。等你覺悟了，這些方法全不存在，沒有。這個方法哪來呢？還是從你的體，從你心裏覺悟的。「方便有多門，歸元無二路。」

道理就是這樣講的，要是解釋起來那就多了。回歸本體，回歸不生不滅，一切外境都不生不滅。心生滅故，見境也生滅。不生不滅，不來不去，這是佛教常用的語言。就是讓你作觀。什麼叫不生滅？那要分別開了說很多很多。總體說，生滅即是不生滅，生滅是境，生滅是事。不生滅是本體，在性體上說是通達無障礙的，自性的本體唯是一心。由於虛妄執著，這個執著是情，情有了，理就沒有了。有情執的時候，你自己融通無障礙的本體就隱了。十玄門的「隱顯俱成門」，現了隨緣，隱了就自住自性。這個所說的在情上是有，在理上是沒有，所以他不生。理若沒有了，情就有了，情有了理就沒有了，一個隱一個顯。在情上，一切法是生滅的，理上是不生滅的。事歸於理的時候，理不生滅故，事也不生滅。理隨緣故事生滅，理也是隨著生滅了。其實它的本體還是不動的，按法相宗來解釋，徧計所執性、圓成實性，解釋的很廣。

因爲這是解釋天的名字，他的名是由理上而得的。這段解釋的很多，都是按華嚴義來解釋的。佛四十九年說法，就是重新逐一闡明華嚴義，那就分別了。現在是約總體來說的，這個涵義就是一切諸法沒有自體。桌子沒有自體，我們坐的凳子沒有自體。

一切法都無自體，它是怎麼生出來的呢？法無自體，遇緣即應，攬緣而起的。看著是生，實際上是不生。緣無自性，生起諸法，了不可得，這是約體上說的。從本以來不生，不生所以不滅，緣起無自性，說的緣起沒有自體，所以說它不生。無性緣起，所以說它生，無性緣起諸法，它要是依著本體的性體是不滅，叫不生不滅。不滅就是不生，不生不會滅。一切諸法，就舉一個事物，無緣是不會生的。生沒有自性，生即無生，因此說體性不生不滅，因體性而起的一切諸法，也是不生不滅。緣起無自性，所以說不生。緣生諸法顯它的體性，體性是不變的、不滅的，所以說不滅。

依著這個天所修行的法再作解釋，這法如是，這是無為。是法非是就是有為，有為法就有生滅相，但是這是妄心對著妄境，都沒有眞實的，無眞實故所以不生。佛證得的智慧，從理上講，證無所證，證得是什麼呢？就是我們都具足的心性，這心性是不滅的，這本體是不變遷的，肉體的妄心是生滅的，隨緣所起的法，法性的本體是不滅的，不滅故，即不生。你在一切法上，不要去起執著。

衆生心呢？徧計執。見什麼執著什麼，一執著就有了，這個有不是眞有。隨緣而生即是不生，這是徧計執性。性是不生的；圓成實性，是不滅的。依他起故，這叫不生不滅，無自性。我們看一切法，究竟是生滅的嗎？是不生滅的嗎？你別下決定的斷語，非不生、非不滅。非不生就是生，非不滅就是滅，生滅即是不生滅。一念心生起了，這一念心一生起，這就是緣起法。

比如說衆生向佛求法，應機而現的，那是現，而不是來，無去來相。又應一切衆生機，好像是佛去度衆生，實際上，佛應群機而不去，恆住寂滅而不來，不來即不去，無二故，一切法等同一味，這是約究竟了義說的。佛成了大智慧。大智慧，他沒有念了，無念。無念故應機而現，這是不來不去的意思。〈疏鈔〉解釋，讓你行正智，背捨妄執而無去，向證眞理而不來，又依體起用而不去，應機現前而不來，這是解釋不來不去的意思。

不但不生不滅，也不來不去。不來不去的意思，我們以前講如來，如者不動、不去，來者不來，不來而來，不去而去，這解釋我們的眞心，背捨了妄執，背捨了虛妄妄執，你那個眞正的智慧，捨掉了你虛妄的執著，證眞理而不來。依體而起的，好像依體而去起作用，不去，體即是用，是應機而現的，因爲有這個因緣。

例如說現實生活當中，有人找你，或者求你辦點事來找你，這全是事，沒有理，你因爲心裏頭不高興，就不去了。請你來你不來，這全是事，不是理，因爲你沒有證得眞理，還不懂得理。怎麼樣來形容這個理呢？在你作夢的時候，夢中所有境界相，有來去相嗎？但你夢裏可是到這到那，做了很多事，你醒來，沒有啊！在一切事法當中，你做這一切事情的時候有這種涵義。因爲沒有來去，也沒有生滅；不生不滅是運動當中的，運動當中看著是有生滅，是約你的行爲、約你的動作。

又者，不來不去是約境說的。妄念停歇了，心如虛空，就沒有生滅了，雖然是起了大用，但是用跟相沒有離開體，這是大、方、廣。沒有離開體，這個能見的心沒有去來的相，是寂靜的，性體本來寂靜的，見心不生，它是寂滅的。寂靜的，不生它就沒有滅，不生還有滅嗎？你平常說依眞理而起的照，照就是智慧，眞理是不動的，照也是不動的，照是無心的。眞理的寂照，永遠如是，我們本具的本體沒有生滅的。不來不去，有緣就來了，從什麼地方來的？來無所從，去無所去，來即無來，去亦無去。凡夫理解聖人的境界，要這樣反覆地思惟。有緣了，會合了，就來了；緣謝了，就去了，這好像有來去，實際上都是緣。緣沒自體，依著理性的理體而生的，理上沒有來去相，也就無緣了。

以下是非一非異。不生不滅、無斷無常，都依著這個理顯示。比如說我們現在修行，聞法、念經、念佛、禮拜、參禪、懺悔，照我們現在這樣做，理解了去行，目的是去妄證眞。妄呢？有動作相，但是它又是隨眞的緣，妄從什麼地方起的呢？沒有眞，哪來的妄啊？妄依眞起，眞依妄顯。這要你離開文字，離開語言，琢磨、思惟這種道理：我這個人從哪來的啊？現在來了，有我那麼一個肉體。在世間上活了二十多年的、三十多年的、五十多年的，不管你在這世上活了好多年，一定要滅，爲什麼呢？妄法，有生必有滅。妄依眞起，在這個妄的裏頭是不是還有個不滅的？什麼不滅呢？我們的自心體性，相信我們的性體，就是我們的眞心。約眞心說，容易明白一點。眞心是不滅的，也不是生的，也不是來去的，也不是一也不是異。

心生處而生種種法，心都沒有了，妄心都沒有了，種種法也就沒有了。你多生的受生因緣，現在只說這一生，都隨著業緣而轉的。你來無來處、去無去處，等你明白你的來處、去處，什麼都沒有了，又回歸你自己的一心。這一心又隨淨緣，淨佛國土，這是淨緣；乃至你成就了，你要去度衆生，又隨著衆生的染緣。隨淨緣也沒個淨相，隨染緣也沒個染相，染、淨不存在的。清淨佛國土跟娑婆的穢佛國土，全是依體性而起的，這都是大海中的水泡，境界風、無明風吹起來的。境界風、無明風沒有了，大海平平靜靜的，還歸你原來自心的體性。

在生活當中，你要經常這樣去體會。現在我們是生了，在生的過程當中，你又造作了很多的事，這些事又分別什麼是善事、什麼是惡事，惡事有惡事的道，善事有善事的道，把善惡兩個都除掉了，就是一條道菩提道，看你走哪條道！這些說甚深了，你從理上去繞，越繞你越糊塗，你鑽不出來，等鑽出來成就了怎麼樣呢？什麼都沒有，寂然的。

你應該怎麼樣觀呢？不要從繁瑣的文字去找。比如說我們吃菜，酸甜苦辣，什麼味道都有，這個味道多了，說不盡。你到這個大餐廳是這樣的味道，到那個餐廳是那樣的味道，一樣的菜，做法不同，這是它的異味。文字裏顯有一種義，義裏頭含有很多的味道，就像我們吃菜的那些味道一樣，無窮，一字海墨書之而不盡，把海都變成墨就寫這一個字的涵義，你寫不完。你要看破了、放下了不寫，什麼都沒有。

到了無功用道，就常時寂靜。像釋迦牟尼佛，毗盧遮那的化身，在人間八十年吧？他沒動啊！不動是毗盧遮那，動的是釋迦牟尼，釋迦牟尼是用。用還歸於體，體是寂靜的。大用是依著寂靜而起的，用也是體，用即是寂，這叫無功用道解脫門，這個門你入了，這叫證法。

不管文字怎麼繁瑣，你說我不認得字，你放下、觀心就好了，這是禪宗的要義。教下就要分了，或者顯教、密教，密教還得念個咒，要是把這個咒講解起來，一個咒就能寫幾本書。像禪宗身心放下，參你自己的本來面目。什麼是本來面目？沒有面目，說破了你就不參了。無有面目在什麼顯呢？在你現在有面目的顯。你把這個有面目的參到無面目了就成了。寫個空字，空是一個字，怎麼把這個空表現出來？或者寫了幾本書，或者修學幾十年。禪宗說什麼都沒有，禪宗語錄怎麼那麼多？一千七百公案。《楞嚴經》是講禪的，《楞伽經》更是講禪的，《法性經》也是講禪的。本來很簡單，但是你把它放開了就很複雜，收回來呢？還是很簡單。

這些天王都是證得的，相當於等覺菩薩，等於覺悟了，等於如來了。用你的智慧觀照，觀照一切衆生，就是一切事。一切菩薩都算衆生，乃至三惡道、六道、緣覺、聲聞、菩薩都是衆生。這種解釋是許多法，衆法和合而生的，就叫衆生。觀這一切法，觀法的涵義，義理明白了，證得了就解脫，沒證得就不解脫。不解脫，一切法仍然如是；你解脫了，一切法也仍然如是，認識不同。這都是講的不生不滅，不來不去。這一切法不生不滅是哪個天具足的呢？清淨功德眼天王。清淨功德眼，這是他所修行的，得一切法不生不滅，不來不去，無功用行解脫門。

可愛樂大慧天王。得現見一切法真實相智慧海解脫門。

這是可愛樂大慧天王修行的過程，證得的過程。他得現見一切法眞實相的智慧海。「現見一切法」，一切法有一切法的義理，現見一切法的眞實相，眞實相就是它的義。什麼義呢？智慧海。觀一切法的義，解脫了。不說深的，我們先說淺的。現在對你的日常生活，你怎麼觀的？你在生活當中，哪個是眞實的？哪個是假的呀？先解釋它的相。

觀，用什麼來觀？用智慧來觀。觀什麼呢？觀我們日常生活當中的事實。吃飯、穿衣，接人待物都是事實。這個事實不同，有出世的，有入世的。再說世間相上的，士、農、工、商，這不都是事實。這事實不是虛假的，但是這是有爲法。說用智慧觀這些有爲法，有爲就是作用義。觀有爲法的眞實相，就是眞實法。觀諸法如實的眞實相，這是一種觀，智慧觀。

慧觀，慧觀是理。理是理體，是眞實的。世法不虛。但是那個眞實不是眞實的，這個眞實是眞實的。或說觀世法的事，是相；觀諸法的實在的理體，就是實，實者就不虛。以智慧觀一切實事不虛，就是有爲法，都是實相而生起的。因爲有相，有相是從無相而來的，實相無相成一切相，這是觀事。以慧觀理，外頭所有一切相是無相的。無相，事相宛然呢？那是隨緣的。無相故無不相，所以叫實相。在這個相上說，叫差別，都不是實相。我們的實相，上至諸佛，下至一切衆生，乃至現前一念心，我們的心體本具足的，是一念的眞心，不是現在你那個肉團心，也不是你虛妄的妄識，這裏是指眞實的。

所謂無相，無相就無所不相，無所不相就稱實相。這是智觀、慧觀，還有無礙智，用無礙智觀，觀一切法，就是一相實相，無二實故。把實相觀得窮盡、深盡，深盡了就是無不相的廣大無邊，這個就叫智慧海。觀相而不被相把你縛住，觀相而不被相把你執著，什麼好看不好看，醜的、男的、女的、畜生、人、地獄相、餓鬼相，所有一切相都無自體的。它的體是什麼呢？實相。要能這樣，達到目的、解脫了，叫解脫門。可愛樂大慧天王，他證得一個實相智慧海解脫門。

不動光自在天王。得與眾生無邊安樂大方便定解脫門。

這個天王的智是不動智，於一切法自在。為什麼呢？他的智慧照一切法，得自在了，不為一切法所局。「方便定」，因為他證得眞實智而起的用。這是從用上顯的。有的天王從體上顯的，有的天王從事上顯的，有的從相上顯的，有的約他自證方面顯的，有的約度生利他方面顯，都不一定的，以此顯現他所證得的境界。

什麼叫安樂呢？先說安，你沒有什麼恐怖，沒有什麼怖畏，心裏頭非常安靜。有怖畏了，就不安了。有恐怖了，心裏就不安了。由這個我想起，今天有位到這來看我的一位比丘尼師父，她一聽有動靜，心就跳得不得了，我說：「妳太不安了！」為什麼不安？她說聽不得動靜，特別是夜間更厲害。妳的心裏頭罣礙沒除掉，雖然出家了，好像離開了世俗，心裏頭還想著世俗的事。出家本來是離了，心裡還掛念那些事。換句話說，沒離開安危，沒離開恐怖，還有恐怖感。

人一天要笑三次，多快樂一些，不要煩煩惱惱找些事來做。找什麼事呢？不是說你到外邊去找事，心裏頭儘在那裡攀緣。這個心是攀緣的，想過去。因爲這一個事，他會聯想的，這是衆生心的特點。看見花了，就聯想到很多的事。看見水了，他就聯想很多事。今天的飯或者不好了，不對他的口味，他也聯想很多事，聯想他吃得好的時候。因爲這個心，不能離開外面一切環境的境，所以有恐怖。

我們舉例子說，他做一些壞事，偷人家了，搶人家了，心裏總不安，怕有人抓他來。看見警察就害怕，以爲警察要來抓他了，因爲他有一個不安的心理，有那些壞事，那當然有恐怖。還有我們諸位道友，一開口，「哎呀！我業障很重啊！」每位道友都這麼說，自己業障重。你讓他把業障拿出來看一看，拿不出來。業障是什麼樣子？業沒有什麼樣子。沒有樣子，怎麼會把你障住了？

我給你舉個例子，門關著，鎖上了，你出不去，就障住了，這叫業。得了通了，你就出去了，管它鎖不鎖的，沒障礙了。你得造業，造業才能出去，造什麼業啊？造聖業，一般的善業不行，就是出離道，出世間善業，你善業一造，惡業沒有了，心裏頭那個障礙的業沒有了，不障礙的業現了，還是業。這兩種都是業。

業有嗎？佛告訴我們，「業性本空因境有」。業性本來沒有，哪有業性啊？但是依於環境就有了。我們每位道友，經常心裏頭忽然就不安，怎麼不安的呢？外邊境界相使你心裏不安。特別是懷疑心重的。離了一切怖畏才叫安。如果你自己沒離開，怎麼讓人家安樂啊？安樂不了。

這位天王以他自己的智慧，給衆生安樂的方便法門。離開怖畏了，安了。安的時候他容易生起歡喜心，生起適悅心，他見到什麼境界不執著了，見什麼境界都是愉快的。這種功夫不容易的。看到人間任何事物，永遠適悅他的身心，這叫隨遇而安，遇到什麼都產生快樂感。現在見佛的肉身辦不到了，這是無佛時代，但是見佛的化身，見佛的像還是容易嗎？不信佛的人當然也不容易，信佛的人是容易的。

我們每天都見佛，見了佛有兩種利益，第一個就是安樂；第二個是煩惱不生。不生煩惱，你就得了定了。煩惱是昏煩惱亂，心不安，你定不了。我們經常講心安理得，什麼叫理得啊？理得他得不到了，心安理得是使妄心得到安定，理得到眞心了。

沒學佛法的，也沒有兩個心，也沒有個妄心，也沒有個眞心，他根本不知道心。心還多著呢！把它變成識，有八個，八個完了還有五十一個心所，一個心所又發展了好多，每天不曉得產生好多念頭，就是這樣子。安了呢？沒有了。安了，煩惱不生了。這叫什麼呢？能得到定。

佛的功德無量，見了佛就憶念佛，觀想佛。你所得到的快樂很多很多。就看你的功力了，看你能進入到什麼程度。這不是講大方便定嗎？佛能夠加持我們，讓我們安樂。我們能安樂，心就能定下來。安樂的越多，定的越多，這個安樂就是心定。身心快樂的時候，容易得定。身心不安怎麼能得定呢？身是由心支配的，心安，身才能安。你心裏很安靜，別人侮辱你，欺負你，譭謗你，說你的壞話，你的心很安樂，根本不計較，根本不理。

安心之法太多了，你得跟佛學。隨遇而安，遇到什麼環境，你就安心在那裡待著；但是苦難逼來了，如果平常沒有用功夫的時候，功夫用的不夠，你才知道苦，那眞是苦啊，安定不下來。你在苦難當中還能安得下來？腦殼痛得都要爆了，你能安得下來？腦殼痛、肚子痛，腸胃不適應了，四肢百骸，乃至手上扎個刺，你都不安定。手上扎個刺算個什麼？扎個刺看看，你都不安定啊。這個涵義就是：凡是理上最深的，你不要去鑽，智慧沒到家，現在還沒有修到那個程度，你在事上先克服。說的時候很輕巧，喉嚨一發音，上嘴唇下嘴唇一碰就出來了，等你做的時候可就難了。

我是有經驗的。今天克服了，明天又克服不了，後天又克服，大後天又克服不了，反反覆覆的。我在監獄裏三十三年，每天都盼著，今天該出去了。天天該出去，天天出不去。一年三百六十五天，十年三千六百五十天，三十三年一萬多天。你想去吧！衣食住行，再窮，還有自由。這個是沒自由的。假使你的心安了，心安了就是人生下來就該在這裏住，也沒事。審問我的解放軍，他也是煩了，跟我們聊天，挖苦我們：「你們這些罪人，不恥於人類狗糞堆。」我說：「你跟我還不是一樣啊？你也在這裏頭。你是看著我的，我是在這兒該住的，一樣的，大家都在這裏。」

你要這樣觀想。還有思惟佛教導我們的法，我們不是想修道嗎？正好，就在這裏修行，黑夜睡覺都有人給你守著。到監獄裏你不怕鬼，爲什麼？鬼敢住監獄？他來也住監獄，他是從地獄裏出來的，他剛跑出來，還到這裏頭來啊？監獄不怕鬼，你問問哪個在監獄裏住的怕鬼？爲什麼呢？燈光透明的，外邊有守衛的，平常你雇得起嗎？那守衛的幾個小時一換班，你雇不起，到那裏去，他自然的就來了。你得會想，往好處想。

大家看過魯迅的〈阿Q正傳〉沒有啊？那叫阿Q精神。他打不過人家了，怎麼辦啊？「兒子打老子，我讓我兒子打了。」唉，想得通了。通了，就行了。

我們這個不是，我們這個是給予一切衆生遠離怖畏，給予一切衆生幸福快樂，得有這個本事。我們都發願度衆生，就像不動光自在天，給一切衆生無邊的快樂。他有方便善巧，有智慧，這叫方便定。把你的心定到快樂上，莫要定到煩惱上。

俗話說：「但願百年無病苦，不教一息有愁魔」，說你連呼吸之間都不發愁，社會上看開了。在社會上也有一批人看得開，放得下的。他也說「天也空，地也空，人生渺渺在其中」。這個不是佛教的話，而是他的觀感，他的認識；天地都是空的，天是空的，地也是空的。你說地是實在的，地是實在的我們怎麼能打井？地是實在的能鑽探？那就不實在了。對世間一些相，你怎麼認知？認知好了就對了。

什麼叫定呢？煩惱來了不動心。快樂來了不動心，人家罵你也不動心，讚歎你也不動心。侮辱你，譭謗你，罵你，這個不動心。有時你功夫修得差不多了，還定得住。但是人家一讚歎你，一捧你：「老和尚您可了不得啦！」好，你忘了，忘了什麼？忘了生死了，忘了苦了，隨他轉。我們學佛的人，不怕當頭棒，只怕腦後針。當頭打你，你看得見，明白，沒關係，觀想有的。但是腦後扎你一針，不知道了。譭謗你，你還認為「我是修道者不管他。」一讚歎你，飄飄然了。「您老和尚眞有修行，眞了不得，我要供養您。」你就雲山霧罩的，這叫腦後針。

二種，毀譽不動。愛、憎、毀、譽、稱、譏、苦、樂，這八種境界風你要是躲過去，就很有辦法了，眞安樂了。

我記得有個故事，蘇東坡認為自己修道修得很好，就飄飄然了。在他書桌上寫了一首詩：「稽首天中天，毫光照大千；八風吹不動，端坐紫金蓮。」他的道友佛印禪師看他去，他不在，看桌子上寫這麼一首詩「八風吹不動，端坐紫金蓮。」佛印禪師在後頭寫兩個字「放屁」。他回來一看，誰在桌子上寫字了？還寫個「放屁」！他冒火了。他問傭人。傭人說沒人來，別人誰能到刺史大人辦公的地方來呀？只有你的道友佛印禪師來了。他氣得不得了，他說：「我得找他去！」

那時他住在杭州衙門當刺史，佛印禪師在淨慈寺，那時到淨慈寺要經過西湖，現在淨慈寺跟杭州靈隱寺挨著，他過了江就去了，一進門就發火。他說：「你怎麼罵我，你怎麼說我放屁？」佛印禪師說：「你過江來幹什麼？就為這兩個字嗎？」「是啊！」佛印說：「你不是八風吹不動嗎？放個屁就把你打過來啦？八風吹不動，一屁送你過江來。」吹的不行，得要事實，得要功夫。讚歎你，譭謗你，痛苦的時候，快樂的時候，這叫八風。

所以我們修道的人得磨練，不是一開始就能做到的。磨練久了，天天做如是觀想，遇著境界的時候、苦難來的時候、特別敏感的是病苦；還有人跟人之間，沒有誰碰不著誰的。一個屋子裏住八個人、十個人，哪能說誰不碰誰呀？好多的日常生活小事，這裏就蘊含著佛教甚深的道理。這些文字，從深奧地方說，看看大菩薩怎麼成長的，完了要結合自己的現實。

妙莊嚴眼天王。得令觀寂靜法滅諸癡暗怖解脫門。

「眼」表什麼呢？觀照。觀照是什麼呢？是智慧，什麼智慧呢？清淨無為，得到了觀寂靜法。寂靜法是什麼呢？究竟的寂靜。大家要注重觀。觀，就是照了的意思。我們經常念《心經》，觀自在菩薩的這個觀是修好的了，觀到什麼程度？自在了。怎麼才自在的呢？得了寂靜，回歸本明心地。得了寂靜，就把那些愚癡、黑暗、怖畏全都解脫了。

因為我們這個悲不是大悲，是小悲。大慈大悲的大悲是拔一切眾生的痛苦，悲能拔苦，慈能與樂。我們這個悲不是的，是什麼悲呢？悲障。愛掉眼淚的，愛哭的，哭就是悲，不悲哀怎麼哭啊？我們女眾菩薩都是學觀世音菩薩的，人家是大悲，大悲不悲。我們是小悲，小悲遇到小事就哭了。哭了解決問題嗎？不解決問題，這叫悲障。聽到六親眷屬或跟自己相關的事，生起悲哀。不是給人家快樂，是給人家悲哀，自己也悲哀。親人見親人，多數都要哭，互相悲哀。

所以菩薩他給一切眾生智慧，黑暗沒有了，恐怖沒有了。有智慧，看一切都看得明明白白的，不愚癡。愚癡就是無明，無明就是黑暗。莊嚴眼就是佛眼。眼是以智慧莊嚴，以定力莊嚴，以慈悲莊嚴。他把一切的癡暗、恐怖滅絕了。眾生因為不明白才造罪。愚癡故造罪，造罪得作業，造業受苦。癡暗就是愚癡，不知道未來的果報，眾生畏果，菩薩畏因。菩薩不敢造一點的因，因必感果。

眾生不怕因。感受到了，苦來了他就怕了。因為癡暗故造業，不見未來，最後顛倒造業，往下墮，或者墮畜生、或者墮惡鬼道。人都知道畏懼、害怕。怕什麼？他就不怕愚癡、不怕造業。造業不怕，受報就怕。

這位天人給眾生一些智慧，讓眾生觀察自己的本性。本來寂靜的，愚癡相沒有的。愚癡本空的，無明沒有的，空的，你順著自己的本性，光造善，不造惡。盡做好事，莫問前程，自然就解脫了。

大家都學戒律，戒律就是防非止惡，不做錯事。別做昧因果的事。種好因，得好果。做善因，得善果。做惡因，得惡果。你現在開始做成佛的因，自然恢復你原來本具的德行，本來你跟毗盧遮那同體的。現在是迷了，把體障住了。同之中不同了。佛跟眾生距離天壤之別。

你要恢復呢？也很容易，相信自己的本心。原來的那個妙明眞心。要相信，相信自己是毗盧遮那，我們講〈大乘起信論〉，就講大乘的信心，要相信。這個信就不容易了。有了信心，你就能止惡了，隨時觀照自己是一尊佛。不過現在有一點問題，灰塵還沒有打掃乾淨。你天天這樣想，這尊佛也沒有貼金，也沒有裝臟（按：「臟」字或作「藏」），也沒開光。沒人來拜，給障住了。你把它磨磨磨，磨得放光。我們求善知識幹什麼？幫我們開光，幫我們把灰塵磨下去，讓我們本來的面目顯現。這個天王所度我們的，就是這樣教導的。

《華嚴經》的深，就深在你就是佛，你就是毗盧遮那，這就是深。你把中間這個過程磨掉，就對了。《華嚴經》說事物，顯什麼事物，用微塵最小的，用法界最大的，而是沒有大，沒有小，你的罪徧於法界，等你觀透法界，你的罪惡沒有了，恢復法界的性體。經常這樣觀。觀的意思是你經常這樣想。你想別的也是想嘛！你把他變化一下，天天想，早、中、晚，天天想。無論做什麼事，想我是毗盧遮那，我做的這些事都是佛事。

善思惟光明天王。得善入無邊境界不起一切諸有思惟業解脫門。

「善入無邊境界」，因爲業障解脫了，能像諸佛在無邊境界相當中，得自在。業障消除了，沒有業所障，就解脫了。解脫了就叫善入。佛現的無邊境界呢？這些天王不依於佛的境界。不依佛者，就是他用理觀觀想佛，修理觀。理觀與佛平等，不壞他自己的觀心，觀是能觀，所觀的是自性的性體，更不造一切善惡業的思惟，他已經達到了智理，悟得的心性跟佛無二無別，這叫無依性。有無依性才叫善入，善入故才不造一切業思。業思就是思業，翻過來說，業是作用意，思者是靜止意，寂靜，不再動了。

可愛樂大智天王。得普往十方說法而不動無所依解脫門。

「普往十方」是動的意思，但是他自己證得的解脫不動。怎麼解釋呢？動即是不動，雖然看著是動，動無動相，就叫不動，寂然不動。雖然深入十方應化衆生，而他本來寂靜的本體沒有動，以智慧宣說諸法；但是宣說諸法不取相，不取相就叫如如不動。我們一定要知道，這裏所講的天王都是寄位，實際上他已證得了大菩薩等覺菩薩位。因爲寄位，所以這些天王才有這個境界，不是所有天王都能夠得如是境界。寄位的菩薩都有這種境界，不是一般的都有，但是《華嚴經》所說的這些天王，都是證得的大菩薩。

普音莊嚴幢天王。得入佛寂靜境界普現光明解脫門。

什麼叫寂靜的境界呢？寂靜境界的境界就是寂境，境寂心不生。佛的智慧就是他不動，跟理契合了。智是動相，智和理契合，就是不動相。寂是性體，智應機感現而說法，普徧十方發的智慧光明。令一切衆生機感，讓他從有相入於無相，從動入於靜，這就叫寂，入於寂境。這是普音莊嚴幢天王所證得的。

名稱光善精進天王。得住自所悟處而以無邊廣大境界為所緣解脫門。

這個天王自己觀佛，以佛智來契入無生的法理，那理體也是性體了。契入性體，這就叫寂。而且能化度一切衆生，讓一切衆生靜下來，這叫令他。自寂也能令他寂，這就是莊嚴幢天王所入的寂靜境界。

「自所悟處，而以無邊廣大境界爲所緣」，把自己悟得的能夠廣化一切衆生，衆生有無邊無盡的境界相，知道這些境界相是所緣的，知道諸相無相，能悟得無相了就叫解脫。

現在我們講妙燄海天王，這是在毗盧遮那佛的華嚴法會，常隨衆天王，這些天王是常護持佛的。這些天王不是天王，是寄位的大菩薩。

爾時妙燄海天王承佛威力。普觀一切自在天眾。而說頌言。

燄海是無數天王大衆之首，他是上首。仗著佛的神力來到法會，以佛力相加表示承佛的加持力，不是他自己的力量。顯示什麼呢？顯示不我慢，給衆生示範不我慢。我們做什麼事業都知道三寶加持力，這個意思就顯著佛加持故。

「普觀」，普觀的時候沒有什麼分別，不偏於哪一方，普觀十方。因爲這個自在天的天衆相當多，他代表大家讚歎佛。「而說頌言」，就是他代表這些天王讚歎佛的話。「頌言」就是話。讚歎佛所說的話有四種：一名阿耨窣覩婆，二名伽陀，三名祇夜，四名缊馱南。這是偈頌的體裁。「伽陀」是印度話，翻譯成中國話是諷頌經典，讚頌大乘，就是讀的意思。「伽陀」是讀的意思，或者我們念經也叫諷誦。有的是直頌，直誦就是沒有說長行，一開始就說偈頌，像《法句經》，很多經典是依著長行而說的，那叫重頌。

這四種當中的第一種，「阿耨窣覩婆」。「阿耨窣覩婆」是什麼涵義呢？印度話，形容人死後給屍骨修個圓形的塔，就叫「阿耨窣覩婆」，也就是我們所說的墳墓。這個意思是讚歎佛。佛圓寂之後的舍利，在佛的聖地給他修建了很多塔，後來就用「阿耨窣覩婆」來形容塔。一個是讚歎佛化身所遺留的舍利，一般就叫舍利塔，這是通俗的涵義；印度原話是「阿耨窣覩婆」。「阿耨」是阿耨多羅三藐三菩提的意思，稱頌佛的。這是第一種「阿耨窣覩婆」。

第二種是「伽陀」。下文所用的讚頌體裁，偈頌裏所說的話是什麼涵義？「伽陀」，不頌長行，直接用偈頌來表達佛說法的意思，以偈頌的體裁來說法。

第三種是「祇夜」。祇夜或者就說偈頌的偈，把長行的文，再用偈頌，或者七個字一句，四句為一頌。

第四種「緼馱南」。「緼馱南」叫集施頌，沒有長行，有時叫孤起頌，直接用偈頌體裁來說法。用很少的言語表達了很多的意義，總說這叫伽陀頌。就像我們讀的〈普賢行願品〉、〈普門品〉，長行完了都有個偈頌。有的是重頌長行，有的長行的意思沒說完，通過偈頌給它補上，因為有這種涵義，所以立這個頌叫偈頌。

偈頌是我們的翻譯，應該說「伽陀祇夜」，總說就是偈頌。為什麼要用偈頌呢？文字雖少，所含的義理多，這是第一種涵義。第二種涵義，讚歎佛的功德。用這個偈頌來讚歎，文字簡練。有的長行的經講完了，有一種鈍根衆生，聽了長行，或者沒有注意，意思還沒有領略完，為了那個鈍根的衆生，應那一類機，給他說偈頌。有的參加法會來晚了，再用偈頌給他說，使他沒有遺漏也能聽到。第五種的涵義是，有些眾生他喜歡略，在文字上他喜歡讚頌體裁。第六種，偈頌容易受持，記憶不忘失，容易受持的意思。第七種，增加前頭所說的，義理沒有明白的，或者經文沒有說清楚的，偈頌裡再補充說；長行沒說的，在偈頌裏表達出來。講這個是什麼意思呢？因爲以下的文字都是用偈頌稱歎佛的功德。

佛身普徧諸大會　充滿法界無窮盡
寂滅無性不可取　為救世間而出現

這是妙燄海天王所說的頌言。「佛身普徧諸大會」，佛的身徧法界，這個是說毗盧遮那佛，徧法界都有毗盧遮那佛的身，徧法界的身雲。對機來說，在我們娑婆世界南閻浮提，毗盧遮那佛所現的身是化身釋迦牟尼佛，這個國土世界如是，其他任何國土都如是，徧滿法界，充滿虛空，沒有窮盡的。在華嚴法會裏頭，七處九會所說的法，把它再擴充都有毗盧遮那佛在那說法。「寂滅無性不可取」，「寂滅」，佛性是寂滅的，就像釋迦牟尼佛的名字，「能仁寂默」。釋迦是「能仁」，牟尼是「寂默」。盡虛空徧法界佛身都能徧，佛有十種身，到經文裏頭再去講徧。另外佛的出現徧世間無盡，不是世間法的滅盡法，佛的佛法像虛空似的，常住的、不變異的。寂靜就顯「無性」的意思。不可取一，也不可取異，就是不可以執著。徧於法界就是方便，從法身而起的無盡身雲教化眾生。一切諸法全是寂靜的，寂靜的就是無性的，無性是無異相，不是佛的性體沒有了。佛的法身徧一切處，是無窮盡的。爲什麼？因爲他沒有執著，沒有取捨，沒有一，沒有異，只是利益衆生的緣。佛的法性是性空的，隨緣現一切方便，也就是爲救世間而出現的。

如來法王出世間　能然照世妙法燈
境界無邊亦無盡　此自在名之所證

無執著就是自在了。法王於法自在，在一切法都能自在。生滅法、不生滅法、寂靜法，都能自在，就是於法自在。怎麼自在的呢？照的自在，破除一切煩惱癡愛的網，佛證得了智慧光明。能燃，就是點燃的意思，就是照，什麼照呢？妙法照。妙法像燈一樣的，「然」（燃）也是形容把燈點燃了，什麼燈呢？「妙法燈」，妙法燈是智慧燈。妙者就是不思議的意思。什麼法不思議呢？衆生的心。我們衆生的心法跟佛所說的究竟法無二無別，這是約理上說。

約事上說，一切境界。事法都是有境界相的，一切相即是一相，一相即是實相，自在天王所證得的。這些天王都是果後行因的大菩薩。因爲「佛爲法王，於法自在。」王者，自在義，法就是一切法。能得到自在是由觀力而來的，觀力就是觀想力，觀想力就是能照。我們念《心經》的時候觀自在，觀照一切法，在一切法上自在，沒有善惡也沒有苦樂，沒有長短也沒有方圓，也沒有什麼是佛法、什麼是衆生法，一切都自在。誰呢？佛！佛為法王，於法自在。

佛身普徧，在大會中顯現，一切法會中顯現，充滿法界之後，沒有窮盡的。華嚴法會是徧一切處、沒有窮盡的。法會雲集大衆、說法主的佛，性體是一個，性體是寂滅的，因爲救度一切衆生才出現的。在覺體上是自證分，利益一切衆生，是方便，化一切有情，讓一切衆生都能證得。

佛不思議離分別　了相十方無所有
為世廣開清淨道　如是淨眼能觀見

「眼」，我們是肉眼，「肉眼礙非通」，有障礙的，不是通達的。肉眼所見的很短暫，如果沒有日、月、燈三光，我們什麼也看不見。眼能觀一切色，如果沒有眼，一切色相你沒法分別了。眼是個總的名字，肉眼是我們凡夫所具足的。天眼呢？「天眼通非礙」，天眼是無障礙的，他從禪定而得到的，加上他福報所感的，不論遠近前後，它都能照，天是光明的，不管哪一天。我們的眼睛就不行，後邊看不見，天眼是通的，但是他的通是有限度的，不能夠知道過去生、未來生，只能比凡夫高。第三種，慧眼。「慧眼了眞空」，是二乘人境界，聲聞、緣覺，他得到慧眼了，看一切諸法皆空。空了就不執著了，能夠滅煩惱見思惑，他離開了見思的塵垢，這是慧眼。第四種，法眼。法眼是菩薩度衆生的，清淨法眼能徧見一切諸法，徧見一切諸法能度眾生，他能知能行、知因知果，他證的就比二乘人高深了，他能夠照俗諦，眞俗二諦。第五種，佛眼，這個在《金剛經》上講的很清楚。前四眼的用，佛眼都能夠知道、都具足，佛是五眼圓明，這是讚歎佛的眼功能，無功用的，不假思惟的，離開分別的，他能見到一切法無生亦無滅，內裏證得的，與外邊所通用的是同時俱現。

如來智慧無邊際　一切世間莫能測
永滅眾生癡暗心　大慧入此深安住

「大慧」就是指佛陀的大智慧，「入此」是證得。所證得的智慧沒有邊際的。一切眾生、乃至二乘、菩薩，都不能測佛的智慧，佛能夠滅一切眾生癡闇心，這是佛自證的大慧，深安住於此慧，這是讚歎佛。

如來功德不思議　眾生見者煩惱滅
普使世間獲安樂　不動自在天能見

如來功德，用〈普賢行願品〉的話說，普賢菩薩讚歎佛的功德，完了對善財童子說，如來的功德假使十方的一切諸佛測度，不能得知佛的功德。眾生若見到佛、聞到佛的功德，見者、聞者都能夠煩惱滅，不過，你還得去行。

我們現在見佛也見著《華嚴經》，我們的煩惱滅了嗎？你能見到佛了，種了善根，能聞到《華嚴經》，將來必定能滅，是這個涵義。如果見佛了，聞法了，能得到安樂，「普使世間獲安樂」。佛能使衆生煩惱滅，得衆生去學，得跟佛有緣。經上有這麼句話，「佛門廣大，無緣難度。」沒有緣的，佛也度不了。佛要度盡衆生，衆生界不盡，衆生界永遠沒有止息的時候，把衆生都度盡了，不可能！這是佛的三不能。衆生的業，佛能說方法讓你自己消，佛不能代你去消。

佛的功德不可思議！見者、聞者能種善根，完了你再信，信完了你再解，解完了行，行完了能證，你的煩惱才能滅。這裏頭沒有說過程。但是佛出世，你能見佛，能聞法，一定能滅！就像《法華經》上說：「若人入於塔廟中，單合掌，小低頭，皆已成佛道。」我到了塔廟，或者我們現在出了家，天天在磕頭，天天在拜，你成了佛嗎？這不是說現在。以華嚴義，你修三個阿僧祇劫，修十個阿僧祇劫，修無量的時間成道了，也就是一念間，這就是華嚴義。所以說見者煩惱斷，行的中間過程不說了，煩惱一定能斷，爲什麼呢？你這個善根種下去了，你種下去的一定能長高粱、穀子，但是中間還得耕耘、灌溉；沒有說那個過程，但是你一定能成，就是這個涵義。佛出世間使一切衆生都能夠獲得安樂，這是不動自在天能夠證得的，能夠見到的。

眾生癡暗常迷覆　如來為說寂靜法
是則照世智慧燈　妙眼能知此方便

因爲妙燄海天王他的大衆有十衆，每一衆說個偈子，他代表著大衆說十偈，這是第六個。迷啊！取妄境執著不捨，把我們的眞心覆蓋住了。因爲衆生的癡暗常時迷覆，被迷所覆了，佛就給他說寂靜法，形容著佛的智慧能破一切衆生的黑暗、愚癡。妙眼呢？殊妙不可思議，妙就是不可思議的意思。佛的眼根是不可思議的，這個天王他能知道，怎麼能證入佛的智眼，妙眼。一切衆生以妄爲境，以妄爲眞，把他自己的眞心覆蓋住了。讓他來觀寂靜法，來除滅他的無明，這就是除滅義。這個地方提到菩提，〈華嚴疏鈔〉裏頭說「三菩提」是「阿耨多羅三藐三菩提」的簡稱，無上正等正覺的意思。

菩提有三個，一個是眞性菩提，一個是實智菩提，一個方便菩提。這個地方說的「能知此方便」是指著方便菩提說的。眞性菩提是我們本具的，不變的那個覺性，菩提是覺。實智菩提是眞實智慧的菩提，菩提就是覺，覺悟了，知道了眞實實智的菩提。以這個方便善巧，隨衆生的根機，能夠化度他，在化度的方便當中能夠自在，就是能知此方便。妙眼是解釋三菩提的，這跟前頭說的妙眼涵義有所不同。聲聞、緣覺，他所覺悟的菩提跟佛的菩提有所不同。四聖諦的苦、集、滅、道，所證的正覺，十二因緣法所證的正覺，跟佛菩薩所證的正覺都叫菩提。二乘人就是緣覺、聲聞，他認為自己也證得菩提了，認為他跟佛在菩提樹，夜睹明星無二無別。這跟菩薩所讚歎的「三菩提」不同。因為緣覺、聲聞、權乘菩薩，他還沒能知道阿耨多羅三藐三菩提那個眞正的菩提，正等正覺無上菩提，是指這個說的，讚歎佛的妙眼，能知此方便，能證得此方便。這個妙眼天王，他知道了，知道就表示能證得的意思。

如來清淨妙色身　普現十方無有比
此身無性無依處　善思惟天所觀察

善就是善惡的善，我們說大善、小善。什麼叫大善呢？大善是沒有境界相的，沒個邊際的，也沒個善可說，無有比的了。「如來清淨妙色身」，在十方皆能顯現，其他九界眾生，菩薩、緣覺、聲聞都不能得知，都不能跟佛相比。境又可以作處所講，處所就是佛知道哪一方的眾生機成熟了，緣成熟了，就示現去化度眾生。像釋迦牟尼佛降生在娑婆世界，是毗盧遮那佛的化身，知道這一方的眾生該得度了。度眾生的善，不是一般能比的，不是聲聞、緣覺、菩薩所能比的。「無依處」，就是佛所現的身是無性的、是化現的，是方便善巧的。性是什麼呢？性是毗盧遮那。無依就是寂靜的意思，例如釋迦牟尼佛的名字，「能仁」，利益眾生的，「寂默」，就是無依的意思，不依任何物。我們看著也是依著身體，依著三業說法，有能依就有所依，無依就沒有能依所依。念寂就是「如」，度眾生就是「來」，如來的意思，來即無來，就是寂靜的意思。能教化眾生使眾生別在依著業所轉，令一切眾生別再造業了。

如來音聲無限礙　堪受化者靡不聞
而佛寂然恆不動　此樂智天之解脫

如來說法的音聲，沒有限制，沒有障礙，沒有近也沒有遠。「堪受化者靡不聞」，能夠受教化的，就聽到佛的聲音，不堪受教化的呢？聞不到。《華嚴經》是佛說的，我們看見文字，等於就聞到佛的聲音，就是佛的力，也是我們的緣。如果你沒有這個因緣，聞不到。聽到《大方廣佛華嚴經》的名字，你必須得經過好多佛所種的善根。上兩句讚歎佛的音聲也好，佛的眼根也好，佛的六根門頭都如是，寂然不動的，而它產生的智慧力量是不可思議的。這種理體是樂智天他所證得的。這些天都是大菩薩示現的，實際他證得的很深很深，將要成佛了。

寂靜解脫天人主　十方無處不現前

光明照耀滿世間　此無礙法嚴幢見

嚴幢天王他入的境界就是普現光明。這幾個偈頌的義理都是相同的。寂靜大梵天，他得到什麼解脫呢？就是佛的寂靜解脫。也可以說佛是一切諸天、人王、天王、乃至一切王，王者佛之自在。兩種解釋都可以。這個就是無礙法莊嚴幢，他見到佛的境界是這樣子的，佛在十方無處不現，光明照耀滿世間。佛的智慧是光明照耀的，世間有緣者就現，無緣者就隱。天天拜佛，天天求佛，我們見到這種光明了嗎？佛是無不現。因爲我們有礙，等你無礙了，你就見了。這是無礙法的莊嚴幢，他見著了。此無礙法是不可思議的。「嚴幢見」，嚴幢這位天王，他見著了。

佛於無邊大劫海　為眾生故求菩提
種種神通化一切　名稱光天悟斯法

無邊境界就是所緣的。無邊境界，說一切世界的衆生不覺悟；佛覺悟了，他爲了讓衆生都覺悟，所以他就求菩薩，就是求證覺。證得了就能示現種種的妙用，從他自然的心，發起無邊的智慧來化度一切衆生。這神通就是天心跟自然的慧，神名天心，通名智慧。用自然的智慧來化度一切衆生。這是名稱天王他悟到這個法門。這四句話就是：無邊的境界就是所緣的境界，求菩提就是自己的證悟。有這個所緣的境，自己證得的是能緣的，能緣的就是菩提。能緣利於所緣，來化度一切眾生。

第二個明四禪天，第四禪天是廣果天，有長行十法、偈頌十法。

四禪天十法

復次可愛樂法光明幢天王。得普觀一切眾生根為說法斷疑解脫門。淨莊嚴海天王。得隨憶念令見佛解脫門。最勝慧光明天王。得法性平等無所依莊嚴身解脫門。自在智慧幢天王。得了知一切世間法一念中安立不思議莊嚴海解脫門。

《華嚴經》有時候二十幾個字，三十幾個字是一句話，才有個逗點，你得一口氣把它念下來。好比這個「得了知一切世間法」，你就可以自己加個逗點，「一念中安立不思議莊嚴海解脫門」。這二十幾個字就是：「得了知一切世間法，一念中安立不思議莊嚴海解脫門」。這是一句話，沒有逗點的。

樂寂靜天王。得於一毛孔現不思議佛剎無障礙解脫門。普智眼天王。得入普門觀察法界解脫門。樂旋慧天王。得為一切眾生種種出現無邊劫常現前解脫門。善種慧光明天王。得觀一切世間境界入不思議法解

脫門。無垢寂靜光天王。得示一切眾生出要法解脫門。廣大清淨光天王。得觀察一切應化眾生令入佛法解脫門。

這個快樂的樂，有時候念「樂」（音樂的樂），有時候要念「樂」（快樂的樂）。你看上下文是什麼意思。我們這有兩句：一個，樂寂靜天王，樂（音：要）是希望的意思，希望寂靜。你要是讀，快樂的樂，樂寂靜就不相合了。

這是第四天的廣果天。廣果天並不是一個天王，無邊世界來的這些天王，他方世界，一個廣果天有一個天王，無量的廣果天就有無量的廣果天王。十種，都是廣果天的天王，不是在一個天，一個天哪有這麼多天王？這十個是上首，同類的天王是無量數的。前頭總說了，凡是舉十個是爲首的，還有無量無邊的，跟他相等的天王。舉這上首的十個天王，底下又分別說了。

這個就是觀一切眾生機。這個可愛樂法光明幢天王，他得到一個法門，叫觀一切眾生的根給他們說法，使他們斷了疑惑也證得解脫，證得這種解脫門。那麼普觀呢？普觀就是普度，普度就是普化。普化一切眾生的時候得應根說法，就是對機說法，他是什麼根機，你就給他什麼法門。他喜歡禪定，你要讓他讀誦，那就相反了，他喜歡禪定，就示現讓他坐禪。他要禮拜的，要想修懺悔法的，你讓他打坐參禪，他不能進入。應以何法得度者，就讓他以何法而能得到解脫。有的斷他的疑惑；有的他聞法了，能證果了。你不觀機的時候他起到相反的效果。所以要稱他的機，說苦法、樂法。就像醫生治病，你給人家下藥，得看人家什麼病。這就是應機說法的意思。普觀，就能夠對機。若不知根說法，在果上有障礙，障礙是什麼呢？你說了，他也得不到解脫。

比如說，我們現在講《華嚴經》就不對機，這叫遠機，種善根。講完了《華嚴經》有幾個能入這解脫門？能入華嚴境界？那還講什麼呢？這就是大家共同的來種遠因。所以《華嚴經》最後的利益是給遠因眾生，只要他能聞到《大方廣佛華嚴經》的名字，對大菩薩互相演唱的不可思議法門，能生起信樂（信是不懷疑，樂是求），那就是種下善根。

大家共同學《華嚴經》，目的是達到斷疑生信。相信自己跟毗盧遮那佛無二無別，相信自己就是毗盧遮那，有這麼個信心，我們共同學習的目的就達到了。聽者願意聽，說者也願意說，說聽結合了也算稱機了。像善財童子，這個機很少。這些大菩薩他們說法，讚歎佛說，佛如是，他們跟佛所學，他得到這個法門也如是。隨你的意念，意念就是思惟，也就是觀。意就是思念的意思，思念就是觀。觀什麼呢？不論你念哪一尊佛號，都可以。我們大多是念阿彌陀佛，或者念本師釋迦牟尼佛都可以。微妙是見法身佛，法身佛就見到自己是佛，跟毗盧遮那無二無別的。見到報身佛，法身、報身都是妙了。見到化身佛就是粗了，化身還有化身，千百億化

身，千百億化身還有化身呢！什麼化身呢？應於何身得度者就現何身，現身說法，聞法得解脫。

法性是平等的，不管演說好多，等同一味，同是一個法味。離開能所，沒有能依沒有所依。當你受三皈的時候，我們所依的是佛，所依的是法，能依的是你自己。要把這個能依所依離開，觀想自己就是佛法僧三寶，這叫自體三寶。我們所皈依的是現相三寶，佛像、經書，加上僧人，給你傳授三皈者。懂得這個涵義了，這個觀衆生的機，隨念哪一尊佛都能得度。因為你念的有深有淺，所見的相就有粗有妙。

舉念阿彌陀佛為例，你念的時候，叫感；見佛的時候，就叫應。臨命終時得生極樂世界，就達到目的了，念成功了。因為念頭，你的思惟，觀的有深有淺，你現生的解脫也有不同了。在法性理體上是一味的，沒有能念的你自己，也沒有所念的佛。這就是不依一切諸有法，不依於形相，心心相應。能念的心跟所念的佛的心，心不二故。知道世間法是衆生心跟法各是各，心跟法不相合的，但是隨所安立。用什麼來安呢？就是念，一念速安。這種道理，人天外道是沒有辦法進入的，只有佛弟子才能進入。但是教法有的小，有的大，有的還有中，聞法的智慧、聞性的智慧也有深有淺。每個人的障礙也不同，各有各的障礙。遲速不是一類的，也就是遲速不同倫，有聞法就心開意解，有的聞到法茫然，這就不同了。

佛所說法，於一毛端裏轉大法輪，這叫不可思議的解脫力。一毛端就是一眞法界，一毛端很小，我們一個南閻浮提就很大了，大小是不是不同呢？大小不同就有障礙，爲什麼有障礙呢？你的心還沒有明、還沒有通，所以有障礙。大能容小，小就不能容大。多能容一，一就不能容多。一多無礙，大小無礙，也沒有大小的相。大沒有大相，小沒有小相。要是有大相有小相，是相，不是心，那是境。這個法，這個天王他證得了。

講普門，普門就是一門能攝一切門。隨拈哪一門，門門全攝法界。就是一法，隨拈一法，法者就是門，門是通達義。凡夫能通達諸佛的深意，凡夫能解齊佛等，凡夫能夠入理，依理而解齊佛等，就是這個涵義。你能觀法界，法界是你所觀的境，法界是無界的。一般單提出來講法界，界能生一切法。就是心生一切法，心生一切法就法界全收了，心外無法。心之外哪還有法可立呢？法外也無心。沒有法，怎麼能顯你的心呢？這樣理解才能解釋明白無礙義。這樣才能夠自他無礙，身土無二，就是正報依報都無礙。一佛刹是三千大千世界，一個毛孔好一點點兒，小大無礙，圓融義。一多無礙，就這麼一個意思，在十玄門裏講的很多了，都可以融通了。這是第五個天王他所得到的佛境界。

第六個天王，一門攝一切門就叫普門。隨一一門都是全收法界，故於其中觀察法界，就叫普門。他有甚深的智慧契達了法界義，這就叫入法界門；但是沒有能入者所入者，得到中觀的義，這樣得解脫的。

第七個天王，就是十天王裏的第七個天王。衆生是無邊的，他所具足的根，我們給他加一個，信進念定慧這五種生了根，就具足了，具足什麼了？信進念定慧都不同。但是，法界圓融義都同了。同的意思是信了，信了要進，進就是精進，精進是隨時念這個法門，這就是修行了，這樣子你能得到智慧。得到定，定而能生慧。應衆生機而說法種種就不同了。

第八個天王他觀一切等者，謂觀事入理，觀一切事，世間一切相都是事，一切事都入了理，這個理就是性理。一切事就是緣起的，緣起生起這一切法。緣起諸法沒有自體，沒有自性，依著性空而成立的。觀這一切法都是依著空而建立的。眞理不是感情，不是表現也不是世間相，不是你思想所能想到的，不是用口裏的議論就能把它辯論得到的。這就是說我們所有的衆生，各各的業報，業報所造的業報都是事，在理上是不存在的。理超過情，超過所有表現的諸法，因爲理不可思議。那麼事即入理了，理不可思議故，一切事都不可思議。

佛法一入到沒辦法理解的時候，就加個不可思議來解釋。是不是不可思議呢？對我們來說是不可思議，對那些大菩薩來說是可思可議可證的。讓我們相信這個不可思議，相信這個不可思議，是我們自己本來具足的。我們把它翻過來說，煩惱可思議嗎？我們不說淨法說染法，煩惱可思議嗎？你爲什麼要發脾氣？氣由哪兒生起來的？無明從什麼地方生起的？什麼叫無明？大家思索，就是我們一天經常不高興，煩惱了，還有你這肉體給你做障礙，你有些力不能及的事，力不能及就煩惱了。那你就找原因吧，你可以坐下來思惟，爲什麼《華嚴經》，我們讀的時候不能進入？找找原因吧，這也是力不能及。什麼力量呢？思惟的力量，你的智慧力量不夠，理解不到。

經常說衆生的機感，衆生的機達不到，感的不夠，那諸佛菩薩的現也就沒有了。沒有感，應就沒有了，感應感應，感的力量夠了，你的信心力非常的強，完了還加一個求。或者念阿彌陀佛，求生極樂世界，或者念佛菩薩，求佛菩薩加持，我現在有三災八難，你怎麼求感應的？我們念經、念咒、磕頭、禮拜，但是你這個心跟你所求的地藏菩薩也好，觀音菩薩也好，釋迦牟尼佛也好，阿彌陀佛也好，跟佛菩薩不相應，不相應就是你感的不夠，應的就沒有。在修行當中，因爲你的認知跟你的精進力，這個解脫門你得不到。得不到的原因是什麼呢？是你太執著了，太執著相了，得不到。

第十個天王，「得觀察一切應化衆生令入佛法解脫門」。觀察一切諸佛法的解脫門，很不容易的。這是根基不同，諸佛的演法也就不同。根不同故，法也就不同。本來我們講經的時候，或者依著教理來說，這個法是一個，但是對這個衆生他不相應，那就換個法門。怎麼解釋呢？《金剛經》是說空的，這個空是顯性體的。

云何應住？云何降伏其心？《金剛經》教我們「不住色生心，不住聲香味觸法生心，應無所住而生其心。」這個法門你不相應，沒法進入，這全是理。

你現在所修的是事，心有所住，跟這個法門不相應。那就念念〈淨行品〉吧！那是顯事的，事就告訴你怎樣做。做了，漸漸就能入了。觀一切事入理。大家天天做的，不知一天做多少次，「大小便時，當願眾生，棄貪瞋癡，蠲除罪法。」棄貪瞋癡是事，蠲除罪法就入了理。觀事入理。當你睡覺的時候「以時寢息，當願眾生，身得安隱，心無動亂。」在睡覺時不要胡思亂想。心是理，睡眠是事。在這個時候，你要起觀照，使這個事入理。理要一超脫，事隨理轉，理也能證入了。這個時候，你漸漸就入了。

佛有不可思議的力量。我們經常觀佛像，有人教導我們，不要觀全身，只要一項一項觀就好了。觀像是方便法門，方便就能得入眞實。用我們的心觀照世間法，心是理法。心是理法就有智慧的觀照，有觀照，漸漸的就能得入處。觀照的是理，理入於事，事就能顯理，理又能成事，這就進入了《華嚴》的理事無礙了。對於我們所有的疑惑就能斷，斷疑本身就是智慧，能斷疑，本身生出來就是智慧。

能夠知道一切世間法，就能夠瞭解一切的眾生。先得瞭解世間法，瞭解眾生心，心跟法都不同，要知此知彼，知道眾生的心，知道他應以什麼法得度者，你給他說什麼法，使他能夠安立。心安了，理得。我們經常說「心安理得」，心要是安了，就能夠入理了。心不安還怎麼能入理呢？心安之後，知道一切諸相是唯心所現的，心所顯的一切法，不是眞實，全是虛妄的。

這樣才能互攝互用，所以「於一毛端現寶王剎，坐微塵裏轉大法輪。」一微塵，就是理。理攝一切事，微塵是事，把事變成理，全事成理了，一切都能通達了。所以衆生無邊，根器各異，應以何身得度者，佛即現何身而爲說法。佛現一切身雲就是這樣的，應以何形得度者，應以何種語言得度者，就給他說何種語言，這要得語言三昧，就是「如來一音演說法，衆生隨類各得解。」

我們現在做不到，現在語言很多，所以必須得入理，必須得證得語言三昧。我對山西話聽不大清楚，梅縣的話也聽不清楚。我看山西的話、太原的話，跟很多縣的話，還是不同的。大同的話又是不同，各種的方言也不同，這個很不容易。我們這個世界上多少種類，約語言、約形態，各個地方生的人都不同的了。

要把這些執著的障礙取消，才能叫解脫。我們之所以有障礙，是因爲我們有肉體，等你成就了，把肉體轉成不障礙了。我們的障礙主要是肉體上的身，還有口業、意業。一種算一門，身算一門，口算一門，意算一門。一個攝一切，怎麼叫一攝一切呢？說身體，這攝不了。口在身體上，還可以說攝口。意呢？意在身體之內還是在身體之外呢？當然意在身體之內，心可不是，你平常想，這個心是在我身體之內呢？還是在身體之外呢？《楞嚴經》七處徵心，不在內，不在外，也不在中間，這就夠我們觀的了。

第六天王，他說普門，一門攝一切門，那是靠心念，一門攝一切門，所以叫普，隨一一門，又收到全法界。這叫什麼呢？這叫相，如果你的心能夠轉一切相，轉一切境，那就解脫了。心被境轉，那就不解脫。衆生無邊，根器也無邊，根器無邊就是形體了，你說法，種種都是不同的，衆生界永遠無盡的了。

因爲根不熟，你度不了。諸佛也難度無緣的，有緣才能度，得先結個善緣。假使看見衆生長劫流轉，永遠不會得度，這是錯誤的；看見衆生很容易得度，一說法就入了佛門了，這也是錯誤的。應該怎麼樣觀察呢？隨機吧！性空緣起、緣起性空。障礙消失完了，就解脫了。觀一切入理，理超情了，就叫不可思議。於諸業報，能得到解脫。

爾時可愛樂法光明幢天王承佛威力。普觀一切少廣天。無量廣天。廣果天衆。而說頌言。

這是第四禪天。

這個天王只能觀察到這三天，少廣天、無量廣天、廣果天，一共是三天的天衆，就代表這三天的天衆讚歎佛，所有這些天王全是讚歎佛的，讚歎佛再聯繫自己：佛所證的這個境界，現在我已得到了。因爲在第四禪天以上叫五淨居天，他們不是《華嚴經》所被之機，《華嚴經》不加被他們，他們也不聽，所以才從四禪天開始起。這個天王代表這三天來讚歎佛的。

諸佛境界不思議　一切眾生莫能測
普令其心生信解　廣大意樂無窮盡

因爲不瞭解諸佛境界的分齊，對於佛的境界是不思議的。如果信解力生不出來，先要斷除對佛境界所生起的疑心。我們開始講〈大乘起信論〉的時候就講了，相信自己是毗盧遮那。因爲我們無量劫來不相信自己，本來佛所證得的境界是我們本具有的，但是迷了，迷了就認爲佛的境界高深莫測，加個「不思議」，這是想不到的、議論不出來的，一切眾生想測量佛的境界，不可測量。但是所疑的境界是你本具的，讓一切眾生心裏頭先生個信，信了要生解，解要從你學習當中得到，解要先明白佛的境界。什麼叫佛境界？要瞭解，就要靠你的學習，瞭解佛的境界是什麼樣的。自己知道了，還要普令一切眾生生信。

「廣大意樂無窮盡」，意樂就是法喜的歡喜心，令一切眾生都能夠生歡喜心。但是你得知道眾生根機，也就是對機說法。先斷除疑惑，疑就是不信的表現，信者絕不疑，疑者絕不信，懷疑的人絕不信，相信什麼呢？相信佛所對的境怎麼對待的。佛對的境，境是空寂的，佛是心能轉境，對一切法沒有懷疑，沒有疑念，能生起正知正見，叫正解。如果你有疑惑，就不了眞空，因果法不明確。不明白緣起性空、性空緣起的道理。如果學空觀的時候，認爲是撥無因果，但是空觀修成的時候，還是因果不昧的，不昧因果。

現在這段講的是從眞空來立因果，因果立了，才能顯出眞空。緣起諸法是沒有自性，因果都是緣起的，沒自性。因無自性故，就是迴入眞空，立眞空。因爲眞空是理，要使一切法顯現，從空而立有，這個有在《華嚴經》叫妙有，妙有不是眞有，妙有非有即是眞空，顯空有不二中觀的道理。佛，沒成佛之前行菩薩道，要利益眾生。成究竟佛果之後，還是爲了利益眾生，沒有不利益眾生的佛。很多經論已給證明了，特別是《地藏經》，佛對地藏菩薩說，「我並不是僅限於佛身利益眾生，什麼身都現，聲聞、緣覺，乃至六道眾生都現。」這說明了佛利益眾生的廣大意樂，他以利益眾生爲他的法樂。

但是佛利益眾生跟我們幫助別人利益眾生不一樣，佛利益眾生沒有眾生相。大家讀過《金剛經》，無我相、無人相、無眾生相、無壽者相。我們做一點好事就要表表自己的功德，我又做好事了，有這個思想嗎？做件好事：「我又立了功德。」但佛教導我們沒有這個相，應當取消這個相。例如我們布施、供養，能供養者不存在，沒有供養相，所供養的物品沒有，沒有受供養者，能所加供具，三輪體空，三輪的體是不存在的。這樣才能夠生起來廣大的意樂，無有窮盡的。這是這一天主要證得的法門。

若有眾生堪受法　佛威神力開導彼
令其恆覩佛現前　嚴海天王如是見

最後這一句話，就是那個天王是這樣地悟得的，「如是見」。假使有哪個眾生堪能夠領受、能夠信受，「法」能使他生起解悟來。單講「法」字，「軌生物解，任持自性」，讓他任持本性，一個規律、一個規則，依著這個規則去做，一定能夠開悟。要有哪個眾生可以堪受，佛就以威神力故開導彼，示現教化他，令能接受法的這個眾生，常見到佛在他面前說法，恆者常也。這個是廣果天的嚴海天王，他是這樣認識的，見就是正知正見，見者識別為義。見是什麼見呢？我們的見是眼見，眼睛看見，完了再分辨這是紅的、藍的、白的，這是心見。比如我們學法，我們是眼見嗎？不是的，是你心的領會，這叫知見，認解的知見，不屬於眼的。

一切法性無所依　佛現世間亦如是
普於諸有無依處　此義勝智能觀察

義勝智的天王觀察到一切的法無所依。無所依，有沒有依呢？例如我們受三皈的三皈法，有依沒有依呢？皈依佛、皈依法、皈依僧，我們沒有依靠，那依靠什麼呢？依靠佛、法、僧，有依沒有依呢？這是相。你的性跟佛法僧的性不是兩個。沒有能依，所依就建立不起來了，沒有能依、所依是說法性，不是說相。

現在我們對自己的法性理體迷了，想把它恢復，那就有所依。但是你悟得了、成就了，就無所依。不但一切法性如是，一切世間相，佛現世間，有依沒依呢？法性平等的，沒有個能依也沒有個所依，法性沒有依止處。佛的妙色身、佛的莊嚴身，是以法性來說的，法性嚴身，法性沒所依，因爲是空的，眞空依什麼呢？無所依，是這樣講的。就法性的平等來說，沒有能依，沒有所依。一切有法沒有依處，有法呢？非有，非有就是空性。空性不空，再建立一切法。因此在這個勝義的智慧觀察當中，一切法無依。

隨諸眾生心所欲　佛神通力皆能現
各各差別不思議　此智幢王解脫海

「欲」是要求，隨順衆生心裏所有的欲望，佛的神通力能滿足一切衆生的欲望，滿足一切衆生的要求。「各各差別不思議」，各各差別就是衆生有無量的心念，無量的欲望。佛的神通力，在他的智慧光明之中，能夠顯現衆生的這些欲望。這些欲望各各的差別，他所需求的，每一個衆生都有無量的欲望。

我們回想自己，不要光看經文，有沒有欲望？有沒有求？有好多個欲望？想成佛，我們淨土部的想生極樂世界，這個想生極樂世界是欲望。但是當前身心所受的，是娑婆世界的，是你這個肉體，你有沒有欲望？有種種欲望。這些欲望放不下，極樂世界那欲望是去不了的，東方世界的放不下，西方怎麼能去呢？必須把這個放下，把那個提起來，才能去。

但是，一者要自己，二者要佛的加持力。佛的神通力，隨著衆生心的種種要求，種種的希望，衆生的要求太多了，不思議的，佛以神通力都能度他。智幢王這個天王，他也隨著佛的神通力加持一切衆生，滿足一切衆生所有的欲望。衆生所有的要求，希望佛的加持力，但是你得跟佛有緣，先建立在緣上，無緣他度不了你。有緣的，他或者給你說法，或者現相，或者放光，使你得度。佛的這種智力，智幢王他能解脫，他能做得到的。衆生種種妄，是說世間法，一念安立不思議的莊嚴是出世間法，佛以這個神力、以出世間法，來轉變衆生的世間法。

過去所有諸國土　一毛孔中皆示現
此是諸佛大神通　愛樂寂靜能宣說

過去所有的一切佛國土，佛在一個毛孔中能顯現。這本身就是大神通，佛佛都如是。爲什麼毛孔能現刹？一毛孔中還不是一個佛刹，不思議那麼多佛刹。這一毛孔是一法界，法界這一毛孔爲主，其他一切諸佛剎就是伴，伴攝於主，主伴圓融，這就是我們前面所講的十玄門，「主伴圓融具德門」。每個偈子讚歎的涵義就是一個，讓衆生都進入佛的知見，以佛的知見爲己見來學法證道。諸天所讚歎的語言都是這樣子的，這個偈頌也是一樣，「於一毛端現寶王剎」，到處都是這樣說。時間呢？過去、現在、未來，無量劫就是現前一念。無量塵剎，無量佛國土，一毛孔，這是讓你入不可思議的境界，用這些語言引導，讓你能夠進入，這就叫不思議的境界。

一毛孔怎麼能顯現呢？這是佛的神通力，我們顯現不了，我們的心力不夠，還有些無明惑染的障礙，佛是沒有障礙的。

一切法門無盡海　同會一法道場中
如是法性佛所說　智眼能明此方便

這個像一面大鏡子似的，顯現屋裏的境界，一面大鏡子都攝進去了，佛的智慧，演說的法，種種樣樣的。凡說一個法字是形象的意思。法，這也叫一法，那也叫一法，法無量，門是通達，這無量門你怎麼能通達？無量的法門在一個道場之中把它演說出來。一法就是一切法，你隨舉一法，我們前面講主伴圓融了，這一法就爲主，其他法就屬於這一法的輔助，智眼天王他懂得這個方便，明白此方便。

十方所有諸國土　悉在其中而說法
佛身無去亦無來　愛樂慧旋之境界

愛樂慧旋天王他入了這種境界，十方所有國土跟法門無量都是一樣意思。這國土是依報，佛說法必須得有處所，在這個國土之中，演說諸法。佛沒動、本寂，沒有去，也沒有來，沒有去來之相，但是十方世界，所有的國土，有緣者就見佛現前，無緣者不見。

現在我們的緣只能見到化身的化身，我們現在見的是佛的形相。眞身呢？你打開的經本，無論哪部經，佛的智慧、佛的神力所在，你觀想那就是佛的眞身，佛就現前給你說法了，這是從文字上表達，從聲音上表達。佛是從聲音表達，從身體的現身來表達，你要這樣來理解。

十方所有國土當中，佛都在那說法，看你的緣如何，過去沒有具足那個緣，現在怎麼樣呢？現在我們再結緣，皈依三寶了，緣結了。深入經藏，更深入了，這個是愛樂慧旋天王他所見的境界。

佛觀世法如光影　入彼甚深幽奧處
說諸法性常寂然　善種思惟能見此

什麼是諸法的深奧處？見衆生相不壞衆生相，而能知道衆生的性體，這是深奧處。見著衆生的相，瞭解衆生的性，就是他所具的理性，這個就是不思議。深奧、幽顯，是約理來說的。理能成事，因事顯理。理能成事就是我們每個人本具的佛性。我們的性體跟佛所證得的性體是一個，無二無別的。這個無二無別的性體的理，就深奧了。而這個理能成就我們現在剃髮染衣出家修道，這是事，這個事能還歸於理。明白這個心體了，這個理能成就我們的事。事能顯理，理能成事，這就叫深奧處。這是非常深奧的。並不是壞去這個世間相，而是建立佛的道理。不壞世間相，世法住法位，不壞世間相，這就叫深奧。不但不壞，而能成就它，而能顯事，理能成事。

我們現在是肉身、是障礙身，但是肉身即是法身，幻化空身即法身。現在我們是無明，不明了，翻過來就是光明，無明是依著光明來說的，因爲有明才有不明，根本就沒個明，也就沒有不明了。這個道理非常的深奧。懂得這個道理了，佛度衆生的時候，無有一衆生可度。「如來」，「來」就是度衆生，來而不來就是「如」。來沒有來，沒動本性，就叫寂，總說起來就是理事無礙。理全徧於事了，那就是事事都無礙，事事都是理，這叫善思惟。要這樣想，觀照，經常這樣思惟。思惟通達了，一切行動都無障礙了，就是肉體的行動無障礙，你入山、入水、入海，都是一樣的。

我們講阿羅漢、大菩薩，他們是給人間示現的。前頭講那阿羅漢罵那個河神是小婢，他不是罵，心裏沒有污辱她的意思，以他阿羅漢的神通可以過得去，何必讓她斷流呢？原因是羅漢若不入定，沒有神通，他得入定。大菩薩不假入定，他沒有來去之相，沒有入定出定之說。佛就是楞伽常在定，《楞伽經》上講，佛永遠是在定中。

這些圓滿的道理，要你經常去想；在你遇事的時候，煩惱來了，你一想佛的境，一想這個圓融，煩惱沒有了。所有一切業性，造業的體性沒有了，業性本空，都是你這個心造的。妄心都歇了，妄心所造的業還有嗎？心也亡了，業也亡了，心亡俱靜了，那才叫眞懺悔。這個道理都是相通的了。一明就一切明；不明了，一切都不明。這平常就要起觀照，觀照就是修觀。佛觀一切世法，就像光，就像影子那樣子，如光如影。那麼入於甚深的幽奧處呢？這就是最幽奧的地方。因爲法性常是寂然的，這是善思惟天王，他所能瞭解的。

佛善了知諸境界　隨眾生根雨法雨
為啟難思出要門　此寂靜天能悟入

什麼叫出要門？超出世間三塗的三主要道。在西藏教義講〈三要道〉，又叫三出離道。厭離世間，大慈利世，般若智慧貫穿著，這叫〈三要道〉。要善了知一切諸境界，必須得有般若智慧觀察。有般若智慧了，隨著眾生的根，他所需要的，佛說法猶如雨一樣，雨法雨就是降法雨給他說法。啓發他要厭離世間，生大悲心，得般若智。般若智是貫穿於出離、大悲。沒有般若智慧，你的出離心生不起來，生起來也隨時在消失，鞏固不了。

出離心就是不貪愛，對一切世間什麼都不貪愛了，厭離了，要脫離了。不但自己要脫離，要勸化一切眾生，度化一切眾生都要出離。這個你必須得有般若智慧，沒有般若智慧，成就不了你的大悲，沒有大悲心你度不了眾生。

世尊恆以大慈悲　利益眾生而出現
等雨法雨充其器　清淨光天能演說

對一切眾生機，說一切法門，這是應機說法，能使他入佛道。佛門有兩句話在度眾生是很要緊的，「先以欲鉤牽」，眾生都在五欲境界，先是用五欲境界來鉤引他，「漸令入佛道」。

上面講的是四禪天，下頭的就是三禪天。這些都是講色界諸天，色界天完了，就講欲界諸天。這是色界諸天長行十法。

三禪天十法

復次清淨慧名稱天王。得了達一切眾生解脫道方便解脫門。最勝見天王。得隨一切諸天眾所樂如光影普示現解脫門。寂靜德天王。得普嚴淨一切佛境界大方便解脫門。須彌音天王。得隨諸眾生永流轉生死海解脫門。淨念眼天王。得憶念如來調伏眾生行解脫門。可愛樂普照天王。得普門陀羅尼海所流出解脫門。世間自在主天王。得能令眾生值佛生信藏解脫門。光燄自在天王。得能令一切眾生聞法信喜而出離解脫門。樂思惟法變化天王。得入一切菩薩調伏行如虛空無邊無盡解脫門。變化幢天王。得觀眾生無量煩惱普悲智解脫門。星宿音妙莊嚴天王。得放光現佛三輪攝化解脫門。

一共十位天王，以下一一解釋。

第一門，即寂普現，名爲方便。什麼叫方便？方便就是智慧。有智慧的方便，「有慧方便解」，有智慧的方便就是解脫；「無慧方便縛」，沒有智慧的方便，就是束縛。寂就是定，寂定，或者叫三昧。寂靜了而後才能現影，因爲寂才能普現，不寂，不能普現。寂才能照，寂而照，寂是定，照是慧。沒有寂的照是煩惱，有寂的照是解脫，這叫方便，就是方便道。

當你開汽車堵車的時候，告訴你此路不通，這個道你通達不了，得想辦法解脫一下，怎麼能解脫呢？我們看見開車的，有很多的技巧，堵車你正在中間，前頭開不動，後頭還有很長一串，有智慧的人，他東動腦子，西動腦子，轉出去了，他不走這個道了，另外走個道，那個道可能叫方便道。但是你沒有智慧想不出來。我坐幾次車，特別在臺北，一堵就是一長串。那要技巧，你下那高速公路都有個方便道，小土道，你怎麼能轉得出來。

我們在煩惱當中，跟你有緣的大菩薩，他知道你的根，也知道你的習氣，你最喜歡什麼，他用方便善巧來接引你，使你進入，慢慢引入，教你入佛道。這個得有大智慧。《華嚴經》是講十波羅蜜，一般的經是六波羅蜜。在《華嚴經》把般若波羅蜜開出來慧、方、願、力、智。這個智是達到根本智。這五個，一個慧又開出來五種波羅蜜。加上前頭的布施、持戒、忍辱、精進、禪定，就是十波羅蜜，華嚴境界是這麼開的。這個方便就叫方便道，從方便道而入於究竟道。佛所說的一切法門都叫善巧方便。直指明心見性成佛，那就是直道，「此是選佛場，心空及第歸」，心空了就行了。心怎麼能空？達到心空的時候必須得有方便。

說法就是道。什麼道呢？菩提道。說的是讓你走菩提道，從這個道走，你就證菩提果。行菩提道是因，證菩提道是果。佛說法的時候，說法就是道。什麼道呢？佛的解脫道。這個解脫道說你的心裏跟你的行動，心裏是思想，思想要指揮你的行動。思想就是體，就是《大方廣佛華嚴經》的大，你的行動就是用，大跟方廣無障礙了，是一個，體即是用，用歸於體。因體而起用，這個用的時候非常解脫。

我們現在念經、讀誦、聞法都是用，這是解脫道的方便又方便，由這個方便進入另一個方便，另一個方便達到眞正。你不知道、不解，那個信成就不了。解了，那個信才成就，你不解又怎麼去做，你瞭解了怎麼做，做的程序、做的次第、做的效果，以後你才能達到。行跟解相應，解要跟信相應，信解行相應了才能證，信解行證，證就是成就了。

佛最初給你說方便，這個方便就是你要去用，用是由體而起的。佛說方便道是由菩提道而來的，由體而起的，方便是爲達到體、達到菩提才行方便，就是爲了解脫。現在我走這個道好像還不解脫，但是，依著這個道走，能達到解脫，就是這個涵義。

第二門，隨一切。隨一切就是普現世間，使他能夠得知、能夠入，這也叫解脫。

第三門，佛境界有二，演說佛的境界。佛的境界是什麼境界呢？法性的本體如如不動。每部經的開始「如是」，「如是」是指法之時，指什麼？指下面這一部經，如是之經這個法就是解脫的。如是之法都是佛證得的，佛是行過來的，是證知的，完了一定要說處所，佛要有個說法的處所。說法的處所就是佛的國土化境，所化度衆生的處所。

不論處所，不論現在有情的衆生，一定要離開你所見的相。相，就是妄相，相就是境界。離開境界相，息你的妄心，由妄境生你的妄心，因爲你的妄心又去觀察諸境，被境所迷。我們這肉身就是境，我們執著這肉體不放。翻過來說，離相息妄，就是佛所嚴淨的道場，也是境，這個境是佛的功德智慧所嚴成的，離相息妄。

化度衆生的時候，佛是把他的功德回向給衆生，用這個來莊嚴他所行的，感化一些衆生。佛的國土也好，每一個道場也好，都要莊嚴。例如法堂的花、佛像，這都是莊嚴的境相，莊嚴化度衆生的境，這叫嚴淨，莊嚴一個境界相，這個就是方便，這就是善巧。莊嚴由哪來的呢？從解脫來的。善巧莊嚴就證明你要得解脫。

第四門，隨諸衆生。隨順衆生，佛入人間，示現爲人，入到生死流也生也死。死就是入涅槃，生就是佛降生，八相成道，這就是隨生死緣，跟衆生一樣的。各類的衆生不都是一樣的，無量無邊的衆生，佛都能永遠隨一切衆生緣，隨著衆生緣而流轉，隨著衆生緣而開示來導引他。但是，沒有大悲心能夠度衆生嗎？如果沒有大悲，他不度衆生，捨棄了衆生是一障。佛成了佛，這一障在修行當中得先除掉，除掉這個障讓一切衆生得解脫，自己得先解脫。佛在調伏衆生煩惱的時候，怎麼來調伏他？一種是攝受，說他高興的話，想法引誘他，隨著他的煩惱，完了斷他的煩惱。我們很多的佛法就是隨著衆生的煩惱，斷衆生的煩惱，但是你得隨順，得調伏衆生。有悲，悲是大悲心，讓衆生離苦。還得發願！悲和願這個方便的法門就太多了，悲和願都屬於方便。

第五門，佛調眾生，或折或攝。阿彌陀佛以他的智慧、願力建一個極樂世界，用極樂世界來攝引眾生，這叫攝受。毗盧遮那佛以他的願力建了個娑婆世界，娑婆世界是苦惱的。折伏眾生，一個折，一個攝，折攝兩門。在〈入法界品〉講善財童子參無厭足王，殺人無厭足的，這就是折伏法。佛度眾生不出二門，就是折和攝。攝就是利行、愛語、同事、布施，這都是攝受的方法。佛度眾生這些障礙都沒有，這叫解脫，究竟解脫。令一切眾生都能趣向於究竟的佛果，這叫無上道，使眾生都能受化。

第六門，得普門。什麼叫普門呢？普者是徧也，門者是通達。用什麼方法？八萬四千法門，其實不止，這只是總說。每一個法門裏頭，又具足了無量門。我們說一個簡短的一個字的法門，「戒」，先拿個框框把你框起，你得按這個道走。戒的功能是防非止惡，戒是少數的，律是多數的，那些條條款款，二百五十，三百四十八都不夠的，每一條，一舉一動，三千威儀八萬細行。三千威儀裏頭，大威儀裏還有小威儀，就是這樣子來調伏眾生。

有些眾生他不受戒律約束，示現密行的，有許多祖師給我們示現密行。因此，「方便有多門，歸元無二路」。在《華嚴經》經常有這兩句話，「無不從此法界流」，無論他無量億無數億的法門，都是從一真法界流出來的。能流又還能回轉，

「無不還歸此法界」。

一切法你掌握原則，一心。學〈大乘起信論〉的時候，我叮囑大家注意，一心、二門、三大、九相，這個你記住就行了，這是有原則性的，就是一心。心眞如，心生滅。講心生滅，還歸於心眞如。心生滅是由心眞如生起的。一念不覺生三細，業相、轉相、現相，境界爲緣長六粗，就是：自相、相續相、執取相、計名字相、起業相、業繫苦相。你造了業，業就把你繫住了，苦就來了，無量諸苦。

我們說腦殼痛，大家常見的病。肚子痛，腸胃引起的嗎？還是其他方面引起的？腦殼痛是風痛嗎？火痛嗎？腦筋痛嗎？每一樣事情都有無窮無盡的眷屬，隨順它而產生的，這就叫普門。調伏衆生，大悲。大悲心可太多了。什麼是算是大悲？什麼是願？什麼叫普門？我們在這裡只是說個名詞，眞正實際去做，太多太多。以普壽寺爲例，雖然只有幾百個比丘尼師父，但是你如果能把這幾百人都觀察得到，都能瞭解她們的思想在想什麼，你才能把大悲心運用到她們身上，使每一個人都能得度。同樣的，我們天天都求觀世音菩薩，天天都求普賢菩薩，可是菩薩就是不現前，或者只在某個人身上現前了，在某些人就不現前。

我們擴充到了幾十幾百幾千幾百萬，幾千萬，幾億幾十億幾百億，收攏來就是一個人。人有人性，人和畜生不同。畜生有種種類，畜生和畜生還是不同，要把各種都掌握了，以佛的智力調伏衆生。這種調伏演唱了無窮無盡的方便叫普門。常隨一切眾生，演無上道，說了無窮無盡的法門。

現在重講第三禪天的第三門。

這些天王證到與佛的境界相適應的，所以說佛的境界。佛的境界是什麼境界呢？佛的境界是沒有境界的境界。佛證得的究竟佛果是性空，隨一切眾生緣的境界，不是佛的本身境界。佛的境界不可思議，不可言說，隨眾生的緣，說法利益眾生，這是佛的究竟境界。先說佛的自性境界，這是佛證得的。毗盧遮那佛，那是佛的法身，法身所住的國土，是常寂光。這叫自證境界不可思議，言語道斷，心行處滅。隨一切眾生的因緣，無量劫來因佛的教導，跟佛有緣，但這緣有深有淺。三十三天這十個天王都能入到一眞法界，是跟佛相似的鄰居聖人。所有在毗盧遮那佛教化下的弟子，也有才入門的，也有經過好多劫還沒得出離，也有像十方天王都快究竟成佛了。

十方國土所有示現的，那是佛化的境界，跟佛的自證境界不同，佛的境界分這麼兩種。這是依著正報說的。依著依報說的，示現化度得有處所，有報身佛的境界，有法身佛的境界，還有化佛的境界，十方國土都是顯化身佛的境界，有這兩種意義。

嚴淨佛國土，嚴淨也有兩種涵義，離一切相，相是妄想攀緣心，離相也離了妄想攀緣心，這是如來的境界，這個境界比較深。隨眾生的緣，眾生的根機無量的差別，示現的依報也有無量的差別，所以佛的化境也就無量。隨眾生緣而有無量的化境，這是佛的善巧方便。方便就表佛所證得的解脫境界，能夠方便利益一切眾生，隨眾生的因緣，那就是大悲心。佛也示現入生死，跟眾生一樣，像釋迦牟尼佛也示現八相成道，也示現來人間，也示現寂滅，寂滅就是死，有生必有死。毗盧遮那是不是就示現釋迦牟尼佛這麼一次啊？不是的，無窮無盡的。眾生流轉無窮無盡故，佛示現的化身的境界也就無窮無盡。

眾生不只包括人類，天上的眾生我們不知道，三塗我們就知道畜生。被鬼迷惑了、非人惱害，彷彿有鬼，這個你沒見到。畜生道你是見到了，馬牛羊雞犬豕、野生的動物，這些都是眾生。還有我們肉眼見不到的、意識想不到的眾生，佛都以大悲心度他們，隨他們的流轉而流轉，示導他們，讓他們捨離了障礙，得了解脫。調伏眾生，以佛的悲願有折有攝，但是在折伏上，我們就認為佛菩薩不慈悲了。折伏有多種境界，折伏你，給你苦頭吃，讓你受苦受難，讓你在苦難當中發心，我們常說「富貴修道難」，貧窮受折磨當中就起了道心了。這個道是修道的道，不是偷盜的盜，社會上說貧窮起盜心，那個盜是偷盜的盜。「貧窮起道心」是修道的道，在折磨當中，在苦難當中，想起了佛的教導。

在佛的教導當中有二乘法，有權巧方便的、有究竟了義的，看你有哪種因緣。總之，讓你障道的因緣，障道的災難消除，得到解脫。攝受也是令你得解脫。觀自在菩薩就是觀世音菩薩，在我們漢地裏就示現很慈悲，在少數民族地區示現的憤怒相，度鬼道時，他示現的是面然大士，觀世音菩薩是看你應以何因緣得度，有折攝二門。

第六門是普門。稱法性的總持之體，而且能演無窮無盡的方便善巧，就稱海。海指包容義，能包容一切水，流入海中，海水也不溢。大家想想這個道理，我們看見所有一切海，海有多種名，爲什麼叫一切海？有陸地、有山一隔離，東海不是南海。加勒比海、地中海，每一個海都有它的名字，海的名字是因爲地緣的關係，最大的海就稱洋。它流無盡，攝受無盡。

我們現在學法的障礙，一個是學完忘了，一個是這個道理很深，跟我們不相契合。在我們生活當中沒有這種境界，說這種境界你沒法理解，如果跟我們生活相契合的、根據我們所知道的、所能理解的，可以依之而漸漸起修。但是有些我們不能了解，學了就忘了，像我們好多經是背不得的，過去學過，今生忘了，一學因緣觸動了，有些人他今生沒怎麼學，但是他了解的很多，什麼原因呢？他把宿世所學過的今生受用了。過去學的，今生障礙又來了，把過去那個障住不知道了，那就是他迷的很深。迷的原因是他流轉世俗的時間長，並不是我們今生學佛法，死了之後換個跑道又來學佛法，這是很難得的。一失人身萬劫不復，不是相續的，中斷了。

在密宗，他特別警惕，學法千萬不要中斷。你今生所學的今生經常中斷，你要來生，隔十生、隔百生，不知等到什麼時候，因緣又成熟，那苦難就受的多了。忘失的障礙非常大，爲什麼我們天天不捨啊？你讀一部經或者念個咒不能間斷一天，今天事情太多了休息一天，我明天補吧！這是絕對錯誤的。明天又忘了，再等一天吧，這輩子還可以有連續性，因此病故死了，就斷絕了。爲什麼呢？我們要學一個法連續性，使腦子裡種種的根深蒂固，再來生你還能得到它的利益，這是相續不斷義。我們的煩惱、障礙，不是一下子就能解脫得了的。我這是對比說的。這些大菩薩示現這些天王，他們都得到這些法門，因爲是稱性的，稱品性而總持，總一切法持無量義，他流演無盡法門。海是比喻的意思。我們學習就像小水似的，最後流入佛的智海。這些天王對這個得到總持了，也不會忘記也不會間斷，因爲證得佛的體性了。

第七門，佛出難值。佛出世難得值遇，這些天王護持佛法，引導衆生讓他值遇諸佛，值遇正法。現在佛入滅已經兩千多年了，但是法在，一切經還在；但是佛的化身，佛不可思議的身還在，端看你的功力。親自見佛聞法，很難得值遇。就是能遇到佛經也很難，像我們說《華嚴經》，值遇《華嚴經》，爲什麼說難呢？釋迦牟尼佛住世的時候，說《華嚴經》只有三七日，那三七日，我們可以延伸稱性而說緣起。我們看見是三七日，說三七劫也可以，無量劫也可以，現在佛還在演《華嚴經》也可以，有這智慧你就能如是知。以後佛說《阿含經》時，就不是《華嚴經》

了，那些阿羅漢沒聽到《華嚴經》，佛在印度住世的四十九年當中，除了那三七日沒有了，都是跟著大菩薩演說的，得有那個殊勝因緣。我們現在能學、能受持，那是你過去無量劫來有這種善因，種過這種善因，如果沒種這善因，你得不到、遇不到。

我們讀《金剛經》，佛跟須菩提說，要能聞到《金剛經》，學習般若義，不是一佛、二佛、三四五佛的因緣，是經過無量佛，方等教義、金剛部都如是，何況你學《華嚴》呢？往往最眞實的寶貴東西，他不認識。

現在的假玉很多，幾毛錢就能夠買一個的小石頭，但是騙人家說：「這是眞的。」不認識玉的，就把它當眞的了。佛所說的法也如是，難遇的是指這個說的。

難遇遇到了，能信嗎？遇到了不信，沒有用處，等於沒有遇到一樣。信心很難得生起。我這次到五臺山，先把〈大乘起信論〉講完，這也是講信，相信自己是毗盧遮那，這個信跟一般說信佛的信不同。我們相信自體三寶，自體三寶是因爲相信住持三寶引起的。一般的學佛者有了信心，又難得保持，沒信者，信心難生。已信者，勸令它增長。你相信佛，信得懇切，你就具足佛的德，不是佛的萬德，你具足佛的一點點的德，已經就不得了了！不得了到什麼程度呢？了生死了！不得了就了了！因爲信裏頭含著無量的功德。

我們經常有這麼一句話：「信爲道源功德母，長養一切諸善根。」母是能生義，因為你信了，能生起一切功德。信，很不容易！信就像一個寶藏似的，信藏，藏就是含藏義。你信佛了就要聽佛的教導，依著佛的教授，不要起貪瞋癡念，不要起嫉妒障礙，不要起邪見。萬一有這些毛病，你就把它治掉。我們頭疼腦熱、肚子痛，你還要找醫生看一看吧？不然它痛起來不舒服。為什麼你不解脫，又不找解脫方法呢？信有了，佛也告訴我們這個方法了，為什麼不吃藥去除你的病呢？

第八門，能令等者。三禪天的大菩薩示現的這些天王，他們向眾生宣示，隨佛利益眾生的意思，他們都具足這種德，令一切眾生都能恭敬三寶。相信自體三寶才能真正得到解脫。在長行當中，令一切眾生信佛、信法，領悟這個信了便生起歡喜，信得生大歡喜，遇到無上大法了。信為能入，一切佛的法藏為所入。因為佛不在世了，只剩佛像在世，那就依像而進入。

法是依信而進入，信了生歡喜心，就趣向它，依著法的教導。法是軌則義，軌生物解，啓發你的自性。在佛是大方便，我們依著這個方法就解脫了，解脫就叫出離。

出離是修行生死三要道的第一步。不求出離，你就解脫不了，就被五欲境界、十使煩惱、邪知邪見、嫉妒障礙把你束縛住了。你出離不了，怎麼能得到解脫呢？信就有這種功能，信了進一步就要求解，解了之後你要去行，行而能證，證了才叫眞正的解脫。學的解脫不是眞解脫，遇境的時候你出離不了了；證得了解脫是眞正出離，那就得解脫了。

第九門，衆生界、法界、調伏界、虛空界，皆無邊無盡。衆生不理解衆生界是幻化的，認爲是實有的，佛菩薩以方便的法門教誡我們。以他的大悲心、以他的智慧心令持一些方便戒，也叫戒，生長方便，來給你開示法界眞實的境界。你奉行戒來調伏你的身心，爲什麼要調伏？它不是那麼善順的。調伏身，你的克制性很強，還容易；要調伏你的心，太難了。

我們每位道友，從你發心、落髮、出家，經過幾十年的功夫，自己可以感覺，你調伏你的心是不是能進入啊？我可以給大家做例子，我十六歲到九十歲，七十四年了，到現在也調伏不了，你不讓它起貪瞋癡念，不起邪知邪見，還辦不到！這是很自然的，無量劫來習慣了，讓我調伏身心全部進入戒定慧，一念惡念不生，全是善念，連善念也沒有，做不到！我們只能說，以善止惡，用善念來對治惡念，讓惡念不生，多生善念，你才能出離得了。

西藏密宗用二十年的功夫，先學出離心，建立出離心了，才說學密法、受灌頂，目的是以大悲的善巧方便度衆生。衆生好奇，你跟他說我是密，他就感覺這個密可不得了，其實把密的說出來，就是顯的。告訴你一個咒，要把這個咒解釋，一部《阿含經》也解釋不了這一個咒，它的涵義非常多，一個咒就包括一部經，例如文殊菩薩大智，念個「嗡阿惹巴紥那地地地……」，這樣就開智慧了，是這樣子嗎？「嗡阿惹巴紮那地」解釋出來，就是佛的一切智慧的入門，一直到究竟慧，可以把三藏十二部的〈中論〉、〈百論〉、〈十二門論〉、〈瑜伽師地論〉、〈大智度論〉都包括起來。你去學吧！放開的時候無量無邊，收攝的時候，一念之間。

眾生是迷迷糊糊的，非得找個奇特的，方便了還想找方便，一念就成佛了，那一念是什麼時候一念啊？釋迦牟尼佛坐菩提樹下最後那個頓斷！那一念生起了，那一念生了出離心、大悲心、智慧心、般若心，具足還很多呢！不是那麼一個，一個咒要把它開闊解釋起來，每個咒語都是這樣的，它叫總持。總一切法，持無量義，哪個咒都如是。觀世音菩薩心咒，就包括觀世音菩薩一切的行法，一切的發心到他證得。文殊菩薩心咒就是「嗡阿惹巴紮那地」，就包括文殊師利菩薩的一切行法、一切咒語。

秘密是什麼呢？佛的根本智，不該說的無言說，不可思議的、言語道斷的，那就用咒來代替，是這樣一個涵義。最根本的還得一個信，不論你顯也好、密也好、大乘也好、小乘也好，任何事，無信不能入。信了就生大歡喜，你信還不生大歡喜嗎？你愛好的、欣樂的，當然你生歡喜心。你歡喜心，解釋了，叫解，解就求明白。這叫明白之後才能行，我們現在還在解之中，還沒有完全了解。解是分析、思量，完了就去奉行，這才能達到出離，出離才能得到解脫。三要道的解脫道，我們上來講第三禪天的這些天王，都是大菩薩，佛的常隨眾，這說他們去教化眾生，怎麼樣進入的。

我以前學的時候，老師就念念正文，《華嚴經》主要的經文還沒開始呢！講世主妙莊嚴，他是這樣修道，這樣發心，這樣成就的。他們是這樣化度衆生的，以此來莊嚴他們的依報、正報，隨佛而行。這些都是形容詞，沒有教我們怎麼樣去做，這個說的我們都做不了，他們隨順佛，學、修、證，他們有這個功能，完了以他們的方便善巧來利益、度化衆生。

佛教的名詞很多，無量有沒有界限？無量也有界限。無量還有無量，無量再用無量來解釋無量，這都是屬於名詞，因爲我們的智力達不到，那就一步一步的來吧！這是他們的善巧，每一天王都具足這十種。舉他們的德，要我們相信，這些佛的常隨衆天王，鬼王，龍神，八部鬼神衆，都是不可思議的大菩薩。他們用這方便善巧來調伏一切衆生，調伏是形容詞，衆生是難調難伏的。

我們回想自己，最初你學打坐的時候，心裏頭不安定，一會兒腿子痛，你不坐還沒事兒，這一修行，進入行的狀態，障礙就出來了，毛病就出來了。身的障礙，到處都不合適，腰痛，背痛，腿痛，無量劫來你沒有這樣做過。只說一種，念佛好像很簡單，念念念頭就跑了，念念頭就跑了，你看不住你的念頭，這是有形的。無形無相的，沒生念之前是什麼？找那個眞心，你找不到的，你讓它不生念，辦得到嗎？你有這個心，力量達不到，而且它馬上就跑了。你不用功，妄想還少一點兒，一用功，妄想怎麼這麼多。

好多道友這樣問我：「我一念經，就知道妄想了。」我反問：「你不念經呢？」不念經，盡在妄想裏頭，不知道妄想了。你念經，或者坐著參禪，這一修行，就有兩個了，對立了。一個要修行，一個不要修行，兩個就打架了，你想靜下來好好讀經，它不聽你的指揮，一會又跑了，怎麼辦呢？拉回來，跑了又拉回來，不要著急，你別煩惱，一煩惱不讀了，就罷道了。

這種妄念叫什麼？佛教術語叫掉舉。妄念很少，沒有妄念，光瞌睡了，那叫愚癡了，什麼都不知道了，那就不念了，那更厲害，念念的就光瞌睡了。你不念經，不學法，不參禪，不念佛，好像還沒有那麼昏沉，因爲腦子盡在轉，不專一，不集中。感到你專一集中，想修行了，昏沉又來了，一昏沉，腦殼一搭，半個鐘頭過去了，一想哎喲，時間到了，下一步常住的事務又有了，或者坐禪或者上殿，那就中斷了。這兩種是愚癡衆生必有的障礙，一個昏沉，一個掉舉。

當你在屋裏坐著，或者去勞動，你不會昏沉，可是來聽《華嚴經》，聽不進去。因爲《華嚴經》，義理特別深奧，講〈大智度論〉、〈瑜伽師地論〉、〈中論〉、〈十二門論〉、〈百法明門論〉這些論的時候，也非常容易打腦殼。爲什麼打腦殼？你不懂。分別那些名詞，你也分別不出來。

妙境老法師在美國講〈瑜伽師地論〉，講了一個月，他到我那去，我問他說：

「好嗎？你們同學都能進入嗎？」他說：「只剩讚歎的份。」我就明白了，讚歎就是睡覺，要是眞能隨喜就好了，隨喜呢？隨著法師講的，你隨文入觀，就能進入，但是很難呀。這有兩種原因，一種當然是宿世業障，一種現在我們的身體，依報，很不適應，也就我們經常所說的業障重。表現在什麼地方呢？一進入修行，一入正法狀態，沒辦法了。

第十門，觀衆生等者。觀一切衆生，用什麼觀察？這些天王度衆生用什麼觀察啊？用他的智慧觀察。觀察什麼呢？我剛才說的都屬於煩惱攝。掉舉、昏沉，都屬於煩惱。還一種，害病，病痛。佛在世的時候，也有病比丘，佛都親自去安慰他，這叫業障發現。病了你還能學道嗎？身心不安，所以要觀察煩惱。煩惱當中包括病苦、行苦，有所知障，所知不是障，我的想法被障障所知，障得你什麼也學不進去，你還能解脫嗎？這是指一般的凡夫說的。

像這些菩薩，證得了三賢位的菩薩，要利益衆生。他利益衆生那麼容易啊！衆生不是好教導的。你念《地藏經》就知道，閻羅王問佛：「地藏菩薩那麼大神通，那麼大的智慧，爲什麼度了衆生，衆生度完了又回來了，他看那個衆生剛從地獄出去沒好久又回來了，地藏菩薩有那麼大智慧，爲什麼不一下子就度出去呢？怎麼度完了，他又回來了？」這是《地藏經》裏頭的故事。

每部經都是故事，不是現在的事實，而是無量劫的故事。故事就是你現實的生活，我們以前講好多的故事，就是現實的生活。我們現在講唐朝、講宋朝、講明朝、講清朝，是故事，那是他們生活的過去，你現在生活不也是這樣嗎？一百年之後，人家講你也成故事，故事就是舊的事物，這必須得由智慧觀察。每一個眾生都有他無量劫來的故事，他一生一生的幹什麼，有大智慧者能觀察得到，用自己的事來教育他，使他生智慧。他可以觀自己無量的過去，觀自己的現在也觀到自己的未來。

如果菩薩行大悲心，利益眾生行方便道的時候，障方便道的太多了，方便善巧不是那麼容易，隨順眾生的機，還得將就他。菩薩度一切眾生，把他當父母看，當佛看，得這樣尊敬他，慢慢的給他勸說，他還不聽你的。不過我們有的道友沒有結過婚，沒有孩子的，也可能有孩子之後半路出家的，你照顧兒女，那麼容易嘛？佛菩薩度眾生，就像你自己一樣的，他不是那麼順當的，不是那麼聽話的。哪個父母不願意兒女成龍、成鳳，辦得到嗎？如果你父母信佛的還好，不信佛的把你養大了，養兒防老。養這兒女，我要是老了兒女可以孝敬我，現在做得到嗎？像你們發心出家、當和尚去了，他還等你回家照顧他呢！你雖然不回去照顧他，你要回向給他，把他也度了，這是不同點，在世間法就沒有了。

這是十大天王，講每個天王所證得的，大致也說故事。現在又回來說，清淨慧名稱天王。前頭是總稱名，略微解釋，現在又說他們，就是第三禪天的。

爾時清淨慧名稱天王承佛威力。普觀一切少淨天。無量淨天。徧淨天眾。而說頌言。

清淨慧天王是為首的，所以代表這十個天王，假佛的威力，觀他所有三天的天王：少淨天、無量淨天、徧淨天，這三天是一個系統。這是三禪天的三大。在清涼國師作〈疏鈔〉的時候原本只有十天，長行加上〈纂要〉後來補上的，這個天有十一天。這十一天的天王，叫星宿音妙莊嚴天王，這個妙音是天王的妙音。代表這些天王說讚歎佛的偈子，一共有十一首，一個天王一首。

了知法性無礙者　普現十方無量剎
說佛境界不思議　令眾同歸解脫海

了達法性就證得實體了，這就是《華嚴經》的一眞法界，一點障礙都沒有。為什麼無礙呢？性空故，空了是沒障礙的，不給做障礙的。有物、有思惟、有形相都成了障礙。法性沒有，法性是言語道斷，心行處滅，無障礙。因為無障礙故，才能在十方法界當中示現無量無邊的剎海。剎是指著依報說的，指著佛所依的土說的，度眾生得有剎土，得有個依報。雖然是法性，因為無障礙故，證得了體，才能示現一切相，在十方法界去利益眾生。說法界就是總說，說十方就是別說，十方就是還歸法界，說十方帶著法界就是別總同說，往往有這個意思。每經上說就是十方法界，這兩個是兩種涵義，法界包含十方。

佛的境界不思議，讓一切衆生羡慕，他也得承佛給他講佛的境界，讓他羡慕，完了發起信心，信了之後解，解能行，行也證得佛的境界，也就是令一切衆生同歸解脫海。說不思議境界的目的，就是喚醒一切衆生都進入佛的境界，入佛的境界，示佛的境界，證佛的境界。

《法華經》是講開示悟入，「開」是把佛的一切法開示給你，令你悟，悟而後能證。那叫開示悟入佛之知見，先有知見。這是一頌。

前兩句是要你知道方便。這個方便不是突然的方便，方便是依著眞實而來的，是一眞法界來的方便。

我們如果沒證得實慧的方便，那叫濫方便，濫方便是犯錯誤的。一般人說：「方便出下流！」誰都知道，可是大家都要去行方便。那個方便是沒有規矩的方便，不是佛的方便。他自己腦子裏想很多的方便辦法，比如說，普壽寺規矩很嚴，他自己找竅門，自己給自己開方便，開了方便，那大家都這麼方便，得了，那就出下流，就不能出高僧。爲什麼人家都很尊敬普壽寺，因爲他是合法的方便。

我們學戒律，戒律有方便，每一條戒，有五緣的，有六緣的，有七緣的，那緣是什麼意思？就是沒有這些緣，你具足三緣，具足四緣還沒犯，就截止了，算沒犯。如果六緣的這個戒條，你都開方便了，完了，犯了。就是這樣一個涵義，方便是善巧的意思。本來佛的體性是不能演說的，那就用方便法門吧！布施、持戒、忍辱、禪定、智慧，這也是方便。跟世間的同事，給他說好聽的話，這也叫方便。

合法的方便，在佛的教導之中的方便，那是眞正善巧的方便，引他入佛道。不能把方便當成是實在的，也不能把方便當成就是修道的，不是的。那是助緣，不是正緣。目的是什麼呢？同歸解脫海，大家都得到解脫。

這個頌是讚歎佛有這種功能。但是並不是佛隨衆生緣，而是隨菩薩緣，菩薩又隨衆生緣，如此重重無盡，引入一切衆生都能成了佛。

如來處世無所依　譬如光影現眾國
法性究竟無生起　此勝見王所入門

勝見天王他所證得的，他所理解的佛的涵義，他所證得的佛的境界。如來在世間上，既不依於苦集滅道，也不依於一切中乘，也不依於一切菩薩道，而是一實境界，入一眞法界，那是佛所依的。這個依，依無所依是光明影子。佛在利生當中，在所現的成佛、降生、乃至於先由降生而到成佛，這是給衆生示現的善巧方便。

佛所依的是什麼呢？一眞法界。一眞法界是無依而依，這是假立的。就像光在水中現的影子，那不是眞實的。佛在世間現的化身，化身不是眞實的了。法性的性體不生不滅，沒有生起也沒有還滅。佛的這種甚深的究竟證得，勝見天王他證得了。

無量劫海修方便　普淨十方諸國土
法界如如常不動　寂靜德天之所悟

這是另一個天王，他怎麼證入這種佛境界，怎麼證悟佛果？他說，無量劫在行方便，化度衆生，以方便道化度衆生。化度衆生的時候，使一切的國土、一切的依報都是清淨的，不是污染的，不是雜穢的。

現在我們的所依處，不淨，往口裏吃，有農藥，稍微一不注意，病就來了。住的地方有污染，沒辦法啊！我舉現實例子，像我們剛要上法堂來講經，那個鍋爐點著了，那煙就衝出來，那煙一嗆進去，這是最大的污染，我們能避免得了？說不燒，冷啊！今天白天還好不冷，那夜間呢？一冷一熱，你的身體受不了，又病了，一著涼就咳嗽，這就是不自在。

依報所有的環境不自在，影響你正報不自在，依正二報都不自在，爲什麼不自在？你從現實生活感覺著一個自在不自在？歡喜，好事吧？我們經常把歡喜好事變成壞事，這種變化不可思議。你看世間境界相都可以生起覺悟，到處都是覺悟的現相。你不覺，不覺你就迷了。

如果在家的弟子供養，在大酒樓招待師父，你又不能不接受。他們是供養，你是造業。說你沒造業！他們的業跟你的業，他們供養你，是讓你給消災，不是隨便就拿給你吃的。你們隨便吃，到齋堂每天吃的，都是讓你消災的。不管大米怎麼來的，不管他打齋不打齋，就算是平常齋，連喝口水，都是花錢買來的。只要是花錢買來的，不是你花錢，你也沒有出勞動力，修行又修行不成，人家得不到好處，那你拿什麼還人家？想過嗎？天天如是想，你想要了道，這是講得最深的了，深的是從淺處來的。

你經常如是想，怎麼還呢？很簡單，念一句阿彌陀佛就夠了。眞心念，或念一句觀世音菩薩，今天供齋的居士，我替你消災。或者念一句大乘經典都可以，只要有這個心。不但這個還了，還給他增加福慧，給他更多。我們是無相的，他供養這個東西是有相的。數字很小，我們給他迴向這個功德是無相的。無相的力量大？有相的力量大？大家去想去吧。越空的越無相的，力量越大。你這樣的理解，這樣的方便，這就叫修方便。

爲什麼受供養的時候，心裏頭要做觀想的，隨時心裏做觀想，不但自己不受害，衆生還得利益，你自己也得利益，自他兩得。那時候吃好了，忘了迴向了，今天吃的還不錯，忘了迴向了，那就揹因果。最深的法你理解不到，從最淺處下手，把他用到最淺處，從你能做得到的下手。你要把這個擴大，我這個迴向是稱法性的，豈止加持他，所有法性的衆生都得到利益。稱性的是什麼呢？無心，不執著相，無我相無他相，沒有自我相，這種功德是最大的。這是寂靜天王所悟得的。修這方便使一切國土都清淨，法界沒動，動的當中即沒動。沒動的是什麼呢？不動的是理，動的是隨緣。寂靜德天他證得了這種法門。

衆生愚癡所覆障　盲暗恆居生死中
如來示以清淨道　此須彌音之解脫

「須彌音」是指須彌音天王說的，他證得了，證得什麼了？佛利益衆生的時候，衆生因爲愚癡，被愚癡覆藏了，障礙住了。覆是包圍的意思。這一覆藏就障道了。因此像瞎子一樣，經常處於黑暗之中，黑暗是什麼呢？就在生死輪迴當中。來回的環繞著，出不去，生了死，死了生。四王天呢？人間五百年，四王天才一晝夜，一百年等於他六個小時。他的一天是人間五百歲，五百年。一天二十四個小時你去分吧，看著很短，而他的五百年是忉利天的一晝夜。我們感覺很長，在四王天時間很短，就是在生死輪迴當中，生了死，死了生。如果能常時的做人，生了死，死了生，那還不錯，修行沒修行成，來生我又做人了，我又從小到大又出了家。那沒法生到和尙當中，和尙不能結婚，不能生。生到在家當中，你到了十幾歲時候才能去出家，再到和尙當中，你又在和尙當中混了這麼幾十年，又死了。死了你還得生到在家當中，這還是善根好的。

生生世世出家，辦得到嗎？障緣來了，你出不了家。一迷惑了，讓你出家你也不想出家。這個善緣很難得遇。因此才說你在這個生死當中恆居。「恆居」，恆就是常。你常在生死當中，沒有辦法解脫，六道輪迴。我們說二乘小乘，你能夠了個生死，不曉得要多少劫才能證得了，斷了見思惑，不在六道輪迴輪轉。如果都能證解脫道，那衆生界就少得多了，衆生界能少嗎？越來越多。

抗日戰爭的時候，中國的人口不到五億，整個世界才二十多億人口，現在翻了兩翻，六十五億。那時我走西康，二十個縣才二萬人口，玉樹全縣不到一萬人，那個縣長跟我很好的，他也半信佛不信，見著和尚還恭敬。我勸他別造業，別拿喇嘛不當人看，要當佛看。喇嘛都給人打工，我在他那個縣政府住了幾天，有五個康族喇嘛在那兒給他打工，當傭人。喇嘛在西藏都是自掙自食。像我們在這坐享現成，大寮把飯煮好，一打板你坐在那就吃飯，比喇嘛不曉得高到哪裡去了。

喇嘛自掙自食，一般的說給貴族當娃子，給人家打工，掙上半年了或是幾個月，才把掙的錢買了糌粑，又回寺廟繼續修，自己吃自己。我們色拉寺那時候七千多人，一人一個鍋，一人一個灶。一人一個寮房，寮房外頭有這麼個小爐臺，只能燒個鍋，燒個水。熬熬茶，熬糌粑，茶裡加點酥油，有錢的買點酥油，酥油糌粑不是普徧都能吃到的，叫清茶糌粑，得有茶水，沒茶消化不了。

西藏都要喝茶，可不是像我們大陸坐在那兒品茶，我們來了給倒杯茶，不是那個茶，而是茶根子。西藏為什麼要熬茶呢？那茶得煮兩三個鐘頭，咕嚕咕嚕緊煮，反正牛糞是很便宜的，把牛糞一燒，把茶燒出來加點糌粑吃。那種日子跟我們現在漢地的師父過的日子完全不一樣。

有錢的喇嘛不同了，他有幾個娃子，這些喇嘛在大喇嘛跟前掙幾個錢，大喇嘛給他些糌粑，大喇嘛不吃的東西給他吃。大喇嘛就是福報大、有錢的，叫大喇嘛。

西藏的喇嘛是以錢來定你的位，為什麼呢？他說你沒有福報，不能得智慧。你先得有福報，有福報學智慧，這叫福慧兩足尊，佛就是這麼成的。你沒有福，學智慧得不到。我們在內地裏跟喇嘛求灌頂，無所謂。西藏喇嘛求灌頂受三皈，必須得供養，不供養不給你受。一點福報沒有，你受了也不是那個器皿，沒福你來承這個慧，受不了，那慧就變成邪慧。供養，你給一個銅板也可以，但是一般的都給三個銅板。大陸是用紅紙表吉祥，他用白紙，必須得白的，為什麼？清淨。一有顏色了不清淨。

每一個地區，每一個方言，你說法，先得懂得他的規矩，了解他的環境，到那兒求法不是那麼容易。以前的西藏人到印度求法，攢了好多年，換了黃金揹著。到印度，全供養上師，上師再給你說法，福慧兩足尊。去的時候揹著很多錢討口，到處化緣要糌粑。

我去西藏看見沿途那些藏人，把他全家幾十年的財富，換成珠寶，揹到身上。買隻羊，羊上馱著點糌粑，就磕長頭到拉薩，也許三年，也許五年，到有水的地方，把糌粑拿水一沖，然後再磕，磕的是長頭，拿身體來量。到了拉薩，把所有的珠寶、所帶的財產全部供養到大昭寺裡覺哇仁波切，這尊釋迦牟尼佛非常靈，供了，轉身回頭，討飯回家，錢都沒有了，回家照樣給人打工，當娃子掙錢。他是這樣求福慧。要是讓我們漢人看見，覺得這人簡直是愚癡到極點，他們的想法不是這樣的，他們想：「我今生沒有福，慧是得不到的。」

有很多喇嘛磕長頭，有沒有造業的喇嘛？有！我就看見一個碑上刻的藏文寫道：一個賊看見一位喇嘛朝山進拉薩，這個賊想他身上一定有好多金子好多錢，就在山頂上拿石頭把他砸死了。這個賊從他全身上收到多少錢呢？三個銅板。他說：「或許是他前生欠我的命債；如果他沒欠我的，就是我欠他的，因為我自己也是個學道者，也是個喇嘛……」他打死一位喇嘛，在碑文上敘述這個故事。

衆生界造業，這也是業。要是前生該他的命債，你打他了還得還，衆生業沒完沒了，算不清楚。

現在大家都有業，這個業緣是善緣。我們共同來學習《華嚴經》，這不是善緣嗎？這個業因你不用拿十年、百年、千年、萬年來計算，得拿劫計算。佛教都是講劫，時間很長，如果你缺一緣，緣不具足不來。我的眷屬，我勸她來聽《華嚴經》，她不來。她每年都要來，我一來必到。今年我講《華嚴經》，她不來了，沒緣！我想她沒這個福報，沒這個緣。看來是小事，在我們佛弟子看是大事，為什麼講一般的經她有緣，一講《華嚴經》就沒緣了？

我在鼓山，跟我們的老法師說，我們這裏講《華嚴經》一共才五十個人，我們這個院子裏的和尚加上長工將近上千人。為什麼？沒有緣！他們有時間，可是不去聽。那時候，廟裏有幾個和尚會耍馬戲，到馬來西亞、菲律賓去當馬戲團。和尚演馬戲，當然不穿和尚衣服了，掙錢去了。

那時我剛入佛門，人家說「初生牛犢不怕虎，長出犄角反怕狼。」那時候說話沒有遮攔，老參師父不會說，我就說：「你出家幹什麼？不出家當馬戲團不是更好嗎！」他氣得跟我們老法師報告，說：「你們那個小和尚怎麼那麼說我？」

事實是這樣，他在鼓山買個寮房，就在我們佛學院的前邊，他的寮房很闊，都是西洋來的洋貨，那時就像我們現在供的，為什麼？你在這講《華嚴經》，他到馬戲團去表演。動物不敢帶回寺裏，擱到福州，到廟裏修養一段時間，精神保養好了，又去了。這叫眾生的業。就在跟前，近在咫尺，他把他當成遠在天邊，格格不入。

我那時候就想，眾生的愚癡障礙太多了。你看著好像很平常，絕不平常。現在在外面經常聽到說：你不是說佛法力量大嗎？為什麼不轉變一下惡業？我說：「你說得好輕鬆，我還轉變別人呢！你跟我了這麼久，我都轉變不了你，還想轉變別人呀！」我又說：「因為你根本就不信，雖然跟我這麼久，你就是不信。」別人跟我一點緣都沒有，他們就更不信了。

因緣、法緣，跟哪部經的緣，我們以平常心處理，好像關係不大，但是你聽到我今天所講的，關係非常之大。你欠一點沒辦法，想也不行，不是想的。善和惡兩途，不是人想做惡事，他裏邊有一種逼迫性，逼迫他造惡。為什麼不逼迫他行善呢？善緣就不是這樣的，造惡有逼迫性。

想修善，想聞大乘法，發心修行，發心度眾生。你可以觀一觀我們現生，有的就是菩薩，有的發心就是二乘；有的坐享其成；有的發心就讓一切人坐享其成，用他的生命、用他的肉體來貢獻，用他的智慧來貢獻。別人看他可能是傻瓜，諸佛菩薩看他才是真正的修道者。真正的修道者不是坐在這裡，真正的修道者是「善用其心」。將來我們講到〈淨行品〉就知道了，智首菩薩問文殊菩薩給他講，「善用其心」。我們現在看著很簡單的事，如果我們一講，可就複雜了。就是我把我自己說清楚，自己都說不清楚自己，更何況說別人。

別人問我：「你造了什麼罪？」我說：「今生沒造，十六歲就出家了，我造什麼罪了。」但是十六歲出家，三十六歲就進監獄，六十九歲出來，不造業為什麼進監獄？對呀！是有業，有業才受。我總共才學了二十年，在監獄裏就關了三十三年。什麼道理？業呀，說不清楚，不是今生造的業，人都要往好處想。

我出來了，我們道友問說：「你爲什麼造這個業？」我說：「我的業造的不太大，沒造好！」他說：「爲什麼？」我說：「我們是學《華嚴經》的，普賢菩薩十大願王不是有代衆生受苦。」這是掩飾了。自認爲我不是造罪的，而是代衆生受苦的，這一說就變成菩薩；又說，這有一個好處，人間的監獄住了，地獄又減少好多劫。這種說法叫什麼？中國有句俗話「打腫臉充胖子」。明明是業障發現，還要包裝。現在最講究包裝了，外邊包的很好，眞正你買他那東西，費用都在包裝上了，其實你買的是包裝。在我們佛教界，千萬不要包裝，包裝消不了業。怎麼樣消業呀？如實地懺悔！

「衆生愚癡所覆障，盲暗恆居生死中，如來示以清淨道，此須彌音之解脫。」這是三禪天的第四天須彌音天王，讚歎佛的偈頌。「衆生愚癡所覆障」，愚癡覆障了什麼？愚癡就是黑暗，覆障了光明。無明像瞎子一樣的，在盲暗之中常居生死不能得解脫。覆本心源，造業受生，這位天王行大菩薩道的時候，利益一切衆生，讚歎佛。因爲衆生在長劫生死流轉當中，被無明覆障了他本有的淨心，造什麼業就受什麼身，在生死六道輪轉之中，永遠得不到出離。聯繫我們的現實生活，跟我們所處的生活條件，就是愚癡。愚就沒有智慧，癡就是根本無明，障住什麼呢？障住你的智慧、障住你本具的佛性，因此在生死道中流轉，得不到解脫。佛太慈大悲，這是天王讚歎佛的。佛觀見衆生這些痛苦，所以給我們示現一種清淨道。

每個偈頌前二句說衆生的苦難，第三句說諸佛的救度，第四句就是這個天王所讚歎的，他能夠學佛這樣去利益衆生，每個偈頌都如是的。衆生在生死流轉當中，受無明所蒙蔽，心裏就不清淨了，迷惑他就起惑造業，迷惑就是起惑。造什麼業就受什麼身，造了畜生就受畜生，造了地獄就下地獄，造了餓鬼就做餓鬼，造了人道很不容易了，六道當中人是最殊勝的，爲什麼呢？天人不比人好嗎？天人他享樂去了，不像我們人間，還有善根的，有學法的機會，能夠轉惡向善。天上的人只有享受，沒感覺有什麼惡，他一樣被無明所縛，不求解脫，所以人道最好。

人道在生死當中，苦樂參半，有些受苦，但是他能聞法，知道是苦，苦有逼迫性，他想求得解脫，就求佛法，求出離。佛對這一類衆生，給他說清淨的心法。清淨道就是清淨心法，清淨道就是菩提心。發了菩提心，就行菩薩道。菩提心是因，行菩薩道是行，證菩提果是究竟。這個天王能夠體會、悟得、證得。他得了這種解脫，這種解脫是指什麼說的？指度衆生的方便善巧說的，他能隨順衆生而顯示佛的清淨道。

如果我們想有清淨道，得有清淨心。清淨心怎麼生起？就是我們的信心。我們天天都要講信，多了也不要厭煩，因爲我們沒有信。當你所行的、心裏所想的、口裏所說的，你的身口意跟清淨道相合的少，跟煩惱道相合的多。因此，佛教導我們的，你隨便打開戒定慧哪一門的佛典，佛教導我們的話，教授我們去做的，都告訴我們斷煩惱，斷了煩惱就清淨了。你爲什麼不清淨？你想的太多。你思想想的太多，支配你的身，糊裏糊塗的，不該做的你要做，不該說的你要說，爲什麼？是你心裏支配的。說了話容易得罪人，你得罪好人還沒有關係，把佛得罪了，佛不跟你計較，你不拜他無所謂。得罪菩薩，菩薩也原諒，你要是得罪護法神可不行，佛菩薩不計較，護法神非常的計較。護法神的瞋恨心很重，不但不護持你，還要找你的麻煩，所以我們要非常的注重身口意。

這些偈頌是讚歎佛的，我們拿這個讚歎佛的偈頌來對照，經常這樣檢點自己的身口意，我們也不用想什麼是圓融，什麼是大乘，什麼是小乘，不必去計較這些。對我現實，就是你現在的生活當中，有好處，你一定要去作，有害處千萬莫要做。你現在做一分，未來要受十分，苦難無盡。懂得這個道理，你把這些諸天大菩薩，讚歎佛的偈子，常時迴向。這些偈頌大致都是差不多，大致都是斷惑、開智慧、修道、成道。每個偈頌都是這個意思，方法不同，讚歎的詞句不同。

諸佛所行無上道　一切眾生莫能測
示以種種方便門　淨眼諦觀能悉了

總讚歎佛所行的。佛一天都做些什麼事？他所行的是無上道，什麼叫無上道？

究竟菩提道。這不是十善業道，也不是二乘的知苦斷集慕滅修道，也不是菩薩的布施、持戒、忍辱、禪定、智慧，這是什麼呢？離開一切相。無上道是無道，無道故能隨一切眾生所行的，佛要隨緣利益眾生。佛自己自證的境界相，眾生莫能測。不是眾生能了的，等覺菩薩還不能了，讚歎佛的。那麼這種的無上道，眾生怎麼能入呢？佛的無上道是不可測，眾生沒法知道。至於佛利益眾生的種種方便法門是廣大無邊。這是指佛說的。淨眼天王因為如理的修行，依著諦理，諦觀審察，如理的知道佛利益眾生的種種方便善巧。

如來恆以總持門　譬如剎海微塵數
示教眾生徧一切　普照天王此能入

總持法門，在各個經的教義裏講，總者總無量義；又者總者是體，因為體包一切故。法性的理體，就是《華嚴經》講的一眞法界，它能總一切法持無量義，每一法包括很多的道理，佛所教導的法無量，能夠不失掉，不忘失。不忘失，是靠他智慧的力量。我們翻譯密宗，咒語都叫總持，因為一句咒含著無窮無盡的義理。在大乘教義裏這個總持的意思是法、義、咒，一句咒看著是總，把這個咒解釋起來就有無量義。還有忍，這個意思涵義很深，忍就是佛所說的甚深法你能夠接受認可，這叫忍。器皿大的，能容納很多很多的物質，就像我們這個法堂能容幾百人，如果再大的，能容幾千人，能容幾萬人，這是忍可的意思。

總持門，就是攝受一切衆生能夠進入此門。怎麼形容呢？「譬如刹海微塵數」，像大海、像佛刹，一個佛刹三千大千世界，把三千大千世界抹爲微塵，這是形容它的廣；海是形容它的深，能夠示現給一切衆生。佛因爲有這個總持門，能夠知道一切衆生的心所行處，微塵數世界那麼多衆生的心，他想什麼？思念什麼？佛在一念之間都能普偏地知道、了知。形容思念之多，就是刹海微塵數。佛在一切處、一切時，從沒有離開衆生，怎麼樣得度的？

現在我們在這裡學經、學法，而且是學《華嚴經》，佛沒有離開我們。每一個人心裏有一尊佛，但是這尊佛的程度，他的差別太大了。有的是法界佛、有的是化身佛、有的是報身佛，有的是銅鑄的、有的是泥塑的、有的是木雕的，看你心裏緣念的是什麼？爲什麼這樣解釋呢？佛說一切法，都是佛的法身，乃至佛所教授的一句話，就是佛的全體法身，你能這樣理解嗎？你必須得這樣理解才能深入。他在一切時、一切處偏於一切衆生界，化導衆生、救度衆生，教導衆生怎麼樣信、怎麼樣解、怎麼樣行、怎麼樣證。在《法華經》上講「開示悟入」，開導你，示現給你，示範做例子，讓你悟得、證入，願一切衆生都成佛。佛的這種行處，普照天王他能證得，隨佛能入。

如來出世甚難值　無量劫海時一遇
能令眾生生信解　此自在天之所得

如來出世很難得遇到，值佛難。經過無量剎海劫那麼多的時間，才能遇到一次，這個說的是正法時期。正、像、末，佛的法分三個時期，正法，遇佛出世，親自見佛，親自聞法。佛有這種力量，能令眾生生信解，就是了解佛所說法的意思，自在天他也能夠隨佛這樣度眾生，讓眾生生信解。

佛說法性皆無性　甚深廣大不思議
普使眾生生淨信　光燄天王能善了

「佛說法性皆無性」，法性是指真性說的，真性是指理體說的，佛說一切諸法無性，這是隨緣的意思。你所聞的法是語言，你要體會法的性。能聞的、所聞的同一性故，體性一也。佛說苦，苦是什麼性？無性；佛說樂，樂也無性。法無自性，以何為性？以體性，我們現在講的《華嚴經》，是以一真法界為體性。當你聞法的時候，能聞和所聞，所聞這個法是指點你，讓你認識真相，在性上求，莫在相上求，所以說諸法無性。因為無性故才能顯你真實的性，意思是佛所說的法甚深廣大，你很難得進入。怎麼能進入呢？生起清淨信。生起信心，但是這個信心要清淨。

上一個偈讚，自在天王所得到的，他也度一切衆生，說佛出世，很難值遇，現在遇到了，要生起信心，生起覺悟。遇到了，要聞法；佛所說的法，無性的。爲什麼無性呢？無性故無不性。因爲性體是徧的，我們有時候說一切諸法無性，有時候說一切諸法皆是眞如實性，這是因哪一類的機，佛就給他說哪一類的法，但是最後究竟達到眞如法性，就是一眞法界。

你不要在說法的音聲上去求，也不要在說法的相上去求，也不要在說法的涵義上去求，要達到諸法的實性。大家不論學哪一部經，當機者一請求，佛就跟他說了：「諦聽！諦聽！」因此顯這個佛所說的法甚深廣大，不思議。意思是讓一切衆生生清淨信！佛說法是讓你生起信，這個信可是清淨信。清淨信是什麼樣子？光燄天王也能隨著佛這樣地教化衆生。

佛有一次說法，文殊師利菩薩當維那，佛陞座，文殊師利菩薩唱個偈子：「法筵龍象衆，當觀第一義；諦觀法王法，法王法如是。」他念完偈子，釋迦牟尼佛就下座，法說完了！什麼意思？在我們是很茫然的，佛今天怎麼沒說？佛說了，無言、無相、不可思議！佛已經把法說完了。文殊菩薩的這個偈子就告訴你了，所有在法會的大衆，你都應當觀佛現在說法呢！什麼法？第一義！一切諸佛說法都如是。

「諦觀法王法，法王法如是。」離開言說，乃至離開心思，沒有言說，沒有思議，這就叫諸法性無性。「諦觀法王法，法王法如是。」這是光燄天王會得、乃至於證得這種甚深的妙義。這是這個天王讚歎佛，表達自己所修的、所證得的。四禪、三禪都如是，這些都是大菩薩。讓我們信清淨，不要信污濁，讓我們相信五濁惡世。

有的道友問我，「我們這個時候怎麼這麼壞？」我說：「不止我們這個時候，釋迦牟尼佛沒降生，這個世界就是這樣子。」這叫五濁惡世。大家念經的時候有個劫濁，劫是劫波，劫波是印度話，翻華言叫「時分」，這個時分很不好，怎麼樣不好呢？煩惱特別多，知見不能清淨，就是大家看問題的看法，意見特別多，見不同，「見濁」，見不清淨；時候不好，煩惱特別重，人的壽命也渾濁得很，很小就死了，生下來沒好久就死了，也有活幾十歲的，這是「命濁」，濁就是不清淨的意思。衆生相特別多，這是「衆生濁」。生到這個世界來的。所以總稱爲五濁惡世，惡就是不善的意思。

還好，我們在五濁惡世能夠知道什麼是五濁，雖然這個時候不好，但是能夠聞法、修道，我們不認爲這個時候不好，這個時候幫我們很大忙，讓我們生起厭離心，所以你發心求道，落髮修行。一個事物都有兩方面的，一方面說它不好，另一方面，因爲這個惡世才能提醒我們，苦的逼迫沒有商量的餘地，逼迫你生厭離，這是成就出離心，也就是我們所講的「三要道」。完了你再回頭一看你出離了。看看你的六親眷屬，回頭看這個世界的苦難，那就生起大悲心，勸他們出離。完了還得有個般若智慧，沒有智慧不行的。我們經常說般若，爲什麼不翻？般若含的義非常之廣，只翻智慧是包括不了的。我們往往把智慧解釋錯了，當成世間的聰明，那叫世智辯聰，不是智慧。要有信心、發出離心，這叫有眞正的智慧。有了智慧，在五濁惡世裏生起清淨信。把五濁惡世變得清淨，是濁而不濁，認識它了，不爲所害了。這是光燄天王隨著佛所用的這些方法去教化衆生。

三世如來功德滿　化衆生界不思議
於彼思惟生慶悅　如是樂法能開演

「三世如來功德滿」，三世是指過去、現在、未來。過去諸佛、現在諸佛、未來諸佛，都能夠化度衆生，這個化衆生界很不可思議，不是我們的智慧所能知道的。我們所見到的釋迦牟尼，他只是在閻浮提乃至於六欲天，那是化身，像釋迦牟尼化度衆生的有千百億。大家誦戒的時候讀《梵網經》，盧舍那佛坐的蓮華座是一千葉，一葉一個釋迦牟尼，叫千億釋迦。一華又變成了百億個釋迦。一華百億國，一國一釋迦，那是千百億釋迦。一個蓮華葉是千百億釋迦，千葉呢？像這樣化度衆生。你應當這樣擴大你的心量，但是這個是報身。

這是毗盧遮那佛在發菩提心的時候，以他利益衆生的功德力所感的果報。法、報、化三身，法身是無相的、不可思議的，這個法身跟一切衆生同體的，我們也具足，只是我們沒有毗盧遮那佛的圓滿報身。我們這個報是什麼呢？報身。我這個報身是過去所做的業，佛是過去的無量功德感的果報。我們這個是業所感的果報。有一句俗話，「人比人得死」，有些人太快樂了，有些人太苦了。現在不是有假冒假冒不是眞實的，就是冒牌貨。經常說冒牌貨，用人家牌子，打人家招牌來賣貨。「貨比貨得扔」，扔了就不要它了。

現在又有一種，叫「一元商店」。這個店，沒有二價，也沒有三毛、八毛、五毛，也沒有一元以上的，三元、五元，沒有。到他這個鋪面裏頭來，拿每一件東西，一元錢，一元商店。我就想到佛的道理了，你入了佛門，我們是信爲功德主，信了就行，他還得花一元錢才拿到東西，這你入了佛門，什麼都不要，你只要信，信了就行。信了你就能享受，但是你得鞏固這個信。

我想到一元錢的貨，你拿去能做什麼？給小孩兒玩差不多，玩兩天就沒有了。我們這個信的層次非常之多，看見寺廟心裏向善了，廟都是向善的處所。或者你到了廟裏頭來了，遇到僧人，尼僧或者比丘僧，說佛法很好的，他給你講，這時候你的信又不同了，層次又不同了。說這廟裏有個成道者、修道者，那你的層次又不同了；如果他是阿羅漢，那又更不同了。如果他是破戒犯齋者，你看到這個現相，信生不起來了，不但不信，反倒退了。這個道理要你自己來觀想。

我們講的是清淨信的層次。清淨信是信了之後，諦觀恆審思惟，要信到沒有我相，沒有人相，沒有衆生相，沒有一切諸相。我相、人相、衆生相、壽者相，這些相都沒有了。有的善根深厚，一見到佛像，藉佛像引發自心。你清淨信，見了佛像而生起清淨信，不執著相，從相上而體會到性，這就非常難了。所以能夠遇著法，聞到法，因爲法的啓示，更能深入地體會法的性。

法是影子，影響你能夠信得自己的自性。等你相信自己的自性，相信自己跟毗盧遮那無二無別，那就開始想，既然跟佛無二無別，爲什麼我不求證呢？若想證得，還要經過很長的過程。先得把佛所說的法眞正諦觀，如理思惟。思惟得透徹、進入了，思就是修的過程。等你聞法、理解了，理解就思惟，思惟就是修行，思惟就是什麼呢？就是觀。不是修禪觀嗎？觀照教義的觀嗎？你能夠誠誠懇懇的念一句阿彌陀佛，大家都把念阿彌陀佛認爲很簡單，就念「南無阿彌陀佛！南無阿彌陀佛！」這樣的念得到的是一點善根，想生極樂世界靠不住，也辦不到。

說念一句「阿彌陀佛」，就生極樂世界了。能達到的不是口念，而是心念，連能念的心也沒有了，所念的佛也沒有了。那不但生了極樂世界，漸漸地就入道了。這是漸漸入道，不是成道。

如理地念，如理地思惟。如果加上觀想，觀想阿彌陀佛爲什麼要發四十八願，爲什麼要以他的願力建一個極樂世界？那個極樂世界可不是有木工、鐵工、泥水工，鋼筋、水泥，全部沒有；是四十八願建立的。他收攝什麼人？大家可以理解了，你發的願跟他的願力相同，那你決定能去。他爲了度衆生這樣做，你也爲了度衆生這樣做。

度衆生的時候要把自己忘了，度衆生還想到自己，那不可能了。如果你還有利害之心，有利的趨之不捨，有害的遠遠避之唯恐不及，這能證道嗎？你能生到極樂世界去？這個世界太苦了，我到極樂世界躲避躲避去，辦不到，躲避不了，爲什麼？你去不了。

你專門修念佛法門的時候，也有很多經論，《華嚴經》的最後一品，普賢菩薩叫善財童子再到極樂世界去參學參學，不過這以後的經文沒有了，只是在〈普賢行願品〉中普賢菩薩告訴善財童子，極樂世界如何如何，親近彌陀去吧！再聞聞法，但是他是等覺菩薩，不但見思惑、塵沙惑，連無明惑都斷了，還讓他上極樂世界幹什麼去呢？這個大家想想就知道了。我們往往把佛利益衆生的方便法門，看得太簡單了，但是你也不要把它看成太深了。特別記住，無論做什麼要相應，相應是最難了。

在這個偈頌裏頭還明白一種，你有什麼因才能得什麼果。你心裏頭相信自己是佛，這是最上的因。阿彌陀佛就是你自己，我就是阿彌陀佛，以這個自性彌陀，你不是生到那裡去，你是回歸。想生極樂世界，你得生個清淨的信心。這幾段經文，這些天王大多數都是讓你生起清淨信來，每個天王的偈子所含的義理是通的，事上各各不同，各各證得的佛的法門不同，各各入得的不同。這就靠你觀照，靠你思惟，調伏眾生，令眾生界都能夠進入。

眾生沒在煩惱海　愚癡見濁甚可怖
大師哀愍令永離　此化幢王所觀境

眾生沉沒在煩惱中，煩惱像海那麼深，這個煩惱無量，我們現在都在煩惱海裏游泳，游得出去嗎？能不能登彼岸？要靠自己的信心、願心。有信願一定能游出去，超脫生死海。但是在生死海中，最可怖的就是知見。爲什麼常處生死苦呢？我們說這個人知見不正，看問題看的跟人家不一樣。見非常的難，破戒你可以懺悔，懺悔還可以恢復清淨。破見，佛都沒辦法，他不信你的了，破見最難度。愚癡的見，無明蓋覆，非常的可怕。這段文字說眾生在那煩惱苦海裏頭，煩惱苦海裏頭別的罪惡都好辦，邪知邪見，他不生信心了，那怎麼度他？見濁非常的可怕。在西藏的教義，破了見的人他不度的，破戒的人可以度。

「大師哀愍」，大師是指佛說的，無上導師哀愍眾生，眾生都是邪知邪見，使你永遠離脫邪知邪見，產生正知正見。爲什麼我們入了佛門之後要學？爲什麼要學教義？教義就是佛所教導的、所含的道理，你要學。你不學就無知，不曉得什麼是正見，什麼是邪見，你分不清楚。

在現實生活當中，黑龍江是我的出生地，乃至吉林、遼寧，這三省正法少，邪見多，什麼都信；他是想找個脫離苦難的出路。在暗夜裏頭，一點光明沒有，沒個燈光，日月星三光都沒有，想找一點光明。邪知邪見的外道，說什麼道門都信，這都叫邪知邪見。你入了邪見，再想回頭來產生正知正見，非常難。

有些邪知邪見的人，他已經在名聞利養上騙了很多錢，讓他放下能辦得到嗎？困難！破戒的好度，破見的難度，因此邪知邪見甚可怖，怖就是怖畏的意思。佛就哀愍這些入了邪知邪見的、愚癡、沒有智慧的人。

有些人爲什麼會迷？爲什麼會悟？人要是迷了，我們聽起來好像很可笑，實際上是確有其事，也確有其人。他給你說一個方法，說你修多少天能升天，但是你得給我好多錢。這人就信他，給了他很多錢，修完了沒有升天，就找他去了。他說你沒有升天，因爲你有兩隻腳，剁了就可以升天了。這個老頭眞的把腳剁了，這件事發生在美國。腳剁了，痛死了，不但沒有升天，我看他非下地獄不可，因爲自殘自殺一定要下地獄。

就有這樣的人，連這種說法都信，我想我們諸位道友不可能信。這叫愚癡，連這麼個智慧都沒有。僅舉這麼一個例子，其他的例子還多得很。

像我們看小說，溺於情自殺的，或者受種種煩惱自殺的，每年這個世界上自殺的人不少。在我們佛教說，凡是自殺的一定下地獄。你這個身上寄託生命的有好多，你把他們的命都斷了，要還報的，這是必然的。自殺比他殺的罪惡又重。佛在世的時候，有些比丘修不淨觀，修成功了，對這個身體厭離的不得了。有的要自殺，佛才說自殺的罪惡非常之大，比他殺的罪惡大。那比丘怎麼辦？雇人殺自己。請佛教的弟子，不會做；他請外道，外道對你根本就是仇敵，請敵人來殺。

這是他修不淨觀修時偏離正道，後來佛也制戒了。這叫愚癡，他對問題的看法跟正常人的看法不一樣，入了邪知邪見。

你想最高最高的境界，說你自己是佛，該最高了吧！他又不信，假如你對一個初信佛的人跟他講，說你就是毗盧遮那，你的自性就是阿彌陀佛，他不罵你才怪，有好多人剛信佛的，他說你挖苦我做什麼？我雖然沒修好，你也不至於挖苦我？我就遇見過，不但不信，還說你挖苦他。他的知見還沒有開，這叫邪知邪見。

爲什麼我們講〈大乘起信論〉、講《華嚴經》，從一開始到現在，天天都講信？佛就是這麼教導我們的，現在《華嚴經》講這些天王，都是讓你信。〈大乘起信論〉是叫你生起信心，信大乘，我們不要把這件事當成一般的修行，那可不同。你能產生這麼個信心，《華嚴經》得一萬個大劫。所以，邪知邪見就是見濁愚癡，最可怖畏的就是破見。見不清楚，濁是混濁不清，這是極可怖畏的。佛讓我們離開邪知邪見，依佛所教導的產生正知正見，化導衆生，讓一切衆生產生正知正見。這是化幢王所觀的境界，他也如是度衆生的。

如來恆放大光明　一一光中無量佛
各各現化衆生事　此妙音天所入門

這是第十一天王，每段經文都是十天王，不過這段偈子在長行裏頭缺漏了。這是星宿莊嚴義。〈疏鈔〉是這樣解釋的，佛所放的光明能夠流徧法界。在好多部經上，佛說法的時候只是放光，放光就是說法。放光的意思，一者說法，一者召衆。怎麼叫召衆呢？召來有緣的衆生，有緣的衆生，召來的可不是一般的凡夫，都是大菩薩，聲聞緣覺都沒有，他感不到那個光，不理解那光。

又者，佛在說法的時候不用音說，而是用光說，大菩薩一見到佛的光，有緣的見到佛的光，他就知道佛已經說什麼法了。佛放光，那些大菩薩就領悟到了，證得了。光就是說法的，佛放的光，一一光明裏頭都示現有無量諸佛。無量諸佛在做什麼呢？化度衆生。我們看《地藏經》不是地藏王菩薩來向佛請求說法，而是佛放光，受光的感召，地藏王菩薩從南方世界來的，不是這個世界。有的看到光，光即是聲，見光聞聲，佛所說的法他已經知道了。這個偈子說，放的光明裏頭，不但說法，現了無量佛，這是化佛。

每一尊化佛都在那兒度無量的衆生，現的就是化衆生的事；佛放光的時候，多數是徧於無量世界，無緣的遇不到。以光來徧滿一切世界，化度一切有緣的衆生。光裏含有音，音裏含著就是說法。如來放光，或者口放光，或者眉間放光，或身上放光，每一個部分放光，召感每一部分有緣人。光中有見佛的身輪，就是佛像，光中化佛也說法。說法就是口業，放光就是身業，意業就是佛從本體上放光，度一切衆生。這是三禪天的諸位天王，他隨佛教化一切衆生，他們也是證明的，這些天王是寄位天王，他本身不是天王了。寄的位是天王，現的報身是天王。實際上他的法身已經不是天王了，只是行菩薩道示現的。

以下是二禪天。

二禪天十法

復次可愛樂光明天王。得恆受寂靜樂而能降現銷滅世間苦解脫門。清淨妙光天王。得大悲心相應海一切衆生喜樂藏解脫門。自在音天王。得一念中普現無邊劫一切衆生福德力解脫門。最勝念智天王。得普使成住壞一切世間皆悉如虛空清淨解脫門。可愛樂淨妙音天王。得愛樂信受一切聖人法解脫門。善思惟音天王。得能經劫住演說一切地義及方便解脫門。演莊嚴音天王。得一切菩薩從兜率天宮沒下生時大供養方便解脫門。甚深光音天王。得觀察無盡神通智慧海解脫門。廣大名稱天王。得一切佛功德海滿足出現世間方便力解脫門。最勝淨光天王。得如來往昔誓願力發生深信愛樂藏解脫門。

這是二禪天的十位天王。

前面所說的這些天王，不是一個世界的。二禪天的天王只有一個，他方世界無量的天王來聚的很多，不然怎麼有十個天王，同類的、同天的，我們這個是兜率天，他方世界的都是兜率天。每一個天王就代表一個世界，不是一個天上有這麼多的天王，這個要說明一下，不然你認爲都是我們娑婆世界的，不是的。「得一切菩薩從兜率天宮沒下生時大供養方便解脫門」，這個就是我們這個世界兜率天的。有時一即是多，多即是一，這是《華嚴經》最主要的意思。於一微塵中轉大法輪，有無量的聽眾，有說法主，有聽法的，但是在微塵裏頭，微塵並沒有擴大，無量世界也沒有縮小，怎麼進入的呢？這個要大家思索了。我們剛才講信心，相信你自己是毗盧遮那，就是相信你自己的法身，法身徧一切處。

「甚深光音天王，得觀察無盡神通智慧海解脫門。廣大名稱天王，得一切佛功德海滿足出現世間方便力解脫門。最勝淨光天王，得如來往昔誓願力發生深信愛樂藏解脫門。」這些天王都是等覺位，將近成佛了。

第一門，內證眞樂。樂有五種，哪五種呢？一者因，二者果，三者苦對除，四者斷受，五者無惱害，這叫眞樂。第五個無惱害，又把它分成四種：出家了遠離世俗，遠離世間，這是第一種出家遠離樂；修禪定修的相應了，這是第二種禪定適悅樂。第三種是菩提覺法樂，菩提就是覺，你發了菩提心，行菩提道，覺悟了，這叫法喜充滿。第四種是涅槃寂靜樂，涅槃就是死了，但是跟我們平常這個死不同。「涅槃」翻「不生不滅」，釋迦牟尼佛入涅槃了，我們想他已經死了，他沒死。他是這生化度圓滿了，不生不死，也就是不生不滅的意思。這是涅槃寂靜樂。

我們現在是斷受無惱害。一般我們講「受」，是領納的意思，有苦受，有樂受，有不苦不樂受，三種。我們現在講的是恆受，恆是不間斷義。沒有所受者就無所受，沒有所受者來受一切受。

這個受是怎麼受呢？不對外境恆受，長時如是受。這以下是總說，這些天神所證得的佛的境界。這是舉佛內證的眞樂。從印度降生、住胎、出胎，八相成道，不是苦的因果，跟我們降生不同的。我們是苦因果，有障礙的。佛的體和用是沒有障礙的、是解脫的。不能用人的情感來看，那是化佛。那時他在兜率天繼承佛位來成佛，這叫示現，是幻化的，幻化的也不是眞實的，幻化度衆生。一個是他自己證得了不生不滅的理。這是毗盧遮那佛的示現，示現降生人間跟此土有緣。沒有苦的因果，沒有生老病死苦的因果，沒有能受的也沒有受樂的，他斷了煩惱，斷了無明，沒有惱害的。以下是形容沒有惱害的意思。

修禪定，定了是不變化的。遠離世俗，證得菩提覺法，涅槃寂靜了。佛是無緣大悲，與性海相應，拔世憂患，故出生喜樂。無盡名藏，藏是含藏的意思，含藏無量無漏的性功德。無量衆生所受的，在佛全部是解脫，無有惱害的，佛是清淨的。這是講二禪天十種天王，他們得到佛境界的一部分。這些天王都能和佛相適應。內證的是法身，法身沒有這些境界相，這些境界相是隨緣的。因爲要利益衆生，利益衆生必須示現跟衆生同事攝，也示現降生、幼兒時期、青年時期、中年時期，像人一樣的，但是實際不是，他是示現的，示現的不是眞實的，也可以說化現的，爲什麼？因爲佛要以無緣大悲，拔一切衆生苦。

第二門，無緣大悲。佛門經常講無緣大悲，無緣大悲是辦不到的。佛門廣大無緣難入，怎麼辦呢？做遠緣。《華嚴經》盡講性，以佛的收攝力，在性體上就有緣了，同一體性故，這不是緣嗎？一方面講無緣，另一方面講同體大悲，同體大悲還是有緣。所以無緣大悲，平等大慈，對一切衆生，拔一切衆生的苦，給一切衆生的快樂，悲能拔苦，慈能與樂，所以無緣變成有緣，性海相應故。同一個體性，平等平等。拔除他在世間、人間所有一切憂患，他離開憂患他不歡喜嗎？當然離開憂患就快樂了。

有很多天王都講說「藏」，「藏」是什麼意思呢？是含藏的意思，藏者就是藏。含藏著無漏的性功德，這個性功德是無漏的，這就是含藏義。讓一切眾生得到無惱害的心，把這個惱害的心變成無惱害，讓他得解脫。

第三門，一念等者。前頭經文裏頭說一念，修福修德，這只是修因。福德因就感得證果，什麼福最大？在《金剛經》有個比較，聞法的福最大，聞法的因就是德因，這個因最勝，緣是助成的，因是生起的。只要你有因，緣就給你成就了，為什麼說發心呢？只要有因，緣就給你成就了。諸佛菩薩讓你聞法，修道，就是緣，助成了，你就成佛了。

多劫多人助成的緣，但是你必須得有因，一念間跟億萬萬年這兩個，「劫」是億萬萬年，時之最長的叫「劫波」；時之最短的叫「刹那」。這個念就是刹那之間，刹那之間跟無量劫之間頓現。頓現就是得解脫的意思，頓得解脫。是假藉佛的力量，佛力難思議。成住壞，最後說空，空呢？是常清淨的，沒有成的染汙也沒有壞的染汙，也沒有住的染汙。

在其他教義裏面說，這個世界從壞到空，空二十個小劫、成二十個小劫、住二十個小劫、壞二十個小劫、空二十個小劫，總共八十劫。完了又成二十個小劫，住二十個小劫，壞二十個小劫，空二十個小劫，永遠不停地成、住、壞、空，輪迴旋轉。

一個劫怎樣算呢？人的壽命十歲，每一百年增一歲，增到人的壽命八萬四千歲。然後從八萬四千歲再每隔一百年減一歲，減到人的壽命十歲，一增一減，叫一個小劫。一增一減經過一千次叫中劫，中劫經過一千次叫大劫。這叫三大阿僧祇劫。拿這個做比喻，但是這個數字跟《華嚴經》的數字不一樣，在〈世界成就品〉講時間的安立。時間最後的大數不可說不可說，都到了不可說，把不可說再乘上不可說。完了這個數字還不夠大，不可說不可說轉，完了不可說不可說轉再來不可說不可說轉，到了〈阿僧祇品〉，阿僧祇是無央數，算不出數來，拿這個做基礎，來增加一百二十個大數。這不是世間人類所能知道的，人類的腦力是沒辦法達到的。

第四門，謂以佛力，不動成住壞三，皆如空劫常清淨也。此於遷變得解脫也。這是二禪天的天王讚歎佛力。成、住、壞加上空就是四劫，成、住、壞、空。成住壞三，都像空一樣的，成住壞三，空是什麼樣呢？常清淨，在這個變遷上得解脫。這是天讚歎佛力；對我們來說，心裏常時思念，觀一切諸有形有相的是空的。這本來是四劫，成、住、壞、空，我們前面講過了。成二十劫，住二十劫，壞二十劫，空二十劫，空完了又成，成完了一直到空，空完了又成，如是循環永遠不停的。

這是從文字上講，就是這麼兩句話，但是在你生活當中可就不容易了。成，就是成就，像我們一個家庭，乃至我們離開家庭，到了一個寺廟，這個成的過程之中就非常的艱難。普壽寺從開始修的時候，發展到現在，從成到住，住完了之後，等你修好那天就開始壞。什麼時候壞的呢？修那天就開始壞，等你修好了就開始一天天的壞。現在修建這個地點，宋代覺證大師修的大華嚴寺，也是住著一千多人。它就壞，壞完了，我們又再來修。壞完了，沒有了，空了重新再修，修完了又成。在成的時候、住的時候我們都歡喜了，壞的時候可就苦惱。對我們一個身體，整個寺廟了，乃至家庭都如是。

成的時候要把握住不容易，現在我們諸位道友都是家庭的破壞者。當你出家的時候，父母表面上高興，他心裏還是難受，大家可以體會到，這是家庭的破壞。到寺廟裏來，好像漸漸的成就，這裏有很多不如意的時候，當初要到這個寺廟來住，經過好多困難。怎麼困難？不是你來寺廟出家，就收你出家，還沒有那麼容易。別說現在了，我有個小徒弟，我說你到大寮住了幾年了？六年了，還沒離開大寮，那麼容易嗎？成了受戒，住下了，住住又煩惱了，久則生厭，一煩惱就破壞，壞就產生了，成住壞。

我們每個人生活當中，有的時候好像很自然的，一點苦惱沒有，高高興興的。壞的時候可不是這樣子，成者高興，壞者就悲哀了。家庭也如是，當你從小嬌生慣養的，父母把你帶大了。你要讀書了，一離開家庭了，小破壞。一出家了，就不能常到家裏去了，探親是偶爾的事情。這是我們現在時代，社會環境不同了，在過去時代出了家還有回家的事？很少很少。我那個時代，虛雲老和尚出家，七十多年沒回過家，家已經沒有了，過去的古德都是這樣的。

我們每個人生活的習慣，當你經濟條件好，生活資具又很舒服。舒服的時候，你要想到不舒服的時候，古人這樣教導我們，「常將有日思無日，莫待無時想有時。」等壞的時候你想成的時候、住的時候，辦不到，已經壞了。在有的時候你想到壞的時候，想到沒有的時候，要節約一點，不要浪費，源遠流長。常將有的時候想沒的時候，「莫待無時想有時」，等到你沒的時候再想有的時候，辦不到了。成住壞空，這是講佛力，成住壞都不是清淨的，空可就清淨了。成劫、住劫、壞劫都不是清淨的，空劫是最清淨了。

這個教導我們就是在成住壞空，這裏含著愛別離、怨憎會、五蘊熾盛，含好多的苦難。父母、子女、家庭，相愛的了，非別離不可，這就是壞。破壞了，然後大家都消失了，消失就空了，都沒有了。這不算清淨，就是在有的時候就能觀想，觀想什麼呢？觀想是空的，「一切有爲法，如夢幻泡影」，就像石火電光一樣的，等過去了，你再想想、再回來，那個日子沒有了。

但是，你要從成住壞去觀想空，不管任何變遷你不動。不爲現相、境界相所轉，心常是空的，得也不歡喜，失也不悲哀，住的時候也是不歡喜，壞的時候也沒有什麼，這就是解脫，一切諸法如夢幻泡影，這就是解脫。這是我們佛教所講的道理。過去社會上看著春夏秋冬的變易，成住壞空的成長，他心裏就有了悲哀了，這叫愛別離苦、求不得苦，包含很苦難的；但是修道者能如是觀，一切事物的變遷，常時解脫。

觀是最重要的，觀就是你的思想看一切外面的景相，你的主觀意識轉變外面的景相，你的主觀意識別被景相所轉，觀一切法無常、觀一切法無我，在這上不起執著，把這個人生所有遇到的看破，知道是無常的，知道一定是壞的，知道一定是空的，那你就放下吧！放下了，什麼煩惱都沒有了，那就叫解脫。看破、放下，你就得自在了。這自在怎麼來的？觀來的，這是說觀自在。如果以你這種觀再去啓發別人，叫別人也如是觀，那就便得解脫了，心能轉境。

初學《華嚴經》的，這些經文念一念就過去了，每一個解脫是怎麼來的？怎麼得的？他有個過程，感到這些大菩薩他經過很多劫的過程，這些成住壞空他不知道經過多少次？無量億劫的次數。這些天王所說的偈子都是佛的境界，而且哪個天王說這個偈子，就證得這一種境界。但不是全得，他是一門深入。

第五門是愛樂，就是說你對佛菩薩教授我們的方法，你生起信心，生起樂求。不唸「樂」，唸「要」。「樂」是助詞；「要」是希求詞，希求得到。敬奉修行，依照佛所教導的方法去做，你要得到煩惱障，所知障二障都能蠲除。

第六門，地謂地智。地就是離念超心，才能得到清淨。你的心裏常時有思念，有思念者就有罣礙，要離念，離念清淨地。但是怎麼能入呢？第六個天王告訴我們要有信心，我們剛進入佛門，剛進入信，這個信叫初信。信久了，信住，信住就像我們大家，乃至剃髮染衣，求到了，這還是個信，信住，住定了。從信位入到住位，這叫出。每一位都有一個入住出三心，剛信叫入，來培修這個信心，禮拜、持誦、念經，乃至過佛所教導的出家生活，這都叫住。從這個住再進一位就叫出。教導我們入這個智慧，怎麼樣入？入完了之後住到不捨，就像我們當初來出家，當比丘、比丘尼，經過幾十年，在出家人生活中住，你證道了，這就出了。

或者從信位入到住位，十信滿了，出了信位，入到住位。入住位又如是，初住入了，完了住到初住上，完了離開初住證二住，每一地每一地、每一位每一位都如是，有入、住、出三者，這叫三心。〈起信論〉講離念眞如，離念是無心、無言說，言語道斷、心行處滅，心行處就是思議，等到從思議到了不可思議，這叫三心。這個中間，或者一地一地、一位一位，經過的時間非常長。

以下解釋，以無盡辯演無盡法，無盡辯是辯才，以辯才無礙演說法無礙，就是演無盡法，法門無量故，演說也無量。這是第六個天王所讚歎佛的，他也如是證得的。

第七門是現多身，興多供，供多佛，皆稱眞，叫大方便。一身能現多身，多身即是一身，每一身又對諸佛供養，供養無量億佛。就像生到極樂世界去，早晨吃飯的時候，能到他方國土十億佛所去行供養，完了再回極樂世界吃早飯，這是意念的供養。而且現多身，供養的物品無量，又供養很多的佛，但是都不離開眞心，這種的大智慧方便，這叫善巧智。佛有這種德、有這種智，這個天王他也能進入、能證得。利用大方便，示現八相成道，徧一切處，去示現八相成道，都能夠自在，自在的意思是很隨意，我們要解脫了才能自在，不解脫了不自在。

過去的祖師去參學，請上師給他解脫。上師問他：「誰束縛你呢？現在誰在束縛你？」他一想：「沒人束縛我！」「沒人束縛你，你還要求什麼解脫呢？我給你解脫什麼？」他就開悟了。

這句話我聽得太多了，學了太多了，但是現在還沒有悟，爲什麼？他是專注一境，你的功力正是在那過不去關的時候，專注一境，突然有人給捅破了，一下就開悟了！這叫機轉，古來人就是「機鋒轉語」，你到關鍵的時刻轉不過來了，有別人這麼一撥，你就轉了，就是這個涵義。

第八門，在定、在慧有障礙。定慧不是障，是修定慧的時候有障礙。那麼這個障礙怎麼樣能解除？障者，有的時候說是宿業，好比我們自己，身體不舒服了，氣不通了，血不通了，筋骨淤塞了，不通就痛，通了就不痛，或者吃點藥給你打通了，打通了就不痛了。修行也如是，障者就是不通義，哪個不通了呢？心不通。心通了則意解，意解障礙就解脫了，就沒有障礙了。

第九門，果德已經滿了，就應衆生的機，現無盡的身雲，現種種身化度衆生。

但是這種必須得大解脫，證得跟佛相等的境界，才能勝任這種事。那必須得證得性體，沒有堪任性的，能夠得到堪任性，得解脫。這種化身是示現同類攝。釋迦牟尼佛降生人間，是跟人一樣的，示現的是人，到天就示現是天，度化畜生，就得示現畜生一類的，同類相攝，異類相聚。同類，他就聽你的話，示現化身，能夠得到解脫。

第十門，見大願雲，愛樂隨學，以此自輕障得解脫。佛的大願雲，佛發的大願，佛佛都如是。阿彌陀佛發願是建立極樂世界，以那個莊嚴淨土攝受衆生，釋迦牟尼佛的大願，他在五濁惡世化現成佛，示現八相成道，度這個世界的衆生。

上面略說十大天王的每一個天王，以下就說這十個天王讚佛的偈頌。

爾時可愛樂光明天王承佛威力。普觀一切少光天。無量光天。極光天衆。而說頌言。

用讚歎偈頌的體裁讚歎佛的功德，總說了，代表少光天、無量光天、極光天。本來是光音天，《華嚴經》翻的是「極光天」，有的地方翻的是「光音天」。讚佛的偈子，偈頌體裁，前頭是長行，以下改成偈頌。

我念如來昔所行　承事供養無邊佛

如本信心清淨業　以佛威神今悉見

「我念」，就是我思惟觀察的意思，這話是可愛樂光明天王代表少光天、無量光天、極光天說的讚頌偈子，讚佛的功德，讚佛的修行。說：「我思念佛在往昔行菩薩道的時候」，這是總說。怎麼樣行菩薩道呢？是承事供養諸佛。供養好多佛呢？無數、無邊，言其供養佛的多。佛在因地當中，沒有證佛果之前，他是怎麼樣修行的？供佛，這個供養裏頭就含攝了禮拜、稱讚。供養的時候一定要禮拜的，禮拜的時候一定念四言八句，也念個頌，就是稱讚，禮佛、讚佛，完了供養佛，這就是《華嚴經》〈普賢行願品〉十大願的三願。承事就是親近，給佛做些事，供養就是指供養品。供養品，有的是事供養，香花燈塗果，茶食寶珠衣，這都是世間相。這裏是法供養，這種供養不是供養一尊佛、兩尊佛，而是無窮無盡的諸佛。

「如本信心清淨業」，佛往昔修行的時候，諸佛都如是，從一開始生起淨信，叫清淨信，完了就行菩薩道，照佛所做的去做，信心信到滿心了就入住了。住的時候，這個信心滿了，住在自己所信的，信完以後住住不動了，就是不退信，信心再不退了，這就是十信位滿心了到了初住了。這時候再發菩提心，進一步行菩薩道，這是信心究竟決定不再退了，相似見了佛性，見了眞理了，見了一眞法界了，雖然沒有眞正地清淨，相似清淨了。

可愛樂光明天王說：「我觀察諸佛往昔怎麼樣修行的，他也是從信入手。」信了就要做了，先是供養諸佛，這供養當中就含著禮拜、稱讚、讚佛，那麼信心究竟了，就照著佛所行的去做，能夠住了，信成就了，住到這個信心不退。相信佛，就照著佛所做的去做，行菩薩道；因為心清淨故，所做的事業也就清淨了，這個是指著善業說的，利益眾生說的。我今天仗著佛，到了華嚴法會，見了毗盧遮那佛，看著佛的威神，我從因而得果，「悉見」，因地的修行到一直成了佛果，我都觀察到了。而不是一尊佛、二尊佛，佛佛都如是。你觀察了，才得到快樂。什麼快樂呢？佛修行所證得的快樂。這個是因為佛的修因才證得這個果。因中修行利益眾生的樂，到了八相成道利益眾生的果樂，因果同時，所以愛樂光明在果上說的愛樂，在因上說是愛樂光明天王。

佛身無相離眾垢　恆住慈悲哀愍地
世間憂患悉使除　此是妙光之解脫

這是第二個天王，他讚歎佛的偈子，佛身無相，因為無相故，不執著了，無所不相，佛可以示現無邊的身雲，這樣理解。佛身無相，無相故無不相，因為離眾垢染，眾生應以何身得度者，佛就示現什麼相，因為無相故才無所不相，隨眾生緣而能示現一切善。

為什麼這樣呢？因為他大慈大悲，哀愍眾生，讓眾生也離苦得樂，大悲心生起的。恆住慈悲，拔一切衆生的痛苦，給一切衆生快樂。哀愍衆生，這個地當心講，佛這個大慈悲心的心地法門，我們也可以解釋就是實相的理體，心地就是實相的理體。地是能生義，能生起一切諸善法，讓一切的衆生都能得度，這是佛的自證境界，利他的境界。

「世間憂患悉使除」，說世間的憂悲苦惱，稱譏苦樂，一切災害都沒有了。「悉使除」，「除」就是遣除、消滅的意思。佛證得的是出世間，出世間而不離世間，而後能夠在世間就是出世間，這樣理解的。這是妙光之解脫，妙光天王能夠悟解佛的這種境界，他也能夠契入佛的境界。

佛法廣大無涯際　一切剎海於中現
如其成壞各不同　自在音天解脫力

佛法廣大，覺悟的方法無窮無盡，佛者覺也。覺悟的法門，覺悟的方便法門無窮無盡的，利益衆生的法門無窮無盡的。在一切剎，就像海一樣的現出種種的影子。在同一個時間，有的佛在成劫度衆生，有的這個時間是壞劫度衆生，成壞同時。這才顯到佛的廣大不可思議的利益衆生事業，乃至自己的修行成就的事業，都在剎海現，都在世間相上顯現。成住壞空，有的成，有的壞，有的住，有的空；從成住壞空，各各劫的不同。

佛都顯現在其中，利益眾生。有的眾生他在成了得度，如在壞的當中他就厭世了，逼迫苦他得度，隨著眾生的緣，這就叫佛法的性空故才能緣起，緣起而成就的顯出性空。自在音天他得到解脫，他跟佛學法、行法，證得這種了。

佛神通力無與等　普現十方廣大剎
悉令嚴淨常現前　勝念解脫之方便

這三句話說佛的神通力無與等，神就是自然的心，通就是慧。神名天心，通名智慧。慧是通達義，天心是自然心而生起的。佛的神通妙用，佛佛道同，除了佛，其他九界眾生都不能與佛等。佛以神通力現十方一切國土，廣大剎就是剎土，依報。常令這個國土嚴淨清淨的，這個是勝念天王得的解脫。得了這種法門，無論是成劫也好，住劫也好，壞劫也好，這些成住壞空像虛空一樣的，永遠清淨的。在佛眼觀故，沒有三災八難；三災八難的眾生，他的性體是空的。所遇著的災難是緣起的，緣起無自性，沒有三災八難的，緣起性空，這就把緣起變成性空。這是勝念天王得了這種方便。

如諸剎海微塵數　所有如來咸敬奉
聞法離染不唐捐　此妙音天法門用

這是妙音天所證得的。得到的大用是什麼呢？跟佛相似的。嚴這個無窮無盡的世界，每一個佛世界都有如來住世。我們看見釋迦牟尼佛是入滅的，而這些證得的天王，他看見釋迦牟尼佛化身，永遠在這個世間化度衆生，而且是在無量國土中，現微塵數身在化度衆生。他就到這些如來前去敬奉，敬奉佛住世，一定要說法度衆生，聞到法了，蠲除一切的染法、不善業。

「不唐捐」是不白白的供養，也不白白的空費，不浪費時間的意思。不白費時間，不唐捐能得到好處，能得到實際的利益就叫「不唐捐」。唐捐就是什麼也得不到。

爲什麼在〈疏鈔〉、〈合論〉上對這些都不解釋呢？這些天王的名詞是因爲他修行而得到的。有的你當初一出家，師父就照著經典上，想起哪個聖字就給你起一個，有的隨意給你起個名字，這些名字都是殊勝的。像我們在家的名字就不一定了，隨著地方的風俗有所不同。菩薩是以功德顯，名字以功德顯。總的要解釋，你用一個名字到一切菩薩上都可以。

大家聞法了，離開一切染業了，聞到法一定得利益，但是有遠因，有近因，有遠果，有近果。近果當時就能得到好處，遠果就是未來得經過好長好長時間才能得到；但是絕不唐捐的，絕不浪費，決定能離開染汙，得到清淨。

佛於無量大劫海　說地方便無倫匹
所說無邊無有窮　善思音天知此義

佛在很長的時間說心地法門，地是指著心說的，心生萬法，地能生萬物，地是形容詞。方便就是善巧，從根本智就是方便利益他的，方便善巧智。「無倫匹」，沒有同類的，只有佛才能，佛佛道同。匹是匹對的意思，說的法是無窮無盡無邊的。這種涵義，善思音天他已經瞭解了，知道了也證得了。

如來神變無量門　一念現於一切處
降神成道大方便　此莊嚴音之解脫

這個就是八相成道。佛的神通變化是無量的，豈止八相？一念，一作意，一念就是一作意。一作念就現到一切處，一切處都如是現，娑婆世界現八相成道，他方世界也示現八相成道。叫一成一切成，一現一切現，而且時間不長。多長時間？一念間。我們看見是很深吧？我們的思想是妄心，一邊聽著經，一邊想到別處去了，這邊還也現，這是山西太原，你想到你家去了，黑龍江哈爾濱市，這邊聽著經，那邊也現了；或者又想到北京去了，又想到上海去了。

你似乎有次第，沒有次第之中又有次第，這個就叫勝境，我們這妄心也有這種妙用，不過是不眞實的。這種神通，有時候都能顯現一下子。這類故事很多了，有的他說，有的他不說。爲什麼不說呢？他自己若說出去恐怕再也得不到了，他沒有把握。有的爲什麼說呢？他要表示一下。

這也是看他說出來對人家聽者有利益沒利益，有利益他說，沒利益他不說，這叫現怪異相。佛是神通妙用，說凡夫，這就怪異了，不信的還生謗毀。一念現一切，我們這妄想也如是。自己觀照也可以了，但是你要把它轉成聖境了，我們這是虛妄的，不能變成事實。佛的神通妙用呢？他能變，讓你得利益，看來是事實，實際是一切有爲法，如夢幻泡影。如來神變就是神力變化的，這是方便善巧了。

威力所持能演說　及現諸佛神通事
隨其根欲悉令淨　此光音天解脫門

佛的威力，能持能說。「持」是秉持不失的意思，心地的法門永遠如是的。所演說的是心地法門，演說的不是心地，依著心地而來說的，這就叫持，持之不捨。能演說，演說不是眞實的，但是演說所顯示的是眞實的，讓你證得。

就像我們經常用的比喩，以手指指月，指不是月，因指而認識到月。三藏十二部經文，只是給你顯示眞實的，它不能是眞實的。沒有三藏十二部你怎麼能瞭解到佛的境界呢？怎麼能入佛之知見呢？怎麼能顯示佛的知見呢？因爲佛的知見對照我們凡夫的知見，把凡夫知見轉成佛的知見，其實佛的知見也是我們本來具有的，所以這是佛的威力能持能說。乃至諸佛所現的神通事，神通事呢？就是佛的心智所做的一切事，都叫神通事。

「隨其根欲悉令淨」，這是對機說的，隨你是什麼根機，佛都能使你清淨，清淨就是回歸你本有的妙心，就能清淨了。這是光音天所得的解脫。

如來智慧無邊際　世中無等無所著
慈心應物普現前　廣大名天悟斯道

佛的福德都滿足了，佛叫「福慧兩足尊」，福德和智慧都滿足了，在世間應一切衆生。慈心就是想拔除一切衆生的痛苦，給一切衆生的快樂。物是指人說的，指機感說的，應物就應一切衆生機。現前是現在衆生前，度衆生的。這是「廣大名天悟斯道」。諸佛現世間，滿一切世間願。

佛昔修習菩提行　供養十方一切佛
一一佛所發誓心　最勝光聞大歡喜

這跟前頭的第一個偈頌差不多。佛以他往昔的誓願力，因為要利衆生才修道，要利益眾生才成佛。修道成佛，目的就爲了利益眾生，使一切眾生都能信樂，生大歡喜心。

第五是初禪天。

初禪天十法

復次尸棄梵王。得普住十方道場中說法而所行清淨無染著解脫門。慧光梵王。得使一切眾生入禪三昧住解脫門。善思慧光明梵王。得普入一切不思議法解脫門。普雲音梵王。得入諸佛一切音聲海解脫門。觀世言音自在梵王。得能憶念菩薩教化一切眾生方便解脫門。寂靜光明眼梵王。得現一切世間業報相各差別解脫門。普光明梵王。得隨一切眾生品類差別皆現前調伏解脫門。變化音梵王。得住一切法清淨相寂滅行境界解脫門。光耀眼梵王。得於一切有無所著無邊際無依止常勤出現解脫門。悅意海音梵王。得常思惟觀察無盡法解脫門。

這個世界的初禪，叫「尸棄」。在別的經論也講，這些同名同號的都是大梵天王。大梵天都是初禪的，三千大千世界有無量的大梵天。我們這個四天，從這個欲界六天到梵天的十八天，僅是這麼一個系統，上面所說的，來這個法會集會的，還有他方世界的，他以這個世界的尸棄梵天爲主。同位不同名，同一個名位名字不同了。但是，都是初禪天。這只是大概解釋一下，以下每個天王都說一個讚佛的偈子，來解釋長行裏所說的。

第一是「普住」。尸棄梵天得了普住在十方道場中說法。因爲這種是證了果，也證了大，在性上在用上，應機說法，這是大用。這個大用是從體上來說的。普應群機叫普住。大用應機普徧說法，但是這個用還歸於體。我們講〈大乘起信論〉就講體相用，是大的相用，到這個文字上，你就用得上了。大用就是從體而起的用，用還歸於體。體普徧故，用也普徧，所以普徧說法。用而無用還歸於體，常寂故，所以用而常寂。依體而起的用，用還歸體，純淨無染，因爲體常清淨故。

心離衆生而無衆生可度的就是心無心，行即無行就是用即無用。那衆生不就是境界相嗎？了境無相，無相故就無染。無行故就常淨。這個意思就是即自體相用。佛在度衆生的時候，要示現染法，他的眞實性是無染。如果他是清淨的來利益衆生，如果淨跟染兩個截然分離，那他沒有辦法度衆生。隨衆生機示現染，染而無染。大菩薩殺人放火，那不是犯戒了嗎？這是幻化的，爲了利生的方便。所以他那個心，心自在故。因爲他知道一切境界相沒有，根本是空的，所以他了相無相是這樣來解釋無染。

第二是佛爲定境。「楞伽常在定」，說佛永遠在定中，雖然利益一切衆生，行一切方便道的時候，看著佛是在度眾生，實際上佛沒有離開他的定境。如如不動，從來沒有動過，那怎麼來化現八相成道？來而不來。來不是實在的來。這樣的解釋，這類的言語，圓融的詞句，前頭說的特多了。大家都如是解，這都是圓義。佛是常住在定中。

佛的知見是什麼知見呢？佛的知見是無知見的知見。不像凡夫起這麼個見，起那麼個見，種種看問題的看法，那是妄不是眞。因爲佛常在定中觀察一切事務。我們要是求阿羅漢觀察事物，他得入定，他要入到定中才能看見，不入定不知道。因此，明白了諸佛的定境，佛是楞伽常在定中，所以他所看的問題非常深入。能觀你無量劫，可以把不思議的名詞用在圓融無礙的境界上，也就是用我們的凡夫心想去思想，去議論佛的境界，那沒有辦法的，不能得知。

第三是「普入」，是指普入的心。

第四是圓音隨類，「如來一音演說法，眾生隨類各得解。」如來只說了這麼一句話，而眾生各種各類的，種種語言，種種思惟他都能明白、解了。明白佛說話的意思，這就是圓義。這就是一音演盡一切法，這就叫「普入」。普徧能攝受眾生，入於眾生，沒有分別的。因無分別義而入佛聲。

第五是能憶，在他利益眾生、化度眾生的時候趣向菩提行，那必須得有宿命智，在禮佛、拜懺的時候，你可以迴向讓佛菩薩加持我得到宿命智。宿命智就是明白一切眾生的過去，佛對每個眾生說法，先看看你過去是什麼根機，因為你這個根機給你說法。把這個總的長行裏所說的重點提出來解釋一下。

「圓音異境演說法，眾生隨類各得解。」有的就入佛聲，有的聞到佛給他說的法，他能心開意解。眾生所受果報的報感不同，造業的差別，他的感也不同。就像有人喜歡做音樂，有的喜歡做百貨，種種不同。佛在世的時候，佛聽見一個比丘晚上用功的時候，聲音非常悲，非常緊，也就是很精進。佛就問他說：「你過去幹什麼的？」他說：「我過去是彈琴的。」也就是音樂家。佛說：「琴的弦，緪緊了可以不可以？」他說：「不可以，弦緊了一彈它就斷了，發出音來就很緊，不行。」「那琴要是上得不足，鬆懈那行不行？」他說：「那發不出音來。」「怎麼樣才把這個音聲發的最好呢？」「琴要上得不緊不慢，不太緊也不鬆。彈得不緩不急，發出音聲最好。」佛說：「你修道也如是，修道不要這樣子修，這樣修會緪的，你這體力不會勝任的。應該怎麼樣呢？不緩不慢，不急不徐。」佛說法的時候，是隨你的機。所以佛化度一切眾生，他能夠知道這個眾生無量劫來都做些什麼，哪個是對他最熟悉的，因機說法立得解脫。

所以，我們苦惱，業障重就是在這兒來的，沒見佛，還在摸索中。這兒講《華嚴經》就聽《華嚴經》，那兒講《彌陀經》也聽一聽，哪個跟我相契合，我就修哪一法。現在我們經常說業障重，在哪個地方顯出來我們業障重呢？佛在世說法的時候，一座下來之後，好多人發菩提心，好多人證得阿羅漢果，好多人成道業了。現在沒有這種殊勝因緣了，遇不到佛；我們這是種善根，要經過很長的學習、修行，漸漸進入。現在我們所感的果報，業不同故，造業有差別，你的感果也有差別。依著佛所說的法，你進入的程度，理解的程度，得度的程度也有差別。但佛的音聲是沒有差別的，眾生解悟的也各各不同。

能憶化眾生，使他們都能趣向覺悟的道，叫菩提道。行菩提行，這是因爲他能憶得宿世的智慧。這都是約這些大菩薩化生的事業，一個理解佛的智慧，進入佛的智慧，另一個是化度眾生的方便，方法善巧自在，隨一切種類調伏眾生。

第六是眾生報異，隨業有差。佛身是無相的，以法性爲身，法性爲身是清淨相；但是示現來化度眾生，隨哪一類眾生，就現哪一類的相，這叫緣起。緣起的目的是讓他回歸性空。佛化度眾生不會著眾生相，像我們去行菩薩道，就著眾生相。眾生的種種類類，你都喜歡，那個善良的，聽話的，不背逆的，一說他就能照著做的，那種眾生很少，那樣化度眾生很容易。菩薩有時候追逐一個眾生跟了他多少劫，直到把他度了爲止。度生不是一句空話。說行菩薩道度眾生，這叫說大話，話說的很大，兌不了現。你先把自己化一化，把自己度一度。

佛是先成佛道而後化眾生，是這樣子嗎？佛行菩薩道的時候也化度眾生，有了智慧，你行一切利生的方法，都是解脫的。沒有智慧也說利益眾生，也行方便，不行方便，那就是束縛，在法上你不能自在運用，法就把你束縛了。這句話有沒有毛病？戒定慧三學，禪堂的人，習禪定的人他不學戒，爲什麼？他也受了比丘戒，是比丘。我們學《華嚴》，華嚴是最圓融的，戒律是最方的。我們給他起個名字叫大方的方，方者是規矩義；但是，你若以《華嚴》來理解戒，那都是解脫的，所以叫別別解脫。

第七是於法自在。在這中間的時候，在你行的時候有矛盾。有智慧的人就沒有矛盾，沒智慧的人他認爲有矛盾。有的說大智慧者不拘小節，學戒律是小節，但是佛沒有這樣說。大菩薩也沒有這樣說，這叫衆生的知見。懂得這種道理，佛法是圓融的，圓融就是無礙的。圓融是無障礙的，但是一到衆生受法，那障礙就多了，那是我們自己生起的障礙。爲什麼生起障礙呢？於法不能自在。

第八是佛身無相。無相還不清淨嗎？示現的同化，同化得跟衆生看著一樣的，有時候你不知道他是佛？天臺山豐干比丘，他是阿彌陀佛化身，寒山、拾得是文殊、普賢，凡夫識得嗎？他們是於法自在，隨什麼類就調化什麼衆生，他們能知道、能證得。

第九是不著諸有。佛身是無相的，就是法性清淨身，他能示現，示現的時候不是眞實的，叫示現嗎？示現，就不是眞實的。常現有法而不執著有法，身口意利益衆生，能示現無邊的妙行，那叫妙行不可思議。

第十是觀性無相，相歸於體性。體性是無相的，猶如虛空，沒有盡，也沒有不盡，也沒有語言。以下是讚佛的偈頌，初禪的大梵天王開始讚歎佛。

爾時尸棄大梵王承佛威力。普觀一切梵身天。梵輔天。梵眾天。大梵天眾。而說頌言。

在偈頌裏面，這四天就是梵身天、梵輔天、梵眾天、大梵天，也就是大梵天王的眷屬。眾是他的民，還有滿朝的文武大臣，還有臣民。文武大臣中還有家屬，這樣來解釋，一般說有梵輔天、梵眾天、大梵天三天，這裏多加一天，《華嚴經》的義是開闊的，以下是讚歎佛的第一個偈頌：

佛身清淨常寂滅　光明照耀徧世間
無相無行無影像　譬如空雲如是見

這四句偈子，佛身清淨是指法身說的，法身清淨徧一切道場。光明照耀就是照耀世間，用光來說法。「無相無行無影像」，清淨無染，什麼相都沒了。像什麼似的？像虛空似的，像雲一樣的。「如是見」，你這樣的看佛，這樣的見佛，這樣的理解佛，這樣的來信仰佛所說的諸法。

法身徧在一切的道場。道場，行菩提道、演講菩提道、修菩提道的處所。此道場所放的光明，照耀著徧一切處，一切處徧於世間，世間都成了道場。光明照耀處都是道場，道場清淨無形，連影像都沒有，像虛空似的，如雲彩一樣的，這叫正知正見。若不這樣，就叫邪覺觀。這個是用觀照的，佛所說的這個意思都是讓我們思惟，在現相上是不可理解的，用觀照的功夫，就是思惟修，這種高深的法門是我們不容易達到的。怎麼辦呢？把它變成日常的生活，在生活中思惟；這不是一徧兩徧的，三徧五徧的，要千萬億次徧來回思惟，如何能光明照耀徧世間？

光明是什麼？就是心裏發生的妙用。妙用是智慧，這個智慧從哪兒發出來的，清淨的寂滅。寂滅就是定，這個光明從清淨定而發出的智慧，而這個智慧即是定，定而後發生的智慧。光明是智慧，慧照你的體，體就是你的性體，你的心以慧來導心，心是常如是，常寂定故，這樣的就認識到了，一切有形有相的影相像空一樣，不是眞實的；要這樣來見，但有形相都是生滅，言語音聲都是生滅。

佛身如是定境界　一切眾生莫能測
示彼難思方便門　此慧光王之所悟

這四句偈是讚歎佛的法身。「定境界」就是我們所說的入了禪定，這個禪定的意思有點深入，不是一般的。「佛身」是法身，心性就是法身所表現的。觀就是觀我們自己的心性跟佛法身相契合。這是證得的體，衆生不能測佛的體，因爲衆生沒有悟。如果相信我們自己那個心，這是指眞心說的，不是妄心，佛的心性跟我們衆生的心性是同一寂靜境界。諸佛已經證得了，我們現在能生起個信就很不容易了。從體而起妙用，就是從這個體而起利生方便的事業。利益衆生的方便事業很多，但是沒有離開寂靜的境界，境界就是利生的方便，沒有離開體性的寂靜境界。

佛刹微塵法門海　一言演說盡無餘
如是劫海演不窮　善思慧光之解脫

這都是約利益衆生事業說的，「佛刹微塵」是利生的處所，佛說法得有個處所。在這些處所所說的一切法是無量的，但是佛以一音演說，一音演說一句話就說完了。佛所說的那麼多法，一言就說完了，這是定境，在寂靜中所說的。每個衆生有你的因緣，聞著能理解，這是說佛的妙用，佛的妙用一音演說法，衆生隨類各得解。好像佛說了四十九年，還沒有說完，現在留下的經書，再加上祖師的注解，好像很多似的，收攝來一音而已。一音窮劫都說不完，「不窮」就是不盡的意思。

這種義理，慧光天王能體會到，他在這個得到了解脫。佛刹微塵數法門是不可思議的。言語必須得有涵義，劫海尚不能窮，一言怎麼能說盡呢？這是顯法無盡故。「一言演說」，是說一音頓演；「盡無餘」是說佛一音演說的法門，流傳無量無量億劫。儘管流傳很多，還是一音。這個意思是說你在聞法的時候，要善於思惟，一音含著無量義。無量義回歸爲一音，無量義就是劫海都不能窮，法無盡故，一音能包容一切。一言說盡是說持久的意思，這一音所說的義理能夠相持非常久。佛的說法，一音是顯無邊的，表達它的義理是無窮盡的，所說的一音是無分別義。善思慧光天王能理解到佛的這種意思。

諸佛圓音等世間　眾生隨類各得解
而於音聲不分別　普音梵天如是悟

這跟上面的涵義是相同的，一音是什麼呢？是圓音。「圓音等世間」，所有世間的義都能夠知道，廣闊無邊。「眾生隨類各得解」，這是按緣起說的，因爲隨性而演的，依緣而起的，你跟這個義理相契合，就由這個緣得悟道。跟另一種因緣相契合，從另一種因緣得悟道，那是廣闊無邊的意思。這是分別來說，佛所詮的道理能跟你的心相契合。「眾生隨類各得解」，就是所取的不同；像我們取水，能飲好多，你就取好多，取之不盡的意思。

三世所有諸如來　趣入菩提方便行
一切皆於佛身現　自在音天之解脫

「三世」是指過去現在未來一切佛，過去是已成就的佛，現在正在說法的是現在住世的諸佛。住世的諸佛很多，我們看見釋迦牟尼佛入滅了，十方法界沒入滅的諸佛多得很，像藥師琉璃光如來住世，西方極樂世界阿彌陀如來也住世，我們念阿彌陀佛求生極樂世界，緣成熟了就生到極樂世界，就見佛聞法了，這都是按現在佛說的。過去佛，毗盧遮那佛的化身佛釋迦牟尼，雖然佛入滅了，佛的法沒滅，我們還能學，這是佛的化身，法也是佛的化身，是你趣入菩提道的方便。諸佛示現的方便，這些方便法是佛住世的時候才示現的，在佛入涅槃的時候留下的語言文字。

這是自在音天證到佛這種言說，以法利眾生的方便行，這是利他趣向菩提的方便善巧，這個梵王聞到證得了，他給我們做示範。這些天王不是一般天王，而是菩薩化現的天王。在華嚴境界裏頭一毛孔都現佛的全身，現一切大眾的全身，讓我們明白自己的心體，自性的心體本具足這些功德相、方便相，讓我們趣入。我們現在聞到《華嚴經》，這就說明我們過去有這個宿因，現在遇到這種共同學習的緣。佛所顯示的就是這個。這都是天人所證得的，這些天王所表現的，示現是天王，他本身是諸佛菩薩的化身。

一切眾生業差別　隨其因感種種殊
世間如是佛皆現　寂靜光天能悟入

「業」，就是一切衆生所造的業，什麼業就現什麼相。那麼我們現在所現的相，現的比丘、比丘尼、優婆塞、優婆夷，這也是我們過去的宿業，才現這四衆相。寂靜光天王現的是天王相。一切世間法如是，出世間法也如是；這個報的相是業所感的報，相有差別，但是性沒有差別。佛現的相是同世間一樣的，在世間說法，在世間說法就現的世間相。

一切衆生的業相是有差別的，爲什麼？是由他過去的因，感的種種不同。在一切世間相中，佛的現身隨哪一類衆生，給他示現說哪一類的法，從他體上而起的方便業行，方便的業行而現的佛的種種妙用，寂靜光天悟得了這個法門。

無量法門皆自在　調伏衆生徧十方
亦不於中起分別　此是普光之境界

「無量法門皆自在」，是指調化衆生。在法上，佛是自在的，調伏衆生是自在的，隨衆生的種種類類，教化衆生是普徧的。每個天王所悟得的是佛的一部分，不是全的，這是表現普光天王所理解到的。

佛身如空不可盡　無相無礙徧十方
所有應現皆如化　變化音王悟斯道

這是講佛的體性清淨寂滅。前面講佛的妙用，妙用的用即無用，也是清淨寂滅。這些天王悟得的都是相同的。

如來身相無有邊　智慧音聲亦如是
處世現形無所著　光耀天王入此門

佛所現的身隨眾生的緣，能以何緣得度者佛就現什麼身，說法的音聲跟所現的身相都如是，佛的三業自證境界隱了，隨著眾生各類的境界而現身，而說法。音聲雖然不同，但是佛沒有執著，也沒有作意，處世間所現的身形都不執著，光耀天王能入這個法門，以觀力無所著的緣故。

法王安處妙法宮　法身光明無不照
法性無比無諸相　此海音王之解脫

常想佛的大用。佛的大用是無盡的，佛所居住的處所是一個大悲宮殿，常時顯現利益眾生的事業。利益眾生無盡，佛的法體示現大用也無盡。

世主妙嚴品(上冊)竟

國家圖書館出版品預行編目資料

世主妙嚴品 / 夢參老和尚主講 ; 方廣編輯部整理. --
初版. -- 臺北市 : 方廣文化, 2012.10
冊 ; 公分. -- (大方廣佛華嚴經 ; 1-)

ISBN 978-986-7078-38-4(上冊 : 精裝)

1.華嚴部
221.22 101010113

大方廣佛華嚴經《八十華嚴講述》
世主妙嚴品【上冊】

主　　講：夢參老和尚
編輯整理：方廣文化編輯部
封面攝影：仁智
美編設計：隆睿
印　　製：鎏坊工作室
出　　版：方廣文化事業有限公司
住　　址：台北市大安區和平東路一
◎地址變更：2024年已搬遷
通訊地址改爲106-907
台北青田郵局第120號信箱
(方廣文化)
電　　話：02-2392-0003
傳　　真：02-2391-9603
劃撥帳號：17623463　方廣文化事業有限公司
網　　址：*http://www.fangoan.com.tw*
電子信箱：*fangoan@ms37.hinet.net*
裝　　訂：精益裝訂股份有限公司
出版日期：公元2021年1月　初版3刷
定　　價：新台幣460元(軟精裝)
經 銷 商：聯合發行股份有限公司
電　　話：02-2917-8022
傳　　真：02-2915-6275
行政院新聞局出版登記證：局版臺業字第六〇九〇號
ISBN：978-986-7078-38-4
No.H209-1　　*Printed in Taiwan*

夢參老和尚系列
書 籍

方廣文化出版品目錄〈一〉

● 八十華嚴講述

HP01 大乘起信論淺述 (八十華嚴導讀一)
H208 淺說華嚴大意 (八十華嚴導讀二)
H209 世主妙嚴品 (第一至三冊)
H210 如來現相品・普賢三昧品 (第四冊)
H211 世界成就品・華藏世界品・毘盧遮那品 (第五冊)
H212 如來名號品・四聖諦品・光明覺品 (第六冊)
H213 菩薩問明品 (第七冊)
H214 淨行品 (第八冊)
H215 賢首品 (第九冊)
H301 升須彌山頂品・須彌頂上偈讚品・十住品 (第十冊)
H302 梵行品・初發心功德品・明法品 (第十一冊)

● 華 嚴

H203 華嚴經淨行品講述
H324 華嚴經梵行品新講 (增訂版)
H205 華嚴經普賢行願品講述
H206 華嚴經疏論導讀
H255 華嚴經普賢行願品大意
H624 登歡喜地：華嚴經十地品歡喜地淺釋

● 天 台

T305A 妙法蓮華經導讀

● 楞 嚴

LY01 淺說五十種禪定陰魔—《楞嚴經》五十陰魔章
L345 楞嚴經淺釋 (全套三冊)

夢參老和尚系列
書 籍

方廣文化出版品目錄〈二〉

● 地藏三經

地藏經

D506 地藏菩薩本願經講述 (全套三冊)
D516A 淺說地藏經大意

占察經

D509 占察善惡業報經講記 (附HIPS材質占察輪及修行手冊)
D512 占察善惡業報經新講

大乘大集地藏十輪經 D507 (全套六冊)

D507-1 地藏菩薩的止觀法門 (序品 第一冊)
D507-2 地藏菩薩的觀呼吸法門 (十輪品 第二冊)
D507-3 地藏菩薩的戒律法門 (無依行品 第三冊)
D507-4 地藏菩薩的解脫法門 (有依行品 第四冊)
D507-5 地藏菩薩的懺悔法門 (懺悔品 善業道品 第五冊)
D507-6 地藏菩薩的念佛法門 (福田相品 獲益囑累品 第六冊)

● 般 若

B411 般若波羅蜜多心經講述 (合輯本)
B406 金剛經
B409 淺說金剛經大意

● 開 示 錄

S902 修行 (第一集)
Q905 向佛陀學習 (第二集)
Q906 禪・簡單啟示 (第三集)
Q907 正念 (第四集)
Q908 觀照 (第五集)

方廣文化出版品目錄〈三〉

地藏系列	D503	地藏三經（經文版）（地藏菩薩本願經、大乘大集地藏十輪經、占察善惡業報經）
	D511	占察善惡業報經行法（占察拜懺本）（中摺本）
華嚴系列	H201	華嚴十地經論
	H202	十住毘婆沙論
	H207	大方廣佛華嚴經（八十華嚴）（全套八冊）
般若系列	B402	小品般若經
	B403A	大乘理趣六波羅蜜多經
	B404A	能斷金剛經了義疏（附心經頌釋）
	B408	摩訶般若波羅蜜經（中品般若）（全套三冊）
天台系列	T302	摩訶止觀
	T303	無量義經（中摺本）
	T304	觀普賢菩薩行法經（中摺本）
部派論典系列	S901A	阿毘達磨法蘊足論
	Q704	阿毗達磨俱舍論（全套二冊）
	S903	法句經（古譯本）（中摺本）
瑜伽唯識系列	U801	瑜伽師地論（全套四冊）
	U802A	大乘阿毗達磨集論
	B803	成唯識論
	B804A	大乘百法明門論解疏
	B805	攝大乘論暨隨錄
憨山大師系列	HA01	楞嚴經通議（全套二冊）

方廣文化出版品目錄〈四〉

密宗系列

M001　菩提道次第略論釋 (全套四冊)
M002　勝集密教王五次第論
M003　入中論釋
M004　大乘寶要義論(諸經要集)
M006　菩提道次第略論
M007　寂天菩薩全集
M008　菩提道次第廣論
M010　菩提道次第修法筆記
M011　白度母修法(延壽法門修法講解)
M012 A　中陰–死亡時刻的解脫
M018　菩提道次第廣論集註 (卷一～卷十三)
M019　佛教的本質–《佛教哲學與大手印導引》
M020　業的力量–(與死亡的恐懼共處)

能海上師系列

N601　般若波羅蜜多教授現證莊嚴論名句頌解
N602　菩提道次第論科頌講記
N345　戒定慧基本三學
N606　能海上師傳
N607　現證莊嚴論清涼記
N608　菩提道次第心論

論頌系列

L101　四部論頌(釋量論頌 現證莊嚴論頌 入中論頌 俱舍論頌)
L102　中觀論頌 (中摺本)
L103　入菩薩行論頌 (中摺本)
L104A　彌勒菩薩五部論頌
L105A　龍樹菩薩論頌集
L106　中觀論頌釋
R001　入中論頌 (小摺本)

方廣文化出版品目錄〈五〉

南傳佛教系列

SE05 七種覺悟的因素
SE06 南傳大念處經 (中摺本)
SE07 三十七道品導引手冊 (阿羅漢的足跡增訂版)
SE08 內觀基礎 《從身體中了悟解脫的真相》
SE09 緬甸禪坐 《究竟的止觀之道》(增訂版)

其他系列

Q701 單老居士文集
Q702 肇論講義
Q703B 影 塵-倓虛老法師回憶錄
Q705 佛學小辭典 (隨身版)
ZA01 參 禪《虛雲老和尚禪七開示》
ZA02 禪淨雙修《虛雲老和尚開示錄》
Z005 《禪宗公案》-李潤生著

廣
方廣文化事業有限公司
http://www.fangoan.com.tw